Die Macht der Liebe

Barbara L. Fredrickson, Jahrgang 1964, ist Professorin für Psychologie und Direktorin des Labors für Positive Emotionen und Psychophysiologie an der University of North Carolina in Chapel Hill. Durch ihre bahnbrechenden Erkenntnisse hat sie die Entwicklung der Positiven Psychologie maßgeblich beeinflusst. Mit *Die Macht der guten Gefühle* (2011) hat sie gezeigt, welche Auswirkungen eine positive Grundhaltung auf unser Leben hat. Nun geht sie noch einen Schritt weiter und revolutioniert unseren Blick auf die Liebe. Bereits zweimal wurde Fredrickson vom Dalai Lama eingeladen, um ihm die Ergebnisse ihrer Forschungen zu präsentieren.

BARBARA L. FREDRICKSON

DIE MACHT

DER LIEBE

EIN NEUER BLICK AUF DAS GRÖSSTE GEFÜHL

Aus dem Englischen von Nicole Hölsken

CAMPUS VERLAG
FRANKFURT/NEW YORK

Die englische Originalausgabe erschien 2013 unter dem Titel *Love 2.0* bei Hudson Street Press, a member of Penguin Group (USA) Inc., New York.

Kartonierte Neuausgabe, 2023

ISBN 978-3-593-51811-4 Print
ISBN 978-3-593-42233-6 E-Book (PDF)
ISBN 978-3-593-42234-3 E-Book (EPUB)

Umschlaggestaltung: Guido Klütsch, Köln nach einem Entwurf von Hauser Lacour, Melanie Opad, Frankfurt am Main
Satz: Fotosatz L. Huhn, Linsengericht
Gesetzt aus der Scala und Scala Sans
Druck und Bindung: Beltz Grafische Betriebe GmbH, Bad Langensalza
Beltz Grafische Betriebe ist ein klimaneutrales Unternehmen (ID 15985-2104-1001).
Printed in Germany

www.campus.de

INHALT

TEIL I LIEBE NEU DENKEN

TEIL II IHR LEITFADEN ZUR LIEBE

Teil I

LIEBE NEU DENKEN

Die Eskimos hatten
zweiundfünfzig Namen für
»Schnee«, weil er für sie wichtig
war. Es sollte ebenso viele
Ausdrücke für »Liebe« geben.[1]

Margaret Atwood

1

LIEBE

Unser höchstes Gefühl

Sehnsucht. Sie kennen das Gefühl. Es ist die schmerzhafte Ahnung, dass etwas Elementares in Ihrem Leben fehlt; ein tiefer Hunger nach mehr. Nach mehr Sinn, mehr Verbundenheit, mehr Energie – mehr *irgendetwas*. Sehnsucht erfüllt Sie, kurz bevor Ihnen aufgeht, dass Sie ruhelos, einsam oder unglücklich sind.

Sehnsucht ist nicht einfach nur ein Geisteszustand. Sie ist zutiefst körperlich. Ihr Körper lechzt nach einem Grundnahrungsmittel, das ihm vorenthalten wird. Doch Sie wissen nicht, was das sein könnte. Manchmal können Sie den Schmerz betäuben, indem Sie sich in die Arbeit stürzen, tratschen, fernsehen oder spielen. Doch können uns solche Versuche nur vorübergehend von unserer inneren Leere ablenken. Die Sehnsucht lässt nicht nach. Sie verfolgt uns wie ein Schatten, beharrlich, und macht Zerstreuungen aller Art nur umso attraktiver. Die gibt es schließlich in Hülle und Fülle – das zweite oder dritte Glas Wein, Unmengen von SMS und Tweets, die Couch mit der Fernbedienung.

Vermutlich leiden Sie keinen Hunger. Und an sauberem Trinkwasser herrscht ebenfalls kein Mangel. Die Luft ist sauber und Ihre Wohnung einigermaßen behaglich. Diese grundlegenden Bedürfnisse sind also seit langem erfüllt. Wonach Sie sich jetzt sehnen, ist weit schwerer greifbar.

Sie sehnen sich nach Liebe. Ob Sie Single sind oder nicht, ob Sie Ihre Tage vornehmlich isoliert verbringen oder stets unter Menschen sind und sich mit ihnen unterhalten, die Liebe ist ein wesentlicher Nährstoff, den unsere Zellen unbedingt brauchen; eine wahrhaft positiv aufgeladene Verbindung zu anderen Lebewesen.

Unser Körper braucht Liebe, ganz so, wie Pflanzen Sonne, gute Erde und Wasser benötigen, um zu gedeihen. Je mehr Liebe Sie erleben, umso mehr öffnen Sie sich, umso mehr können Sie wachsen, weiser werden und ein besseres Gefühl für Ihre Umgebung entwickeln. Sie werden resilienter und effektiver, glücklicher und gesünder. Sie wachsen auch auf spiritueller Ebene, können die ebenso unerklärliche wie tiefe Verbundenheit zu den anderen Menschen in Ihrem Leben intensiver fühlen und wertschätzen.

Genau so, wie Ihr Körper Sauerstoff über die Atemluft aufnimmt und die Nährstoffe aus den Nahrungsmitteln, die Sie zu sich nehmen, nutzt, so wurde er dazu geschaffen zu lieben. Die Liebe ist wie ein tiefer Atemzug – oder wie eine saftige Orange, die man genießt, wenn man erschöpft und durstig ist. Sie schmeckt nicht nur gut, sondern ist lebensspendend, ein unentbehrlicher Quell der Energie und Gesundheit.

Wenn ich hier Liebe mit Sauerstoff und Nahrung gleichsetze, so ist das mehr als nur dichterische Freiheit. Ich beziehe mich auf die Erkenntnisse der Wissenschaft: Aktuelle Forschungsergebnisse zeigen, dass die An- oder Abwesenheit von Liebe die biochemischen Stoffe in unserem Körper auf grundlegende Weise verändern kann. Und dadurch wiederum verändert sich die Manifestation Ihrer DNA in Ihren Körperzellen. Die Liebe, die Sie heute erfahren oder nicht erfahren, verändert buchstäblich Schlüsselaspekte Ihrer Zellarchitektur, die Ihre körperliche Gesundheit, Ihre Vitalität und Ihr Wohlbefinden beeinflussen. So wie saubere Luft und gesunde Ernährung die Voraussetzungen für Gesundheit und Wohlbefinden sind, genauso bestimmt das Maß an Liebe, das Ihnen zuteilwird, ob es Ihnen gut geht oder nicht.

Liebe ist anders, als Sie denken

Um zu verstehen, was die neue Wissenschaft der Liebe Ihnen zu bieten hat, müssen Sie sich vom Konzept der »Liebe«, wie Sie es kennen, ein Stück weit lösen. Vergessen Sie alles, was die Medien Ihnen vermitteln wollen. Liebe, so wie wir sie hier verstehen, hat nichts mit dem körperlichen Verlangen nach einer neuen Eroberung zu tun. Befreien Sie sich auch von der Auffassung von Liebe, die Sie in Ihrer Familie kennen gelernt haben. Hier erwartet man von Ihnen, dass Sie Ihre Verwandten bedingungslos lieben, egal, ob ihr Verhalten Sie stört oder Sie so wenig Kontakt zu ihnen haben, dass eine innige Bindung eigentlich gar nicht möglich ist. Ich fordere Sie sogar auf, sich von Ihrer Auffassung von Liebe als besonderes Band oder als Bestandteil einer Beziehung – zu Ihrem Ehepartner, Lebenspartner oder Seelenverwandten – zu lösen. Wenn Sie Liebe bislang unter dem Aspekt der gegenseitigen Verpflichtung betrachtet haben, die durch ein Versprechen oder Gelöbnis zementiert wird – sei es durch die Ehe oder ein anderes Loyalitätsritual –, dann machen Sie sich auch hier auf eine Kehrtwende gefasst.

Ich verlange von Ihnen, dass Sie sich von all Ihren vorgefassten Ansichten lösen und sich auf einer neuen Ebene auf dieses Gefühl einlassen. *Die Macht der Liebe* bietet Ihnen eine andere, aktualisierte Perspektive – die Perspektive Ihres Körpers.

Ihre heutige Definition des Begriffes Liebe ist vermutlich eine bunte Mischung aus verschiedenen kulturellen Botschaften und Ihren eigenen zutiefst persönlichen Erfahrungen mit Intimität. Doch unser Körper hat seine eigene – ganz andere – Auffassung. Und darum geht es in diesem Buch. Bei Liebe handelt es sich nicht um sexuelles Verlangen oder um verwandtschaftsbedingte Blutsbande. Auch nicht um ein besonderes Band oder eine Verpflichtung. Natürlich ist Liebe mit all diesen wichtigen Komponenten verbunden. Doch keines dieser Konzepte erfasst die wahre Bedeutung der Liebe so, wie Ihr Körper sie erlebt.

Die Vision der Liebe, die ich in diesem Buch vorstelle, erfordert eine radikale Abwendung von dem, was wir bislang geglaubt haben. Liebe ist keine Beziehungskategorie. Und sie ist auch nichts, das »da draußen« auf Sie wartet und Ihnen auf magische Weise zuteilwird oder Ihnen – Jahre später – wieder verlorengeht. Die Liebe als besonderes zwischenmenschliches Band zu definieren, ist üblich, führt aber in die Irre. Natürlich kann eine solche Bindung zwischen zwei Menschen Jahre überdauern, sogar ein ganzes Leben, wenn beide bereit sind, Zeit und Mühe zu investieren. Und eine enge Beziehung zu mindestens einem Mitmenschen ist unbestreitbar wesentlich für Ihre Gesundheit und Ihr Glück.[2] Trotzdem sollte man dieses besondere Band und die damit oft einhergehende Verbindlichkeit nicht als Liebe per se auffassen, sondern vielmehr als *Produkt der Liebe* – als Ergebnis der zahllosen kleineren Augenblicke, in denen die Liebe die beiden Partner durchströmt. Liebe, die mit einer intimen Beziehung gleichgesetzt wird, ist oftmals verwirrend. Sie kann großartig sein, aber auch ungeheuer schmerzhaft. Manchmal hebt sie uns in die luftigen Höhen großartiger Zukunftsträume, zu anderen Zeiten wiederum drückt sie uns nieder, weil wir uns unserer eigenen Unzulänglichkeit schämen oder uns wegen unseres Verhaltens in der Vergangenheit schuldig fühlen.

Wer seine Sichtweise auf die Liebe derart beschränkt, sie also auf Beziehungen oder Bindungen reduziert, der riskiert, dass Liebe ein komplexes und verwirrendes Dickicht von Emotionen, Erwartungen und Unsicherheiten wird. Doch wenn man den Blick darauf richtet, wie unser Körper Liebe definiert, erscheint plötzlich ein deutlicher Pfad vor unseren Augen, der uns durch das Dickicht hindurch und zu einem besseren Leben führt.

Es gibt noch weitere Vorstellungen, von denen wir uns befreien müssen, auch von der besonders verbreiteten, dass Liebe exklusiv sei, dauerhaft und bedingungslos. Dieser zutiefst in uns verankerte Glaube entspricht im wahren Leben häufig eher einem

Wunschdenken als der Realität. Er greift den Tagtraum der Menschen über die Liebe des Lebens auf, die man irgendwann trifft. Doch Liebe, so wie Ihr Körper sie definiert, ist nichts Exklusives, nichts, das für Ihren Partner reserviert ist, Ihren innersten Kreis, Ihre Familie oder Ihre sogenannten Angehörigen. Die Liebe reicht viel weiter, als man es uns normalerweise glauben macht. Und trotzdem ist der Zeitrahmen der Liebe deutlich kürzer, als wir üblicherweise annehmen. Sie werden sehen, dass Liebe nicht dauerhaft ist. Tatsächlich ist sie erheblich flüchtiger, als die meisten von uns zugeben oder anerkennen wollen. Andererseits ist Liebe aber stets erneuerbar. Und das vielleicht Problematischste: Liebe ist nicht bedingungslos. Sie entsteht nicht unabhängig von äußeren Bedingungen und bleibt nicht, egal was geschieht, bestehen. Im Gegenteil: Sie werden feststellen, dass die Liebe, nach der sich Ihr Körper sehnt, außerordentlich empfindlich auf äußere Einflüsse reagiert. Sie gehorcht bestimmten Vorbedingungen. Haben Sie diese Vorbedingungen aber einmal durchschaut, können Sie Liebe unzählige Male am Tag finden.

Es ist schwer, Liebe auf wissenschaftlicher Basis zu diskutieren, weil die Zuhörer und Leser meist eine vorgefasste und ausgeprägte Meinung zu diesem Thema haben. Viele dieser Ansichten spiegeln unser gemeinsames, kulturelles Erbe wider, wie die zahlreichen Lieder und Filme, die Liebe mit Verliebtheit oder sexuellem Verlangen gleichsetzen, die Geschichten, in denen man für immer glücklich zusammen lebt, oder die durchaus realistischen Eheschließungszeremonien, die die Liebe als exklusives Band und ausschließliche Verpflichtung feiern, jeden Tag aufs Neue zeigen. Andere Überzeugungen im Hinblick auf die Liebe wiederum sind zutiefst individuell und persönlich. Sie sind das Spiegelbild der eigenen Lebensgeschichte, mit zwischenmenschlichen Triumphen und Narben, mit Lektionen über Intimität, die wir gelernt oder noch nicht gelernt haben. Wenn wir diese vorgefasste Meinung nicht kritisch hinterfragen, kann sie eine ernsthafte intellektuelle Diskussion zum Thema Liebe zum Scheitern bringen. Derlei Vorurteile verhindern, dass wir die ganze Tragweite unserer neuen Erkenntnisse zu diesem Thema erfassen.

Ein neuer Denkansatz

Mein Ansatz verwebt verschiedene neue wissenschaftliche Strömungen miteinander, behält aber gleichzeitig den spirituellen und den praktischen Aspekt im Auge. Die Wurzeln gehen Jahrtausende zurück auf unsere Jäger-und-Sammler-Vorfahren. Gleichzeitig behält er die Zukunft im Blick. Er entwirft eine Vision von Ihrem bislang ungenutzten Potenzial zu Liebe und Wachstum und von Ihrer Fähigkeit, Zusammenhänge zu schaffen, die Liebe und Wachstum in anderen Menschen fördern, und das auch bei zukünftigen Generationen, Ihren Erben.

Die Macht der guten Gefühle

Die Basis für meine neue Sichtweise der Liebe ist die Wissenschaft der Emotionen. Seit mehr als zwei Jahrzehnten erforsche ich bereits jene Gefühle, die gut für uns sind, jene angenehmen Zustände – wie Freude, Vergnügen, Dankbarkeit, Hoffnung und so weiter –, die gleichzeitig Ihren Geist und Ihren Körper erfüllen. Ob allein oder mit anderen, wir alle wechseln ständig zwischen den unterschiedlichen Gefühlszuständen hin und her.

Obwohl positive Emotionen oft als außerordentlich subtil und kurz erlebt werden, können sie eine ungeheure Kraft des Wachstums in unserem Leben entzünden. Zunächst sorgen sie dafür, dass wir uns öffnen. Einfacher formuliert: Durch positive Emotionen erweitert sich unser Blickfeld, und wir erkennen plötzlich das große Gesamtbild. Durch diese für einen Augenblick erweiterte und umfassendere Denkart werden wir flexibler, können uns besser auf andere einstellen, werden kreativer und klüger. Mit der Zeit werden wir sogar einfallsreicher. Das liegt daran, dass diese bewusstseinserweiternden Augenblicke positiver Gefühle sich Stück für Stück summieren und unser Leben zum Besseren wandeln, wodurch wir kompetenter, widerstandsfähiger, sozial integrierter und gesünder werden. Die Wissenschaft dokumentiert, dass positive Emotionen eine Aufwärtsspirale in unserem Leben in Gang setzen, eine sich selbst erhaltende Trajektorie oder Aufwärtskurve des Wachstums, die uns emporhebt, um eine bessere Version Ihrer selbst zu werden.

Diese beiden Kernwahrheiten über positive Emotionen – dass sie uns öffnen und zum Besseren verwandeln – bilden die beiden Eckpfeiler meiner sogenannten »Broaden-and-Build«-Theorie positiver Gefühle, die in zahlreichen Studien bewiesen wurde und die ich in meinem ersten Buch *Die Macht der guten Gefühle*[3] ausführlich behandle.[4] Darin schildere ich, wie wir unsere positiven Emotionen im Alltag wirkungsvoll einsetzen können, um eine negative Grundhaltung, die Negativität, zu überwinden und erfolgreicher, gesünder und glücklicher zu werden.

Das Gegenstück zur Negativität nenne ich *Positivität*, also eine positive Grundhaltung, die die volle Bandbreite der positiven Emotionen und vieles mehr abdeckt. Sie umfasst auch die psychologischen Befindlichkeiten, durch die Ihre positiven Gefühle erst ausgelöst werden, und die Vielzahl der damit einhergehenden Auswirkungen – eine langsamere Herzfrequenz, die Öffnung Ihres Geistes, eine entspannte und einladende Ausstrahlung. Außerdem sind mit diesem Begriff der Positivität auch die Früchte der positiven Emotionen gemeint, die erst in der nächsten Saison heranreifen – die zunehmende Auswirkung auf Ihre Beziehungen, Ihren Charakter, Ihre Gesundheit und Ihr spirituelles Wachstum.

Natürlich können Sie jetzt den Einwand erheben, dass ich diesen Begriff überfrachte. Doch ich halte ein allumfassendes Wort wie Positivität durchaus für eine wertvolle Sache. Es steht für das volle, dynamische System, innerhalb dessen Liebe und andere positive Emotionen wirksam werden. Positive Emotionen sind winzige Motoren, die dieses komplizierte, ständig brodelnde System der Positivität in Bewegung bringen und am Laufen halten. Treten wir einfach einmal von dem sprichwörtlichen Mikroskop zurück, um das größere System zu betrachten, in das die positiven Emotionen eingebettet sind: Dann erkennen wir, dass letztere uns mit dem Stoff des Lebens vernetzen, mit jenem sozialen Gewebe, das uns mit anderen verbindet. Wir erkennen, inwiefern diese Emotionen es uns ermöglichen, zu wachsen und uns von Rückschlägen wieder zu erholen. Um dieses breite System fassbar zu machen, brauchte ich einen Begriff: die Positivität.

Die Dynamik der Liebe

Durch das Grundgerüst der Positivität lässt sich auch der Begriff der Liebe genauer definieren, wie wir im zweiten Kapitel sehen werden. Liebe folgt – wie alle anderen positiven Emotionen auch – der Logik meiner Broaden-and-Build-Theorie. Jene schönen und doch so flüchtigen Augenblicke der Verbundenheit, die Sie mit anderen erleben, erweitern Ihre Achtsamkeit auf eine Art und Weise, die auf lange Sicht dauerhafte und wohltuende Veränderungen in Ihrem Leben bewirken.

Die Liebe, nach der Sie sich sehnen, liegt in der flüchtigen Erfahrung von Verbundenheit.[5] Andere Konzepte, die in unserem gemeinsamen, kulturell bedingten Vokabular mit dem Wort Liebe einhergehen – wie alles verschlingende Sehnsucht, ausschließliche Bande, Verpflichtung zur Loyalität, bedingungsloses Vertrauen –, betrachtet man besser als Schlüsselbegriffe innerhalb des größeren Positivitätssystems, das die Liebe umgibt. Tatsächlich wird jedes dieser Gefühle stärker, je mehr Augenblicke der Liebe Sie erleben. Wenn Sie eine wirkliche Verbindung mit einem anderen Menschen haben, dann wächst auch das Vertrauen in diese Person; Ihre Beziehung und die gegenseitige Loyalität vertiefen sich, und Sie wollen mehr Zeit miteinander verbringen.

Aber das ist nur die halbe Wahrheit, denn die Kausalkette funktioniert auch in umgekehrter Richtung: Jeder dieser Faktoren in dem umfassenden Positivitätssystem – die Sehnsucht, die Bande, die Verpflichtungen und das Vertrauen – löst in der Folge weitere Augenblicke liebevoller Verbundenheit aus. Einfach formuliert: Es ist viel leichter, eine Beziehung zu einem anderen Menschen zu pflegen, wenn Ihre Sehnsucht, das Band, die Verpflichtung und das Vertrauen vorhanden und stark ausgeprägt sind. Die genannten Faktoren sind sowohl Basis als auch Konsequenz der liebevollen Verbundenheit. Diese Dynamik unterstützt das komplexe und dynamische Positivitätssystem, durch das Ihre häufig unerklärlichen Bande zu Familienmitgliedern, Freunden und einer Gemeinschaft erst geschmiedet werden. Die Liebe gibt dem ganzen System Energie und setzt es in Bewegung.

Dabei stiftet das Wort *Liebe* häufig Verwirrung, denn es wird unterschiedlichen Teilen des Systems zugeschrieben. Wenn Sie also jemandem sagen, dass Sie ihn lieben, berufen Sie sich auf unterschiedlichste, wenn auch eng miteinander verwandte Konzepte. So wollen Sie vielleicht sagen, dass Sie sich nach gemeinsamer Zeit sehnen. Alternativ könnten Sie auch meinen, dass Sie der betreffenden Person vertrauen und ihr gegenüber ebenfalls loyal sein wollen. Vielleicht wollen Sie mit Ihrem Liebesgeständnis dieser bestimmten Beziehung eine besondere Bedeutung in Ihrem Leben beimessen oder den Betreffenden besonders an sich binden. Und meist soll die Erklärung »Ich liebe dich« sogar all diese Facetten vermitteln. Vom praktischen Standpunkt aus gesehen ist daran sicher nichts auszusetzen. Ich würde Sie nicht bitten, Ihre Sichtweise von Liebe zu erneuern, wenn ich nicht davon ausgehen würde, dass sich dieser Schritt lohnt. Wenn wir in Kapitel 2 genauer auf die Liebe eingehen, werden Sie verstehen, was Liebe für Ihren Körper bedeutet. An dieser Stelle jedoch möge folgender Hinweis genügen: Sie selbst definieren Liebe auf vielfältige Weise, aber Ihr Körper kennt nur eine einzige: Liebe ist für ihn der Mikromoment der Wärme und Verbundenheit, den wir mit einem anderen lebendigen Menschen teilen.

Ich will jedoch noch einmal betonen, dass Liebe nicht einfach nur eines der zahlreichen positiven Gefühle ist, die uns von Zeit zu Zeit überkommen. Sie ist größer als die Freude, als das Vergnügen, die Dankbarkeit oder die Hoffnung. Sie hat einen ganz besonderen Stellenwert. Ich nenne sie unser »höchstes Gefühl«. Zum einen kann jede andere positive Emotion – Freude, Vergnügen, Dankbarkeit, Hoffnung – in einen Augenblick der Liebe verwandelt werden, wenn wir sie in inniger Verbundenheit zu einem anderen Menschen erleben. Doch die Liebe nur als positive Emotion, die wir mit jemand anderem teilen, zu definieren, geht nicht weit genug.[6] Während wir von sämtlichen positiven Emotionen profitieren – jede einzelne erweitert den Horizont und unsere inneren Potenziale und Fähigkeiten –, reichen die Vorteile, die wir aus der Liebe ziehen, viel tiefer, vielleicht sogar exponentiell tiefer. Die Liebe ist das höchste Gefühl, durch das wir uns vollkommen lebendig fühlen – vielleicht die wichtigste emotionale Erfahrung, die wir machen können.

Die Biologie der Liebe

Mein Ansatz kombiniert die Wissenschaft der Emotionen mit der Wissenschaft der Beziehungen.[7] Ich habe mir beispielsweise den Standpunkt der Beziehungswissenschaft zu eigen gemacht, dass die Liebe uns aus unserem Kokon der Selbstbefangenheit befreit, damit wir uns auf andere einstimmen können. Liebe gestattet es uns, andere Menschen wirklich wahrzunehmen, ganzheitlich, mit Bedacht, Fürsorge und Mitgefühl. Durch jeden Augenblick liebevoller Verbundenheit entwickeln wir weiteres aufrichtiges Interesse am Wohlergehen des anderen, und zwar einfach um seinet- oder ihretwillen.[8] Und dieses Gefühl beruht auf Gegenseitigkeit. Wir gelangen zu der Erkenntnis, dass diese andere Person in diesem liebenden Moment auch aufrichtig an *unserem* Wohlbefinden interessiert ist, dass wir ihm oder ihr wirklich am Herzen liegen. Beziehungswissenschaftler halten dieses Gefühl gegenseitiger Fürsorge für ein beständiges Kennzeichen intimer Beziehungen. Ich jedoch denke, dass dies ein vorübergehender Zustand ist, der im Einklang mit den jeweiligen Zusammenhängen und Gefühlen kommt und geht.

Dass ich irgendwann begann, die Liebe in einem ganz neuen Licht zu betrachten, ist eigentlich nur einem glücklichen Zufall zu verdanken. Vor etwa acht Jahren arbeitete ich als Wissenschaftlerin in der Emotionsforschung und überprüfte Hypothesen, die ich im Rahmen meiner Broaden-and-Build-Theorie aufgestellt hatte. Mein Hauptziel bestand damals darin, eine Möglichkeit zu finden, die langfristige Wirkung kumulierter positiver Emotionen zu erforschen. Trugen sie tatsächlich zu einer Erweiterung der eigenen Ressourcen und einer Verbesserung der Lebensqualität bei, wie ich es vermutete? Um definitive Behauptungen über Ursache und Wirkung zu beweisen, bedurfte es eines Experiments inklusive Randomisierung und präzisen Messmethoden. Ich musste eine Gruppe von Menschen, die ihre tägliche Dosis an positiven Emotionen erhöhte, mit einer anderen Gruppe vergleichen, die dies nicht tat. Die verzwickte Frage lautete lediglich: Wie? Wie können Menschen verlässlich und langfristig ihre tägliche Dosis an positiven Emotionen steigern? Die Methoden, die ich und andere Wissenschaftler im Labor bisher angewandt hatten, um die kurzfristige Wirkung positiver Emotionen zu testen – Musik, Videoclips, Comics oder unerwartete Geschenke in Form von Süßigkeiten –, würden hier nicht ausreichen, weil sie durch die Wiederholung an Belohnungscharakter verlieren; wir Menschen sind in dieser Hinsicht sehr anpassungsfähig. Selbst der mächtigste emotionale Stimulus verblasst bei wiederholter Anwendung wie ein altes Foto. Nach ein paar gescheiterten Versuchen, eine durchführbare Studie zu entwickeln, nahm ich an einem ein Jahr lang dauernden, interdisziplinären Seminar unserer Fakultät teil, in dem es um integrative Medizin ging.[9] Im Rahmen dieses Seminars lernte ich zum ersten Mal die altehrwürdige Geistesübung kennen, die als *Metta* (Pali) oder *Maîtri* (Sanskrit) bezeichnet und zumeist mit *Liebende Güte* oder auch nur *Güte* übersetzt wird. Die buddhistische Lehre betrachtet die Liebende Güte als eine der vier edelsten Geisteshaltungen. Da ging mir ein Licht auf. Diese uralte Praxis, die über Jahrtausende hinweg verfeinert wurde, konnte mir dabei helfen, meine Theorie zu überprüfen. Vielleicht waren Liebende-Güte-Meditationen die Methode, nach der ich gesucht hatte.

Im Laufe des darauffolgenden Jahres entwickelten meine Studenten und ich ein präzises und randomisiertes Experiment. Wir wollten herausfinden, welche Wirkung es hatte, wenn Probanden lernten, positive Emotionen selbst hervorzurufen – und zwar durch die Liebende-Güte-Meditation. Meine Testpiloten waren durchschnittlich gesunde, berufstätige Erwachsene ohne besondere spirituelle Neigung. Die Ergebnisse waren mehr als eindeutig: Wenn Menschen, denen Meditation bislang vollkommen fremd war, lernten, Ihren Geist zu beruhigen und Ihre Fähigkeit zur Liebe und Güte zu erweitern, verwandelten sie sich grundlegend. Sie erlebten mehr Liebe, mehr Bindung, mehr Heiterkeit, mehr Freude, mehr Vergnügen – mehr von jeder einzelnen positiven Emotion, die wir maßen. Und obwohl sie üblicherweise allein meditierten, erhielten sie ihren größten Schub in der Interaktion mit anderen, also sozusagen im wirklichen Leben. Ihr Leben bewegte sich nun in einer Aufwärtsspirale. Die Herzensgüte, die sie während der Meditation zu entfachen lernten, steigerte ihre Verbundenheit mit anderen.[10] Spätere Experimente bestätigten, dass es dieses Gefühl der Verbundenheit war, das ihren Körper am meisten positiv beeinflusste, das sie gesünder machte.[11] Außerdem entdeckten wir, dass andere Methoden, um Verbundenheit zu fördern – solche, für die das Erlernen der Meditationspraxis nicht erforderlich waren –, Erfahrungen von Liebe ebenfalls steigern konnten und damit zu einer verbesserten Gesundheit führten. Diese Strategien zur Veränderung werde ich Ihnen im zweiten Teil dieses Buches vorstellen.

Derlei Entdeckungen brachten mich dazu, das Konzept der Liebe nochmals zu überdenken. Die Ergebnisse unserer Tests wiesen darauf hin, dass wir eine vollkommen neue Lebensdynamik entwickeln, wenn wir – durch Meditation oder andere Techniken – lernen, eine liebevolle Verbundenheit zu anderen zu schaffen. Plötzlich gewann das unscharfe Bild, das für die Diskussion um das Thema Liebe typisch ist, an Kontur. Die Geheimnisse, die seit langem schon ein Quell des Staunens und des Hochgefühls ebenso wie der Verwirrung und der Missverständnisse sind, wichen nun praktischen, auf wissenschaftlichen Beweisen basierenden Rezepten, wie wir ein gutes Leben führen können. Wir wissen nun, dass der regelmäßige Genuss von Liebe zu innerem Wachstum und Veränderung beiträgt und uns mit jedem Tag gesünder und resilienter macht.[12] Und wir fangen an, genau zu verstehen, wie das funktioniert, indem wir die komplexe Kette biologischer Reaktionen in unserem Körper nachvollziehen, die unser Verhalten verändert und sich entsprechend auf unser soziales Umfeld auswirkt. Ich werde aufzeigen, inwiefern die Fähigkeit der Liebe, zu nähren, zu heilen und Gutes zu tun, eng mit unserer Biologie und mit unserer Art und Weise, Beziehungen zu unseren Mitmenschen aufzubauen, verwoben ist. Die schiere Komplexität der Biologie der Liebe ist Grund genug zum Staunen.

Indem Sie Ihre Sichtweise von Liebe erweitern, lernen Sie sie nur umso mehr zu schätzen. Sie werden erkennen, dass die Liebe eine höhere Priorität in Ihrem Leben einnehmen sollte. Meine Doktorandin Lahnna Catalino und ich untersuchten die Wirkung, die eine *Priorisierung von Positivität* auf die Probanden hat. Damit meinen wir die Bedeutung, die Sie Ihren eigenen positiven emotionalen Erfahrungen beimessen. Vertrauen Sie ihnen? Verlassen Sie sich darauf? Nutzen Sie sie beispielsweise als Orientierungshilfe, um Entscheidungen zu treffen? Oder schieben Sie gute Gefühle als trivial, albern oder belanglos beiseite? Wenn Sie lernen, Liebe und anderen positiven Emotionen Priorität einzuräumen, dann profitieren Sie unseren Erkenntnissen zufolge noch stärker davon. Sie befinden sich in einer Aufwärtsspirale, die Sie immer höher und weiter emporträgt.[13] Mithilfe der Anleitung, die ich im zweiten Teil dieses Buches zusammengestellt habe, können Sie durchstarten.

Und deshalb habe ich dieses Buch geschrieben. Wenn Sie erkennen, wie Liebe funktioniert, kann dies einen deutlichen Unterschied in Ihrem Leben bewirken. Es kann Ihnen helfen, Augenblicken gemeinsamer Positivität höchste Priorität einzuräumen und Ihren Glauben an die Menschheit zu steigern oder ihn gar zurückzugewinnen. Durch eine bessere Kenntnis der inneren Mechanismen der Liebe, die dieses Buch Ihnen vermittelt, können Sie diesen transzendentalen Zustand mit all der ihm innewohnenden Güte besser einschätzen. Die Wissenschaft liefert Ihnen auf diese Weise eine farbenfrohe und mehrdimensionale Karte für eine erfülltere Lebensreise – ohne die Umwege falscher Hoffnungen, ohne falsche Propheten und falsche Behauptungen. Sie zeigt Ihnen den Weg hin zum Zentrum der Wahrheit.

Die weiteren Aussichten

Was ist Liebe denn nun genau? Was verbirgt sich unter ihrer Oberfläche? Wodurch entsteht sie? Wie kann man mehr Gelegenheiten für die Liebe schaffen? Die neue Wissenschaft der Liebe befasst sich mit all diesen Fragen und sorgt für eine neue Sichtweise. In Kapitel 2 beschreibe ich, wie Ihr Körper Liebe definiert und welche Vorbedingungen gegeben sein müssen, damit Liebe wachsen kann. In Kapitel 3 befasse ich mich mit den biologischen Gegebenheiten, die mit der Liebe einhergehen, damit Sie erkennen, welchen Einfluss dieses Gefühl auf Ihre Gesundheit hat. In Kapitel 4 gehe ich auf das weite Spektrum der Vorteile ein, die die Liebe für Sie hat.

In Teil II dieses Buches geht es darum, Veränderungen zu bewirken. Vielleicht bewundern Sie Menschen, die die Fähigkeit besitzen, echte, von Herzen kommende Verbindungen einzugehen. Sie kommen Ihnen ungeheuer einfühlsam und flexibel, resilient und großzügig vor. Früher gingen Sie vielleicht davon aus, dass Ihnen diese Gnade als »Erwachsener« automatisch zuteilwerden würde. Doch Alter ist keine Garantie für Reife oder Weisheit.[14] In den Kapiteln 5 bis 9 möchte ich Ihnen daher zeigen, wie Sie Liebe häufiger und effektiver wecken können, die Liebe zu sich selbst und die Liebe zu anderen, durch dick und dünn, in Krankheit und Gesundheit. Und schließlich halten Sie die Gewissheit in den Händen, dass Liebe nicht unbedingt ein unberechenbarer und trügerischer Zustand sein muss. Mit ein bisschen Übung werden Sie herausfinden, dass Sie das Gefühl der Liebe jederzeit empfinden können, wenn Sie es wollen. Liebe wird zu einer erneuerbaren Quelle, aus der Sie schöpfen können, um Ihr eigenes Wohlbefinden und das Ihrer Mitmenschen zu fördern.

Liebe ist unser höchstes Gefühl. Ihre An- oder Abwesenheit in unserem Leben beeinflusst alles, was wir fühlen, denken, tun und werden. Dieser sich ständig wiederholende Zustand verbindet Ihren Körper und Ihren Geist mit dem sozialen Gewebe unserer Umgebung. Durch wahre Liebe, die das Herz, den Geist und die Seele erweitert, erkennen Sie die größere Komplexität des Lebens und sind in der Lage, den zwischenmenschlichen Verbindungen, die Ihnen wichtig sind, Leben einzuhauchen. Dieser Weg führt Sie zu mehr Gesundheit, Glück und Weisheit.

2

WAS LIEBE IST

Liebe ist kurz, aber immer wiederkehrend.[15]

François de La Rochefoucauld

Sie verlassen das Lebensmittelgeschäft und lachen mit der Kassiererin darüber, dass die ungewöhnlich knubbelige Tomate in Ihrem Einkaufskorb wie ein Gesicht aussieht, das zu Ihnen emporblickt.

Auf dem Weg zum Briefkasten treffen Sie zufällig auf einen Nachbarn, den Sie schon eine Weile nicht gesehen haben, und nehmen sich kurz Zeit, um ein Schwätzchen mit ihm zu halten. Innerhalb weniger Minuten ertappen Sie sich dabei, wie Sie miteinander plaudern und sich über Ihre Hobbys austauschen.

Am Arbeitsplatz feiern Sie ausgelassen einen geschäftlichen Erfolg mit Ihren Kollegen.

Während Ihrer morgendlichen Joggingtour lächeln und nicken Sie anderen Läufern zu und wünschen Ihnen im Stillen einen guten Tag.

Nach einer längeren Reise nehmen Sie einen Angehörigen lange und herzlich in den Arm.

Liebe ist allgegenwärtig

Zuallererst einmal ist Liebe ein *Gefühl*, ein vorübergehender Zustand, der Körper und Geist gleichermaßen erfüllt. Sie ist wie eine

Wetterlage, eine subtile Kraft, die ständig in Bewegung ist. Wie bei allen positiven Emotionen ist das innere Gefühl, das die Liebe in Ihnen hervorruft, außerordentlich angenehm – es fühlt sich unglaublich gut an, erfrischend wie ein großes, kühles Glas Wasser an einem heißen Tag. Doch darüber hinaus vermag es der Mikromoment der Liebe – wie andere positive Emotionen auch –, Ihren Geist buchstäblich zu verwandeln. Er erweitert Ihr Bewusstsein für Ihre Umgebung und für sich selbst. Die Grenzen zwischen Ihnen und anderen sind plötzlich fließend und durchlässiger. Von Liebe erfüllt sehen Sie weniger Unterschiede zwischen sich und Ihren Mitmenschen. Sie kultivieren Ihre Fähigkeit, andere wahrzunehmen – sie *wirklich* zu sehen, mit ganzem Herzen. Sie fühlen sich plötzlich eins und verbunden mit Ihrer Umgebung. Liebe verhilft Ihnen zu gelebter Transzendenz, zu dem Empfinden, Teil von etwas Größerem zu sein als Sie selbst.

Wie jedes andere Gefühl – ob Wut, Freude oder Trauer – lässt auch die Liebe bald wieder nach. Egal wie wunderbar sie sind: Die Augenblicke der Liebe berühren Ihre Seele nur für kurze Zeit. Es gibt kein Gefühl, das von Dauer ist, auch nicht, wenn es gut für uns ist. Natürlich können Sie lernen, Ihre flüchtigen Mikromomente der Liebe zu überreden, etwas länger bei Ihnen zu verharren: Sie können sie durch das Gespräch mit anderen noch einmal zum Leben erwecken.[16] Dennoch dauern sie lediglich Sekunden oder Minuten, nicht Monate oder Jahre. Liebe ist die kurzlebige und kostbare Offenheit Ihres Herzens, kein felsenfester Ring aus kostbarem Metall an Ihrem Finger.

»Wie geht's?« bedeutet »Ich liebe dich.«

Liebe dieser Art ist alles andere als exklusiv. Sie ist nicht nur das einzigartige Gefühl, dass Sie für Ihren Partner reservieren. Sie geht sogar über die warmen Gefühle hinaus, die Sie Ihren Kindern, Eltern oder engen Freunden entgegenbringen. Die Liebe kann so viel weiter reichen, als wir es normalerweise zulassen. Tatsächlich kann niemand – ob jung oder alt, leidenschaftlich oder reserviert, alleinstehend oder verheiratet – davon ausgeschlossen werden. Auch jenes stillschweigende Energieband zwischen Ihnen und Ihrem zufälligen Nachbarn im Flugzeug, dem Sie offen und aufmerksam zugehört haben, den Sie einen Augenblick lang wirklich wahrgenommen haben, mit aufrichtigem Respekt und aufrichtiger Wertschätzung, ist Liebe. Ich erinnere mich an den Liedtext von »What a wonderful world«, den Louis Armstrong mit seiner rauen Stimme in den späten Sechzigerjahren so berühmt gemacht hat: »I see friends shaking hands, sayin': ›How do you do?‹ They're really sayin': ›I love you.‹«

Vielleicht empfinden wir es intuitiv anders, aber Liebe ist erheblich allgegenwärtiger, als Sie je gedacht hätten, und zwar aufgrund der einfachen Tatsache, dass Liebe *Verbundenheit* bedeutet. Sie ist dieses ergreifende Gefühl, wenn Ihr Herz sich weitet, weil Sie zum ersten Mal in die Augen eines Neugeborenen blicken oder einen guten Freund zum Abschied in den Arm nehmen. Liebe ist auch die Sympathie und das Gefühl eines gemeinsamen Interesses, das Sie unerwartet mit einer Gruppe Fremder teilen, die sich versammelt haben, um ein Nest der Meeresschildkröten zu bewundern oder gemeinsam bei einem Fußballspiel zu jubeln.[17] Genau das ist die aktualisierte Version von Liebe, die ich Ihnen in diesem Buch vorstellen will: Liebe erblüht buchstäblich jedes Mal, wenn zwei oder mehr Menschen – sogar Fremde – ein positives Gefühl, egal ob stark oder schwach, miteinander teilen und sich dadurch einander verbunden fühlen.

Kurz gesagt ist Liebe das vorübergehende Aufwallen von drei eng miteinander verwobenen Ereignissen:

1. Sie teilen eine oder mehr positive Emotionen mit einem anderen Menschen;

2. auf biologischer und Verhaltensebene existiert eine Synchronie zwischen Ihnen beiden;
3. Sie beide werden von gegenseitiger Fürsorge motiviert.

Mein Kürzel für dieses Trio lautet *Positivitätsresonanz*. In solchen Augenblicken zwischenmenschlicher Verbundenheit – die durch die immer lauter werdende Symphonie aus gemeinsam erlebten positiven Gefühlen, biologischer und verhaltensmäßiger Synchronie und wechselseitiger Fürsorge charakterisiert werden – hallt die lebensspendende Positivität zwischen den Menschen wider. Diese Resonanz positiver Energie geht hin und her, ist selbsterhaltend und kann sogar stärker werden, bis die vorübergehende Verbundenheit nachlässt – was natürlich unvermeidlich ist, denn so funktionieren Gefühle nun einmal.

Die Spiegelmetapher

Ich habe eine sichtbare Metapher für diese Positivitätsresonanz entwickelt, nämlich die des Spiegels. Ein Augenblick der Positivität erfordert per definitionem Spiegelungen auf drei verschiedenen Ebenen:

1. Sie und Ihr Gegenüber spiegeln den (positiven) emotionalen Zustand des jeweils anderen;
2. Sie spiegeln die Gesten des anderen ebenso wie seine Biochemie;
3. Sie spiegeln Ihren wechselseitigen Impuls, füreinander zu sorgen.

In einem Augenblick der Positivitätsresonanz verwandeln Sie sich also gewissermaßen in ein Spiegelbild und eine Erweiterung des anderen. Wenn Sie in einen konventionellen Spiegel schauen, sehen Sie nur in Ihre eigenen Augen. Stellen Sie sich nun vor,

Sie stünden vor einem Spiegel und sähen diese andere Person. Vor diesem Augenblick der Positivitätsresonanz waren Sie beide voneinander getrennt und kümmerten sich um Ihre eigenen Belange – Sie hatten Ihre eigenen Gefühle, machten Ihre eigenen Bewegungen und folgten Ihren eigenen Neigungen. Aber in diesem speziellen Augenblick der Verbundenheit richten sich Ihre jeweiligen Gefühle, Handlungen und Impulse aneinander aus und synchronisieren sich mit denen des anderen. Einen Augenblick lang wachsen Sie buchstäblich über sich hinaus. Das ist kein normaler Augenblick. Im Rahmen dieser Spiegelung und Erweiterung Ihres eigenen Zustandes sehen Sie plötzlich viel mehr. Eine mächtige, hin und her schwingende Vereinigung der Energien entsteht zwischen Ihnen, wie elektrische Spannung.

Andere positive Emotionen hallen nicht auf diese Weise wider, sie werden nicht zu Ihnen zurückgespiegelt. Obwohl die Wärme jeglicher positiven Emotion Ihren Horizont erweitert und Ihr inneres Wachstum fördert, sodass Sie widerstandsfähiger werden und ungeahnte Energie erhalten, kann nur die Liebe eine solch tiefe zwischenmenschliche Resonanz hervorbringen. Innerhalb der Mikromomente der Liebe weckt Ihre eigene Wärme und Offenheit die Wärme und Offenheit des anderen – und umgekehrt. Die Biochemie beider Beteiligten führt ebenso zu einer Steigerung der Positivität wie die vermehrte Aufmerksamkeit, die Sie sich gegenseitig schenken – das Lächeln, das Entgegenkommen, der verbale und nonverbale Ausdruck von Sorge und Fürsorge füreinander. Diese Augenblicke sind wirkmächtig und energiespendend. Und davon lebt Ihr Körper. Ihre Fähigkeit, andere zu verstehen und sich in sie hineinzuversetzen, hängt in hohem Maße von einer stetigen Zufuhr von Positivitätsresonanz ab. Das Gleiche gilt für Ihr Potenzial an Weisheit, Spiritualität und Gesundheit.

Wenn Sie in einem westlich geprägten Kulturkreis aufgewachsen sind, dann sind Emotionen für Sie etwas eher Privates, das sich in den persönlichen Grenzen, definiert von Geist und Körper des Individuums, abspielt.[18] Unser Sprachgebrauch – insbesondere im Hinblick auf die Possessivpronomen – macht diese Sichtweise deutlich: Wir sprechen von »meiner Angst«, »seinem Zorn« oder »ihrem Interesse«. Dieser Logik folgend würde die Liebe nur der Person gehören, die sie empfindet. Definieren wir die Liebe aber als Positivitätsresonanz, dann stellen wir diese Sichtweise infrage. Die Liebe entfaltet sich zwischen Menschen und hallt zwischen ihnen wider. Sie zeigt sich – wenn auch nur vorübergehend – in zwischenmenschlichen Transaktionen und ist mithin sämtlichen Beteiligten und dem metaphorischen Netz, das sie miteinander verbindet, zuzuordnen. Die Biologie der Liebe geht damit einher, wie Sie im dritten Kapitel sehen werden. Die Liebe verändert die unsichtbaren Aktivitäten in Ihrem Körper und Ihrem Gehirn auf eine Weise, die gleichzeitig parallel Veränderungen im Körper und im Gehirn Ihres Gegenübers bewirkt. Mehr als andere positiven Emotionen gehört die Liebe also nicht zu einem einzigen Menschen, sondern zu Paaren oder Gruppen.[19] Sie wohnt in der Verbindung. Sie erstreckt sich über die persönlichen Interessen hinaus und charakterisiert die Schwingungen, die zwischen den Menschen pulsieren. Sie kann ganze soziale Netzwerke mit neuer Kraft erfüllen oder eine Gruppe von Menschen dazu bewegen, aufzustehen und zu tanzen.[20]

Liebe braucht Sicherheit

Positivitätsresonanz entsteht nicht zufällig. Sie ist auf bestimmte Umstände zurückzuführen, hat ihren Ursprung in bestimmten Denk- und Handlungsmustern. Die fundamentalen Voraussetzungen der Liebe sind Verbundenheit und Sicherheit. Wenn diese Vorbedingungen nicht gegeben sind, kann keine Liebe entstehen. Widmen wir uns zunächst der Sicherheit: Ihr Gehirn ist evolutionsbedingt darauf trainiert, auf Bedrohungen außerordentlich sensibel zu reagieren. Ihr angeborenes Erkennungssystem dafür operiert außerhalb ihrer bewussten Wahrnehmung.[21] So können Sie in eine intensive Unterhaltung vertieft sein oder einen herrlich entspannenden Lauf in den Wäldern genießen – und dennoch reißt Ihr Gehirn Sie sofort aus Ihren Gedanken, wenn es eine Gefahr erkennt, beim Joggen also beispielsweise plötzlich eine Schlange ihren Weg kreuzt. Wahre Bedrohungen sind für uns heutzutage selten geworden, und die meisten von uns sind sich dessen auch bewusst. Doch nicht jeder kann der Welt auf diese Weise vertrauen. Menschen, die an Angstzuständen, Depressionen, Einsamkeit oder niedrigem Selbstwertgefühl leiden, fühlen sich viel häufiger bedroht, als es gerechtfertigt wäre. Bedauerlicherweise vereitelt diese Überempfindlichkeit Positivität und Positivitätsresonanz. Das Gefühl der Unsicherheit ist mithin das erste Hindernis auf dem Weg zur Liebe.

Liebe braucht wahre Verbundenheit

Die zweite Vorbedingung für die Liebe ist Verbundenheit, und zwar wirkliche sinnliche und diesseitige Verbundenheit mit einem anderen Lebewesen. Sie versuchen zweifellos, »in Verbindung zu bleiben«, wenn körperliche Distanz Sie und Ihre Angehörigen trennt. Sie nutzen das Telefon, Briefe, E-Mails und in zunehmendem Maße Facebook, und das ist auch wichtig. Doch Ihr Körper, der jahrtausendelang durch die natürliche Selektion geformt wurde, ist nicht für die Abstraktionen von Fernbeziehungen, für die XOXs und LOLs geschaffen. Ihr Körper hungert nach mehr. Er hungert nach Augenblicken des Einsseins.

Dieses Gefühl des Einsseins tritt auf, wenn zwei oder mehr Menschen im Gleichklang miteinander handeln und sich buchstäblich wie eine Person verhalten, sich identisch zu dem gleichen verborgenen Rhythmus bewegen. Sie können einen solchen

Gleichklang mit einem Fremden ebenso empfinden wie mit einem alten Freund, den Sie schon Ihr Leben lang kennen. Wenn die Positivitätsresonanz zwischen Ihnen und einem anderen schwingt, dann beginnen Sie beide, die Bewegungen und Gesten des jeweils anderen zu spiegeln und sogar die Sätze Ihres Gegenübers zu beenden. Sie fühlen sich vereint, verbunden, aus einem Guss. Wenn Sie mit jemandem dergestalt harmonisieren, sind Sie beide – auch wenn Sie sich gerade erst getroffen haben – biologisch gesehen buchstäblich auf der gleichen Wellenlänge. Eine Synchronie entfaltet sich aber auch innerlich, denn Ihre physiologischen Reaktionen – sowohl im Körper als auch im Kopf – laufen ebenfalls spiegelbildlich ab.

Ein Blick sagt mehr als tausend Worte

Wahre Verbundenheit ist also eine fundamentale Vorbedingung für Liebe, und das ist einer der wichtigsten Gründe, warum Liebe nicht bedingungslos ist, sondern im Gegenteil eine bestimmte Haltung erfordert. Wahre Verbundenheit ist nicht abstrakt und mittelbar, sondern physisch und entfaltet sich in Echtzeit. Sie erfordert eine sinnliche und zeitliche Anwesenheit der beteiligten Körper. Die Wissenschaft ist sich darüber einig, dass sinnliche Verbundenheit hauptsächlich durch Augenkontakt hergestellt werden kann.[22] Andere Formen sinnlichen Kontakts – durch Berührungen, die Stimme oder gespiegelte Körperhaltung und Gesten – verbinden die Menschen zwar ebenfalls miteinander und können den Augenkontakt zeitweise ersetzen, doch am wirksamsten lässt sich ein Gefühl der Verbundenheit und des Einsseins mutmaßlich dann herstellen, wenn man sich in die Augen sehen kann.[23]

Ein Lächeln vermag mehr als jeder andere emotionale Ausdruck die Aufmerksamkeit des Betrachters auf sich zu ziehen.[24]

Das ist auch gut so, denn ein Lächeln kann unzählige verschiedene Bedeutungen haben. Warum lächelt Ihre neue Kollegin Sie beispielsweise gerade an? Meint sie es ehrlich oder herablassend? Ist sie Ihnen freundlich gesinnt oder von sich eingenommen? Fürsorglich oder nur höflich? Paul Ekman, der weltweit führende Wissenschaftler im Hinblick auf die Erforschung von Gesichtsausdrücken, schätzt, dass Menschen regelmäßig fünfzig verschiedene Arten des Lächelns unterscheiden.[25] Vor diesem Hintergrund versteht man die Ambiguität eines jeglichen Lächelns eher. Außerdem können die Unterschiede zwischen verschiedenen Arten des Lächelns sehr subtil sein: Ist ein Lächeln freundlich, genussvoll, überheblich oder gar gespielt? Während Wissenschaftler wie Ekman bewusste und formale Kriterien anlegen, um diese subtilen Unterschiede herauszuarbeiten – häufig mithilfe von Zeitlupenaufnahmen –, haben Sie selbst ohne spezielle Ausbildung nur Ihr Bauchgefühl, mit dessen Hilfe Sie herausfinden können, was das Lächeln Ihrer Kollegin nun wirklich bedeutet. Derlei Bauchgefühle können eine hervorragende Quelle der Intuition und Weisheit sein, wenn Sie wissen, wie Sie sie sich zugänglich machen können. Augenkontakt ist auch hier wieder von essenzieller Bedeutung. Neue wissenschaftliche Erkenntnisse gehen davon aus, dass Sie eindeutig im Nachteil sind, wenn Sie keinen direkten Augenkontakt mit Ihrer Kollegin herstellen und nicht zuverlässig herausfinden können, was sie tatsächlich mit dem Lächeln aussagen will.[26]

Augenkontakt ist also der Schlüssel, der die Weisheit Ihrer Intuition öffnet, denn wenn Sie dem Blick ihrer lächelnden Kollegin begegnen, reagiert nicht nur Ihr Gehirn, sondern auch Ihr Körper: Sie können die Gefühle, die Ihre Kollegin gerade durchlebt, gewissermaßen simulieren.[27] Durch diesen schnellen und unbewussten Vorgang wissen Sie mehr über die emotionalen Hintergründe des Lächelns. Der Zugang zu diesem Gestalt gewordenen Gefühl, dieser Information, die in Ihrem Inneren entsteht, macht

Sie klüger. Sie können beispielsweise viel genauer einschätzen, was ihr unerwartetes Lächeln bedeutet.[28] Sie sind besser auf sie eingestimmt und weniger leicht zu täuschen. Intuitiv erfassen Sie ihre Absichten. Sie war in der Tat keineswegs freundlich, sondern hämisch. Sie wollte keine Verbindung zu Ihnen herstellen, sondern war selbstgefällig. Sie müssen kein Zyniker sein, um zu erkennen, dass nicht jedes Lächeln eine aufrichtige Bitte um Verbundenheit darstellt. Manch ein Lächeln wird vielleicht nur ausgesandt, um Sie auszubooten oder zu kontrollieren. Mithilfe Ihrer Sinne können Sie ehrliche von unehrlichen Signalen unterscheiden, ganz so, wie Sie beispielsweise gute Lebensmittel von verdorbenen trennen können.

Sobald Sie Augenkontakt hergestellt haben, informieren Ihre Schlussfolgerungen über das Lächeln Ihrer Kollegin Sie – bewusst oder nicht –, wie Ihr nächster Schritt aussehen sollte. Ohne Augenkontakt hingegen kann es schnell zu Missverständnissen, gebrochenen Herzen und zwischenmenschlicher Ausbeutung kommen, denn Sie über- oder unterinterpretieren die Freundlichkeit im Lächeln Ihres Gegenübers. Außerdem verpassen Sie vielleicht die unzähligen Gelegenheiten, um lebensspendende Verbundenheit zu schaffen. Augenkontakt trägt dazu bei, dass Sie aufrichtige, affiliative Gesten in einem Meer von lediglich höflichen oder eindeutig manipulativen Lächeln erkennen. Liebe ist also alles andere als blind.

Liebe entsteht nicht parallel

Augenblicke von *scheinbar* geteilter Positivität gibt es in Hülle und Fülle. Sie selbst und die Menschen in Ihrer Umgebung können mit der einen oder anderen Form der Positivität in Berührung kommen, aber dennoch keine wahre Verbundenheit herstellen. Sie selbst und alle anderen Kinobesucher beispielsweise teilen die Positivität, die von der großen Leinwand vor Ihnen ausgeht; Sie und der Student neben Ihnen im Hörsaal sind fasziniert von den gleichen neuen Ideen; Sie und Ihre Familie schauen sich die gleiche Comedyshow im Fernsehen an. Doch wenn der Augenkontakt, die Berührung, Gelächter oder eine andere Form von Verhaltenssynchronie fehlen, dann gleichen derlei Augenblicke dem, was Entwicklungspsychologen als *Parallelspiel* bezeichnen. Sie fühlen sich zweifellos gut, und ihre Positivität bringt sowohl Ihnen als auch den anderen einen Broaden-and-Build-Nutzen. Solange es sich aber (noch) nicht um direkte oder interpersonell geteilte Erfahrungen handelt, haben Sie auch keinen Widerhall im jeweilig anderen. Also handelt es sich (noch) nicht um Augenblicke der Liebe. Der Schlüssel zur Liebe besteht in Formen der physischen Verbundenheit.

Um es deutlich zu machen: Die sinnlichen und zeitlich begrenzten Verbindungen, die Sie mit anderen durch Augenkontakt, Berührung, Unterhaltung oder andere Formen der Verhaltenssynchronisation schaffen, sind nicht an und für sich Liebe. Selbst Händchenhalten kann zur lieblosen Gewohnheit werden. Doch im richtigen Kontext sind derlei Gesten ein hervorragendes Sprungbrett für die Liebe. Der richtige Kontext ist der, der mit der emotionalen Präsenz der Positivität einhergeht.

Stellen Sie sich vor, dass ich allein an meinem heimischen Computer sitze und jetzt, im Juli 2011, nach den richtigen Worten suche, und Sie sitzen (habe ich Recht?) ein paar Jahre später wer weiß wo und lesen meine Worte. Stattdessen könnten wir uns auch in einem Café in Ihrer Nähe treffen und uns über diese Ideen unterhalten. Es stellt sich heraus, dass Sie jede Menge wertvoller Fragen haben. Es dauert nicht lange, da hat uns die gemeinsame Begeisterung für die neuesten wissenschaftlichen Erkenntnisse über die menschliche Natur und das menschliche Potenzial so richtig gepackt. Obwohl ich sonst meist recht leise rede, ist die Unterhaltung mit Ihnen jetzt ziemlich lebhaft. Meine

Gesten und mein Lächeln zeigen Ihnen, dass ich mich nicht nur für dieses Thema begeistern kann, sondern dass ich auch Ihre wohlüberlegten Fragen und Beispiele zu schätzen weiß. Ich bin auf Sie eingestimmt, stehe Ihrem Input wohlwollend gegenüber und reagiere auf sämtliche subtilen Signale, die zeigen, wie effektiv wir miteinander kommunizieren.

Aus meiner Perspektive existieren Ihr Lächeln, Ihr Nicken und andere Gesten Ihrer eigenen Positivität und Einstimmung auf mich nicht einfach nur in *Ihnen*. Wenn unsere Blicke sich kreuzen, dann erwachen sie auf sehr wirkliche Weise auch in mir zum Leben. Innerhalb von Millisekunden beginnen mein Gehirn und mein Körper durch Ihren Enthusiasmus und Ihre Wertschätzung förmlich zu vibrieren. Je häufiger das passiert, umso mehr empfinde ich wie Sie – begeistert und anerkennend, empfänglich und mitfühlend. Schon bald tauchen diese Gefühle auf meinem Gesicht auf und werden durch meine Stimme und meine Gesten für Sie fassbar. Wir halten unseren Blickkontakt, und ein paralleler Simulationsprozess kommt bei Ihnen in Gang. Ihr Gehirn und Ihr Körper vollziehen meine Bewegungen nach. Die Schwingungen gehen zwischen uns hin und her.

Mit jedem weiteren Mikromoment empfinden wir beide immer ähnlicher. Wir harmonisieren miteinander, fühlen synchron. Die Positivitätsresonanz hat eine Verbundenheit zwischen uns hergestellt. Ihre und meine Gehirnaktivität und Biochemie verschmelzen immer mehr miteinander. Eine von Positivität gespeiste Verwobenheit unserer Herzen und unseres Geistes ist die Folge, ein vorübergehender Zustand, den Wissenschaftler als *Intersubjektivität* bezeichnen. Stellen Sie sich das wie eine Miniversion dessen vor, was der berühmte Mister Spock aus *Star Trek* als *Gedankenverschmelzung* bezeichnet. Doch beide Begriffe sind meiner Ansicht nach zu sehr auf den Geist bezogen, zu herzlos. Denn genauso wichtig ist es, dass der emotionale Unterton unserer vorübergehenden Verschmelzung, unserer Verflechtung, warmherzig, offen, vertrauensvoll und voller aufrichtiger Fürsorge füreinander und Interesse aneinander ist.

Das, was zwischen zwei Menschen passiert, könnte man als *Rapport* bezeichnen. Doch je besser ich die wissenschaftlichen Gründe hinter der Positivitätsresonanz verstehe, umso überzeugter bin ich davon, dass auch diese Beschreibung in die Irre führt. Der Begriff *Rapport* klingt beliebig. Er beschreibt etwas nicht Lebensnotwendiges. Doch vor dem Hintergrund der ungeheuer wichtigen Rolle, die die Positivitätsresonanz bei unserem Überleben spielt, garantieren solche wechselseitigen Zustände ein Gefühl Erhabenheit. Deshalb bezeichne ich sie als *Liebe*, unser höchstes Gefühl. Mikromomente wie diese sind die wesentlichen Baustoffe, von denen wir eigentlich gar nicht genug bekommen können.

Welchen Sinn hat ein Lächeln also? Früher war man der Ansicht, dass es den inneren Zustand der lächelnden Person widerspiegelt. Setzt man Lächeln mit dem gesamten Gesichtsausdruck gleich, dann scheint diese Ansicht unmittelbar einzuleuchten – eine bestimmte Mimik bringt die ansonsten unsichtbaren Gefühle einer Person zum Ausdruck.[29] Richtet man den Fokus auf den *Empfänger* des Lächelns, dann sieht die Argumentation anders aus: Dann hat sich das Lächeln nicht entwickelt, um ein positives Gefühl nach außen sichtbar zu machen, sondern viel eher, um eine positive Emotion in dem Menschen hervorzurufen, der den Blick des Lächelnden auffängt.[30] Dieser alternativen Sichtweise folgt die Wissenschaft nun schon seit längerem. Man geht davon aus, dass das Lächeln sich entwickelt hat, um uns ein implizites Verständnis – oder ein Bauchgefühl – für die wahren Motive des Lächelnden zu geben.[31] Angesichts dieser und anderer evolutionärer Theorien[32] halte ich es für angemessen, den Fokus noch stärker zu erweitern und nicht nur den *Lächelnden* und den *Angelächelten* zu beleuchten, sondern auch die erblühende Verbundenheit zwischen zwei Menschen zu untersuchen, die ein Lächeln miteinander teilen. Das aufrichtige, von Herzen kommende Lächeln eines Einzelnen kann einen mächtigen und nachhallenden Zustand zwischen zwei Menschen ins Leben rufen, der von den drei Eigenschaften der Liebe charakterisiert wird: eine jetzt miteinander geteilte positive Emotion, ein Gleichklang von Aktionen und Biochemie und ein Gefühl gegenseitiger Achtung und Fürsorge. Kurz gesagt: Lächeln hat sich vielleicht entwickelt, um Positivitätsresonanz zu schaffen.

Emotionale und physische Präsenz

Liebe erfordert also Verbundenheit. Das bedeutet, wenn Sie allein sind und an die denken, die Sie lieben, sich über vergangene Momente der Verbundenheit Gedanken machen, sich nach mehr sehnen oder auch nur, wenn Sie eine Liebende-Güte-Meditation praktizieren oder einen leidenschaftlichen Liebesbrief schreiben, erleben Sie in diesem Augenblick keine wahre Liebe. Es stimmt, dass die starken Gefühle, die Sie erleben, wenn Sie allein sind, wichtig und absolut wesentlich für Ihre Gesundheit und Ihr Wohlbefinden sind. Aber Sie teilen diese Gefühle nicht mit anderen Menschen, weshalb Ihnen die entscheidende und unleugbar physische Zutat der Resonanz fehlt. Physische Präsenz ist ein Schlüssel zur Liebe und zur Positivitätsresonanz.

Das Problem besteht nur allzu häufig darin, dass Sie sich einfach nicht die Zeit nehmen, die notwendig ist, um eine Verbundenheit zu anderen herzustellen. Im Gegenteil: Die heutige Gesellschaft mit ihrer schnelllebigen Technologie und der ungeheuren Arbeitsbelastung veranlasst Sie, in einem Rhythmus durch Ihren Tag zu hetzen, der im genauen Gegensatz zur Verbundenheit steht. Sie stehen unter dem Druck, jeden Tag mehr leisten zu müssen, Sie machen mehrere Dinge gleichzeitig, nur, um sich über Wasser zu halten. Ständig planen Sie im Geiste schon den nächsten Schritt voraus. Was ist der nächste Punkt auf Ihrer endlosen To-do-Liste? Was brauchen Sie, und von wem können Sie es bekommen? Sie kommunizieren immer häufiger nur über E-Mails, SMS, Tweets und andere Medien, bei denen man nicht miteinander reden, geschweige denn sich treffen muss. Doch diese können Ihre körperliche Sehnsucht nach Verbundenheit nicht stillen. Liebe erfordert die physische und emotionale Präsenz. Und sie erfordert, dass Sie einen Schritt langsamer gehen.

Mein zweiter Sohn war ein so guter Schläfer, dass mein Mann oder ich ihn wach in sein Bettchen legen konnten und er zufrieden von selbst einschlief. Unser erster Sohn war vollkommen anders. Er musste in unseren Armen liegen, um einzuschlummern. Außerdem benötigte er eine bestimmte Bewegung, die wir aber nicht im Schaukelstuhl simulieren konnten; wir mussten mit ihm umherwandern. Während seines ganzen ersten Lebensjahres gingen mein Mann und ich langsam in dem winzigen Kinderzimmer auf und ab, hielten ihn in den Armen, oft eine halbe Stunde oder länger. Wir lernten, ihn erst in sein Bettchen zu legen, wenn er tief schlief. Alles andere führte nur zu einer weiteren langen Wanderschaft.

Als frischgebackene Eltern hatten wir so viel zu erledigen, ganz zu schweigen von unserem Schlafmangel, dass mein Mann und ich das Zeitloch dieses Einschlafrituals zu fürchten begannen. Wir sehnten uns danach, aus dem dunklen Kinderzimmer flüchten zu können, damit wir die Geschirr- und Wäscheberge abarbeiten, noch ein paar dienstliche E-Mails schreiben oder auf unserem Bett zusammenbrechen konnten. Dann bemerkte mein Mann eine radikale Wende, durch die alles anders wurde. Er dachte nicht länger darüber nach, wo er überall sein, was er alles erledigen könnte, sondern ließ sich ganz und gar auf das Erlebnis ein, Vater zu sein. Er stimmte sich auf den Herzschlag und den Atem unseres Sohnes ein. Er genoss seine Wärme, das Gewicht in seinen Armen und den süßen Duft seiner Haut. Dadurch verwandelte er eine elterliche Pflicht in eine Folge liebevoller Augenblicke. Als mein Mann mir sein Geheimnis verriet, konnten wir beide das Einschlafritual nicht nur umso mehr genießen, sondern unser Sohn schlief auch viel schneller ein. Im Rückblick erkenne ich heute, dass wir vorher nur physisch bei unserem Sohn gewesen waren, wenn wir mit ihm durchs Kinderzimmer wanderten, aber emotional nicht präsent. Ich bezweifle nicht, dass Kinder Diskrepanzen zwischen dem Verhalten und dem inneren Erleben ihrer Eltern erkennen können. In unserem Fall hatte dieses Ungleichgewicht verhindert, dass die Freuden und Vorzüge generationsübergreifender Positivitätsresonanz überhaupt entstehen konnten.

Unsere Jungs sind nun neun und zwölf Jahre alt, und ihre Schlafensrituale haben sich entsprechend gewandelt. Doch der Alltag hält noch weitere Beispiele bereit, wie man die Sehnsucht nach Verbundenheit befriedigen kann – eigentlich. Wir leben etwa einen Kilometer von unserer Schule entfernt. Mein Mann und ich hätten unter der Woche also täglich die Gelegenheit, diesen kurzen Weg mit unseren Kindern gemeinsam zurückzulegen. Doch in der allmorgendlichen Eile und dem Bemühen, die Kinder rechtzeitig in die Schule zu bugsieren, ist es leicht, eine Entschuldigung zum Autofahren zu finden. Wir alle wissen, wie gut ein Fußmarsch tut. Er ist gut für unseren Körper, unser Gehirn und unsere Umgebung. Was jedoch häufig unerkannt bleibt, ist, wie gut ein Spaziergang für unsere Beziehungen ist. Man widmet einander Zeit, bewegt sich gemeinsam und ist einander physisch und auch emotional nahe – also der ideale Nährboden für wahre Verbundenheit. Natürlich können wir diese Gelegenheit trotzdem noch vermasseln, indem wir mental oder emotional woanders sind, indem wir uns beispielsweise durch Schlagzeilen, E-Mails und Tweets dazu verleiten lassen, unser Telefon den Kindern vorzuziehen. Die Liebe wächst am besten, wenn man sich auf den gegenwärtigen Augenblick und auf die Handlungsweisen und Reaktionen anderer einlässt. Bedauerlicherweise sind die meisten von uns eher auf Technologie, To-do-Listen und Massenmedien eingestimmt als auf die einzigartigen und wunderbaren Individuen des Alltags. Deshalb kommen sie zu kurz.

Für die Liebe geschaffen

Die täglichen Nachrichten könnten uns das Gefühl vermitteln, dass Menschen heutzutage ängstlicher, aggressiver und gieriger denn je sind. Die gesamte Gesellschaft hat mehr Stress, ist übergewichtig und entwickelt Jahr für Jahr mehr chronische Erkrankungen.[33] In den Vereinigten Staaten haben Kinder zum ersten Mal seit Jahrhunderten eine geringere Lebenserwartung als ihre Eltern.[34] Ich frage mich, wie viele dieser Übel darauf zurückzuführen sind, dass unsere Gesellschaft kollektiv dazu neigt, zu verleugnen, wer wir sind und wie wir dorthin gelangt sind?

Wir sind Tiere

Wie alle anderen Lebewesen, so sind auch Sie eine Ansammlung von Zellen. Die Art und Weise, wie unsere Zellen sich bilden, wie sie funktionieren und wachsen, wie sie bis zum letzten Atemzug ständig von neuen Zellen ersetzt werden – das alles spiegelt das Wissen unserer Vorfahren wider, das tief in unserer DNA verankert ist.[35] Sie selbst sind unbestreitbar ein einzigartiges und geniales Tier, aber dennoch ein Tier. Manchmal vergessen Sie diese grundlegende Wahrheit. Sie können sich in dieser dröhnenden und geschäftigen Welt so verlieren, dass Sie Ihre animalische Identität einfach übersehen. Sie vergessen, wie Sie – und jedes andere menschliche Tier – dorthin gelangt sind, in diese schmutzige, übervolle Welt, die wir von unseren Vorfahren geerbt haben und schließlich weiter vererben werden.

Unsere Körperzellen passen sich durch Veränderung ständig wieder aufs Neue unserer Umwelt an. Die Anpassung kann auf schnelle, aber auch auf langsame Weise erfolgen. Sie ist schnell, wenn Ihre Handlungsweise sich innerhalb des Bruchteils einer

Sekunde an Ihre stets veränderlichen Lebensumstände anpasst – so meiden Sie beispielsweise Gefahren und nutzen Gelegenheiten. Wenn bestimmte Gefahren und Gelegenheiten häufiger auftauchen, beginnt Ihr Körper, Sie vorauszuahnen. Der Frühling beispielweise lädt dazu ein, barfuß zu laufen. Dann aber bilden sich Schwielen an Ihren Füßen, und Ihr Stoffwechsel arbeitet schneller, sodass Sie von der vermehrten körperlichen Aktivität schlanker werden. Anpassung geht andererseits richtig langsam vonstatten, denn das Wissen in Ihnen, das Sie schnell auf Gefahren, Gelegenheiten und allerlei physiologische Anpassungsmaßnahmen, die sich daraus ergeben, reagieren lässt, wurde Stück für Stück über Jahrtausende hinweg von dem scharfsichtigen Meißel der natürlichen Auslese à la Darwin geformt. Ihren animalischen Vorfahren rettete schnelles Handeln oftmals das Leben. So konnten sich Furcht, Wut, Abscheu und andere negative Emotionen über unzählige Generationen weiterentwickeln.

Doch Ihre animalischen Vorfahren entwickelten auch noch weitere Verhaltensweisen, um zukünftige Bedrohungen zu umschiffen und zu überleben. Sie mussten lange genug leben, um erfolgreich ihre Nachkommen aufzuziehen. Besonders wichtig waren ihnen – neben lebensrettenden und lebensspendenden Ressourcen, auf die sie immer wieder zurückgreifen konnten – die starken Bande, die sie mit anderen Menschen geschmiedet hatten, an die ihr genetisches Überleben gebunden war: ihre Partner, ihre Familie und ihre Verbündeten.[36] Diesen Menschen konnten sie vertrauen, ihnen gegenüber konnten sie loyal sein. Sie waren diejenigen, zu denen sie sich auf unwiderstehliche Weise hingezogen fühlten. Ohne Bindungen dieser Art war ein früher Tod des Individuums vorprogrammiert, und es konnte sich nicht vermehren, sodass es keine Chance hatte, einer unserer Vorfahren zu werden. So entwickelten sich Liebe und andere positive Emotionen.

Persönliche Bindungen machten also den Unterschied zwischen Leben und Tod aus. Die Gelegenheit, Bande zu schmieden, ergab sich innerhalb sicherer Augenblicke der Verbundenheit. Und genau wie das Wandern die Bildung von Schwielen fördert und den Stoffwechsel in Gang bringt, so lösen die guten Gefühle, die auftreten, wenn man sich mit anderen verbindet, biochemische Veränderungen aus, die wiederum die Perspektive verändern, aus der wir andere Menschen wahrnehmen. Plötzlich wirken sie viel anziehender auf uns.[37] Durch wiederholte Momente der Positivitätsresonanz schufen also auch unsere urzeitlichen Vorfahren mehr innige Verbindungen. Ihre DNA lebt in unseren Zellen weiter und ist die Basis für die Weisheit unseres Körpers. Die Liebe ist ein Produkt der menschlichen Evolution. Nach diesem sehr buchstäblichen Verständnis sind Sie für die Liebe wie geschaffen.

Das heißt, Sie müssen die Erkenntnisse über die Liebe nicht neu erlernen. Von Geburt an weiß Ihr Körper, wie er Liebe suchen kann, wie er sie fördert und sich durch sie gesund erhält. Ihre kurzen, doch wiederkehrenden Erlebnisse von Positivitätsresonanz mit anderen wuchsen zu einem Ganzen zusammen und bilden jetzt die Bande, die Sie bis zum heutigen Tag lebendig erhalten haben und Sie nun befähigen, diese Worte zu lesen.

Unser animalischer Ursprung gilt in unserer modernen Gesellschaft als verpönt. Wir distanzieren uns von den Rattenbabys, die spielerisch miteinander kämpfen und später dicht aneinandergeschmiegt in einem großen Haufen friedlich einschlafen, einer über dem anderen. Oder von den Zebras, die sich in den ruhigen Augenblicken der Sicherheit in der Savanne gegenseitig das Fell pflegen. Doch diese urtümlichen, animalischen Formen der Liebe, die sich in Berührung und gegenseitiger Fürsorge manifestieren, existieren auch in Ihnen selbst, in Ihren Zellen. Ihr Durst nach Positivitätsresonanz entsteht tief in Ihrem Inneren.

Ganz sicher nimmt die Liebe einen viel höheren Stellenwert ein. Wer die einzigartigen menschlichen Varianten der Kommunikation beherrscht, kann seinen Geliebten oder seine Geliebte durch die gesprochenen Worte eines Gedichtes liebkosen oder ihn durch den Rhythmus von Liedern und Tanz zu inspirieren versuchen. Sie haben die gleichen Ressourcen, auf die Sie zurückgreifen können, wie eine junge Ratte oder ein Zebra. Ihr Bedürfnis nach Liebe ist ein und dasselbe. Mit diesem Wissen können Sie Streit, Gemeinheit, Gier und Furcht überwinden. Sie können lebensspendende Gelegenheiten zur Positivitätsresonanz entdecken und sich auf sie ausrichten. Je stärker Sie sich auf die Definition, die Ihr Körper von Liebe hat, einlassen, umso eher verstehen auch Ihre Zellen die Botschaft, wie wir in Kapitel 3 wissenschaftlich belegen werden. Sie schützen Sie vor Krankheit und ermöglichen Ihnen ein gesünderes und glücklicheres Leben.

Die Welt, mit der Sie es Tag für Tag zu tun haben, konfrontiert Sie mit einer wilden Mischung aus guten und schlechten Neuigkeiten. Ihr Körper ist von Natur aus dafür geschaffen, damit klarzukommen – sich gegen wahre Bedrohungen zu verteidigen und nährende Mikromomente der Liebe nicht nur zu entdecken, sondern sogar zu schaffen, und das nicht nur mit dem Partner und der Familie, sondern folglich auch mit Menschen außerhalb Ihres Familienkreises.

Mehr denn je ist das genetische Überleben der Menschheit von der Liebe abhängig und von den Banden, die Sie schmieden – oft mit vollkommenen Fremden.

Liebe zu Freunden

Der Liebe haftet ein besonderer Glanz an, und das nicht nur, weil sie aus den Schößlingen anderer positiver Emotionen erwachsen kann, also aus Vergnügen, Heiterkeit oder Dankbarkeit, sondern auch, weil unter Ihren zahlreichen Verbündeten in der Liebe – angefangen von Ihrer Schwester über Ihren Partner oder Ihr Neugeborenes bis hin zu Ihrem Nachbarn – sogar jemand sein kann, den Sie noch nie zuvor gesehen haben. Selbst wenn Sie nicht die gleiche Sprache sprechen, haben Sie und der andere viel miteinander gemein. Wenn nicht gerade ein Hirnschaden oder eine Handvoll neurologischer Störungen vorliegt, ist Ihnen allen das gleiche nervöse und endokrine System zu eigen, das Positivitätsresonanz ermöglicht. Die Liebe ist also in sämtlichen menschlichen Beziehungen möglich.

Die Mikromomente der Liebe sind nahezu identisch, egal, ob sie sich zwischen Ihnen selbst und einem Fremden oder zwischen Ihnen und einem Seelenverwandten entwickeln, zwischen Ihnen und Ihrem Kind oder Ihnen und Ihrem lebenslangen besten Freund. Der eindeutigste Unterschied zwischen der Liebe, die Sie zu nahestehenden Menschen empfinden, und der Liebe zu jedem anderen, mit dem Sie sich verbunden fühlen, besteht einfach nur in der Häufigkeit. Mehr innige gemeinsame Augenblicke zu verbringen erhöht Ihre Chancen, in Mikromomenten der Positivitätsresonanz zu schwelgen. Diese Mikromomente verändern Sie. Sie schmieden neue Bündnisse mit Fremden, verwandeln Ihre Bekannten in Freunde und kultivieren größere Innigkeit bei Ihren wichtigsten Beziehungen. Jeder Mikromoment der Positivitätsresonanz verstrickt Sie ein wenig fester in das soziale Gewebe Ihrer Gemeinschaft, in Ihr Netzwerk aus Beziehungen und Ihrer Familie.

Die biologische Synchronie, die zwischen zwei miteinander verbundenen Gehirnen und Körpern entsteht, ist immer ähnlich, egal wer sich gerade gegenübersteht. Die Auslöser für Mikromomente der Liebe können bei vertrauten Personen aber vollkommen anders sein als bei Fremden. Das kennzeichnende Merkmal der Vertrautheit ist *gegenseitige Empfänglichkeit*, jenes beruhigende Gefühl, dass Sie und Ihr Gegenüber einander wirklich verstehen. Sie wissen, was im jeweils anderen vorgeht. Sie nutzen dieses privilegierte Wissen bedachtsam und zum gegenseitigen Wohl. Innige Vertrautheit ist jenes sichere und tröstliche Gefühl, das Sie bekommen, wenn Sie sich in dem Wissen sonnen können, dass diese andere Person Sie wirklich versteht und schätzt. Sie können sich in der Gegenwart dieses Menschen entspannen und müssen nicht mehr wachsam sein. Ihr gegenseitiges Vertrauen – das vielleicht durch Ihre Verpflichtung, sich dem anderen gegenüber loyal zu verhalten, verstärkt wird – gestattet es Ihnen, offener miteinander umzugehen, als Sie oder der andere es bei anderen Menschen täten.

In einem sicheren Rahmen der Vertrautheit kann die Liebe in den unwahrscheinlichsten Augenblicken entstehen. Vor Jahren fuhren mein Mann und ich in unserer Stadt zu einem Tante-Emma-Laden, in dem ich erst ein- oder zweimal gewesen war. Wir kamen von hinten an den Laden heran. Ich dachte, ich könnte um das Geschäft herum zur Vorderseite fahren, und bog also nach links ab in das, was ich für die hintere Einfahrt des Parkplatzes hielt. Leider war es aber gar keine Einfahrt, sondern nur ein kurzer Kiesweg, der im Nirgendwo endete. Ich hielt an und starrte zum Laden hinüber. Ich bin sicher, dass ich nur wenige Sekunden regungslos dasaß, aber mein Mann fand es offenbar amüsant: »Na, festgefahren?«, neckte er mich, und ich musste selbst über meine Verblüffung lachen. Seitdem zieht Jeff mich regelmäßig mit diesem Satz auf, wenn ich mal wieder zu langsam auf etwas Unerwartetes reagiere, denn oft bin ich erst einmal wie gelähmt. Doch er betrachtet das nicht als Charakterfehler und übt auch keine Kritik, sondern er hat daraus einen Insiderwitz gemacht. Er ist eben Chemiker mit Leib und Seele und verwandelt ein Dilemma wie dieses in einen Mikromoment der Liebe. Liebe, die mich nicht nur schnell wieder zum Handeln bringt, sondern die auch das Band festigt, das uns verbindet.

Dieses eigentlich banale kleine Beispiel deutet auf etwas hin, das nur innige Beziehungen uns bieten können: einen gemeinsamen Erfahrungsschatz. Anfang des Jahres teilte ich mir spät abends nach einer Konferenz ein Taxi mit einer früheren Kommilitonin, die ich hier nach fast zehn Jahren zum ersten Mal wiedergetroffen hatte. Obwohl wir uns so lange aus den Augen verloren hatten, dauerte es nur wenige Minuten, bis wir auf dem Rücksitz dieses Taxis lauthals über die alten Zeiten, über alte, alberne Sprüche und Eskapaden lachten. Wir fühlten uns zurückversetzt in die Achtzigerjahre und erinnerten uns daran, wie viel Spaß wir miteinander gehabt hatten. Beim Abschied nahmen wir uns fest vor, uns in Zukunft wieder häufiger zu sehen.

Unsere engen Beziehungen bieten uns gemeinsame Erfahrungen, Sicherheit, Vertrauen und Offenheit. Das bildet die Basis, auf der wir unsere Verbundenheit zu den Betreffenden noch weiter vertiefen können. Je vertrauensvoller und offener Sie mit einem anderen Menschen umgehen – je vertrauensvoller und offener dieser Mensch zu Ihnen ist –, umso mehr Verbindungspunkte finden Sie, über die Sie lachen können oder die Sie faszinieren, heiter stimmen oder erfreuen können.

Positivität von Anfang an

Mikromomente der Liebe in Ihren innigsten Beziehungen sind also von tiefem gegenseitigen Verständnis und Fürsorge geprägt. Haben unter diesen Umständen Neugeborene überhaupt die nötigen Mittel, um Liebe wirklich zu erfassen? Die (meisten) Eltern lieben ihre Babys. Aber können letztere diese Liebe auch erwidern? Wie können Neugeborene, deren Fähigkeiten ja nun einmal begrenzt sind, sich in selbstloser Weise auf andere konzentrieren?

Nun: Sie müssen sich gar nicht konzentrieren. Wenn die vorgeburtlichen Umstände stimmen, dürsten Neugeborene geradezu nach Verbundenheit zu liebevollen Erwachsenen, sind vertrauensvoll und offen.[38] In ihrer Nähe suchen sie den Augenkontakt, den Körperkontakt und synchronisieren im Rahmen ihrer Möglichkeiten sogar ihre Bewegungen mit ihrem Gegenüber. Als

Vollblut-Empirikerin überprüfte ich diese Behauptung innerhalb der ersten Minuten nach der Geburt meines Sohnes. Ich hielt ihn dicht bei mir, unsere Haut berührte sich, und wir sahen einander nur an. Dann streckte ich ihm die Zunge raus. Es dauerte nur den Bruchteil einer Sekunde, bis er mich spiegelte und mir ebenfalls die Zunge entgegenstreckte. Ich wiederholte mein Experiment etwa drei Jahre später, als mein zweiter Sohn zur Welt kam, und erhielt das gleiche Resultat, eine alberne Mutter-Sohn-Synchronie, die beide Male von meinem Mann auf Video verewigt wurde.

Viele Mikromomente der Positivitätsresonanz lassen zwischen Kind und Bezugsperson ein liebevolles Band entstehen. Die Entwicklungspsychologie hat gezeigt, dass der aufmerksame Tanz zwischen Kind und Bezugsperson für die normale menschliche Entwicklung absolut unabdingbar ist. Wie wir im dritten Kapitel sehen werden, geht die Synchronisation beider Beteiligten viel tiefer: Nicht nur das offensichtliche Verhalten, auch die Biologie wird einander angeglichen.[39] Babys tun das und wir auch. Wir alle können von Natur aus nur durch die Liebe gedeihen. Deshalb ist Positivitätsresonanz ein entscheidender Baustein unseres Lebens.

Das macht das Schicksal von Babys, die – aus welchen Gründen auch immer – keine Positivitätsresonanz erleben, umso herzzerreißender. Traurigerweise bekommen nicht alle Kinder die liebende Fürsorge, die sie brauchen. Bei manchen werden die physischen Bedürfnisse – nach Heim, Nahrung, Kleidung und so weiter – zwar erfüllt, aber sie haben nur wenig Erfahrung darin, positive Emotionen mit anderen zu teilen. Die Forschung konnte nachweisen, dass die Abwesenheit der Liebe fast alle Aspekte der kindlichen Entwicklung beeinträchtigen kann – ihre kognitiven und sozialen Fähigkeiten ebenso wie ihre ihre Gesundheit. Besonders deutlich zeigt dies die krasse und durchgängige Deprivation rumänischer Waisen, die in den Neunzigerjahren untersucht wurde. Selbst bei Kindern, die von liebevollen Familien adoptiert und aufgezogen wurden, konnten Entwicklungsverzögerungen nachgewiesen werden, die jahrzehntelang bestehen bleiben.[40] Noch häufiger und schmerzhafter ist jedoch die unbeabsichtigte emotionale Vernachlässigung, die in normalen, sogar wohlhabenden Familien stattfindet.

Eine große, leider nicht behandelte Quelle solcher Vernachlässigung hat ihren Ursprung in Depressionen, die etwa zehn bis zwölf Prozent der Mütter im Kindbett befällt.[41] Doch natürlich haben Depressionen auch dann verheerende Auswirkungen, wenn Väter oder andere Bezugspersonen des Kindes daran erkranken. Depressionen werden im Allgemeinen als Störung des positiven emotionalen Systems betrachtet.[42] Sie ersticken die Funken der Positivität und der Positivitätsresonanz wie eine schwere, nasse Decke, die über ein schwaches Lagerfeuer geworfen wird. Die emotionale Erlebnisbandbreite der Menschen wird flacher. Kennen Sie das Gefühl, wenn Ihnen vor dem Röntgen eine Bleischürze übergestreift wird? Stellen Sie sich einfach vor, all Ihre Kleider bestünden aus diesem verbleiten Material. Wie schwerfällig würden Sie sich vorkommen? Würde Ihnen nicht jede Bewegung schwerfallen? So geht es einem depressiven Menschen. Er will sich nur noch in seinem Bett zusammenrollen. Schlaf ist vielleicht die einzige Erleichterung, die es gibt. Und jetzt stellen Sie sich vor, Sie sollen sich in einem solchen Zustand um ein Neugeborenes kümmern. Sicher, Sie würden vielleicht gerade noch die Energie aufbringen, ihm die Windeln zu wechseln und es zu füttern. Aber eines kann eine depressive Person nachgewiesenermaßen nicht: Sie kann sich nicht mit dem Kind synchronisieren. Die Depression verlangsamt Ihre Körperbewegungen und Ihr Sprachvermögen. Das Kind in Ihrer Obhut erlebt dadurch eine geringere Verhaltenskontingenz zwischen Ihnen beiden. Außerdem sind Ihre Verhaltensweisen dadurch weniger voraussagbar.[43] Wenn Ihre Verhaltensweisen sich synchronisieren, dann höchstwahrscheinlich nicht mit positivem Hintergrund, sondern mit negativem – sei es in Form von Wut oder Gleichgültigkeit.[44] Depressionen behindern also nicht nur Ihre Fähigkeit, Ihre eigenen positiven Emotionen zu erleben und zum Ausdruck zu bringen, sondern auch Ihre Fähigkeit, mit dem präverbalen Wesen in Ihrer Obhut eine Verbindung aufzubauen. Wenn diese beiden Eckpfeiler von Positivität und Verbundenheit fehlen, kann keine Positivitätsresonanz – die Sie beide so sehr brauchen – zwischen Ihnen entstehen.

Die Schäden, die dem Kind in dieser Entwicklungsphase dadurch zugefügt werden, wurden von Entwicklungspsychologen genaustens erforscht und festgehalten. Die Liste beinhaltet dauerhafte Defizite, die in der Adoleszenz und später große Schwierigkeiten zur Folge haben können, zum einen im Hinblick auf seine Nutzung von Symbolen und anderen frühen Formen kognitiven Denkens, die für eine erfolgreiche schulische Laufbahn vonnöten sind, und zum zweiten im Hinblick auf seine Fähigkeit, die Perspektive anderer Menschen einzunehmen und sich in sie hineinzuversetzen[45] – Fähigkeiten also, die notwendig sind, um soziale Beziehungen zu knüpfen, die es stützen.[46] Im Allgemeinen bereitet die emotionale Synchronie zwischen Kind und Betreuungsperson den Weg für die kindliche Entwicklung und Selbstregulierung, wodurch Kinder lernen, ihre Emotionen, ihre Aufmerksamkeit und ihr Verhalten zu kontrollieren und zu kanalisieren – Fähigkeiten, die für alle Lebensbereiche unabdingbar sind.

Die Bandbreite lebenslanger Vorteile, die liebevoll aufgezogene Kinder aus den immer wiederkehrenden Mikromomenten der Positivitätsresonanz ziehen, welche sie mit ihren fürsorglichen Betreuern teilen, zeigt, wie wertvoll diese flüchtigen und subtilen Augenblicke sind. Ein tiefes oder komplexes Verständnis des anderen ist für das Gefühl der Liebe nicht unbedingt notwendig. Jeder Augenblick der Positivitätsresonanz, der durch Geist und Körper Ihrer selbst oder Ihres Gegenübers schwingt, kann gesundheits- und lebensspendend sein, egal, ob Sie eine gemeinsame Geschichte haben. Studien über erfolgreiche Ehen bekräftigen dies ebenfalls. Paare, die sich regelmäßig Zeit nehmen, neue und aufregende Dinge zusammen zu tun – wie Wandern, Skifahren, Tanzen, gemeinsame Konzert- oder Theaterbesuche –, führen eine bessere Ehe.[47] Diese Aktivitäten liefern einen beständigen Strom gemeinsamer Mikromomente der Positivitätsresonanz. Vertrautheit und eine gemeinsame Geschichte verhindern, dass man sich aus der Beziehung entfernt.

Die weiteren Aussichten

Liebe ist nicht das, was Sie bisher angenommen haben. Und auch nicht das, was ich angenommen habe. Liebe entsteht, sobald zwei oder mehr Menschen durch ein gemeinsames positives Gefühl eine Verbundenheit zueinander herstellen. Was bedeutet es also, wenn ich sage, dass ich meinen Mann Jeff liebe? Früher, also vor mehr als 18 Jahren, bedeutete es, dass ich mich in ihn verliebt hatte. So sehr, dass ich meine eher skeptische Einstellung zur Ehe revidierte und beschloss, mich darauf einzulassen. Liebe war für mich seither die beständige, stabile Kraft, die meine Beziehung zu Jeff definierte. Natürlich existiert diese dauerhafte Kraft immer noch zwischen uns. Doch da ich meine Ansichten über die Liebe revidiert habe, betrachte ich diese dauerhafte Kraft nicht als Liebe per se, sondern als das Band, das wir beide miteinander teilen, und die Verpflichtungen, die wir beide miteinander eingegangen sind: Wir stehen einander loyal gegenüber und vertrauen einander bis in alle Ewigkeit.

Dieses Band und diese Verpflichtungen schmieden ein tiefes und dauerhaftes Gefühl der Sicherheit in unserer Beziehung, eine Sicherheit, die den Boden für häufig gelebte Augenblicke der Liebe bereitet. Ich weiß jetzt, dass Liebe aus der Perspektive unserer Körper betrachtet Positivitätsresonanz ist – nährstoffreiche Schübe, die sich ansammeln, um Jeff, mich und das Band, das uns verbindet, zu stärken. Positivitätsresonanz rüttelt uns wach, nimmt uns unsere Selbstgefälligkeit, die die Liebe als selbstverständlich betrachtet, als bloßes Attribut unserer Beziehung. Diese neue Betrachtungsweise sagt uns mit einiger Dringlichkeit, dass Liebe etwas ist, das wir jeden Morgen neu kultivieren müssen, jeden Nachmittag und jeden Abend. Die Liebe als Positivitätsresonanz zu betrachten motiviert uns, den anderen häufiger zu umarmen oder ihm am Frühstückstisch von einer tollen oder dummen Idee zu erzählen. Durch derlei Kleinigkeiten säen wir erneute Liebessamen, die unseren Körpern, unserem Wohlbefinden und unserer Ehe dabei helfen, stärker zu werden.

Und hier ist etwas, das wir nur schwer zugeben können. Wenn ich die Perspektive meines Körpers auf die Liebe ernst nehme, so bedeutet das, dass ich in diesem Augenblick – in diesem Moment, da ich diesen Satz niederschreibe – meinen Mann nicht liebe. Unsere Positivitätsresonanz dauert nur so lange an, wie wir beide miteinander zu tun haben. Bande überdauern. Liebe nicht. Das Gleiche gilt für Sie und Ihre Angehörigen. Wenn Sie bei der Lektüre dieser Worte nicht gerade mit jemandem zusammen kuscheln und dem Betreffenden laut vorlesen, lieben Sie den Betreffenden nicht – zumindest nicht auf körperlicher Ebene. Natürlich finden Sie viele Menschen sympathisch und haben auch Bande mit einigen geschmiedet. Und vielleicht überkommen Sie ja auch gerade starke Gefühle der Positivität, die den Weg für später bereiten, für Liebe, die wir auch körperlich spüren. Aber im Augenblick – jetzt, da Sie diesen Satz lesen – ist Ihr Körper lieblos.

Außerdem gehorcht die Liebe, wie Sie bereits feststellen durften, bestimmten Bedingungen. Wenn Sie sich nicht sicher fühlen oder nicht die Zeit oder die Muße finden, wirklich eine Verbindung zu anderen herzustellen, dann wird der wunderbare Pas de Deux der Positivitätsresonanz nie beginnen. Abseits dieser Hemmnisse hindert Sie aber noch etwas viel Heimtückischeres an der Liebe. Es ist

Ihre eigene Reaktion auf das Wort selbst. Obwohl Sie das Konzept der Positivitätsresonanz vielleicht faszinierend finden, zögern Sie vielleicht, es als Liebe zu bezeichnen, wenn Sie darauf stoßen. Sie reservieren die Liebe, dieses machtvolle Wort, lieber für exklusive Beziehungen – um Ihre Beziehung zu Ihrem Partner, Ihrer Mutter oder Ihren Kindern zu beschreiben – oder bestenfalls für die Mikromomente der Positivitätsresonanz, die Sie im Rahmen dieser exklusiven Beziehungen erleben. Vielleicht konnten Sie sich für einige Beschreibungen von Liebe hier nicht so recht erwärmen. Muss ich diesen Augenblick positiver Verbundenheit, den ich gerade mit meinem Kollegen erlebt habe, tatsächlich *Liebe* nennen? War das Liebe, als ich einen vollkommenen Fremden angelächelt habe und er es erwiderte? Sie fühlen sich unbehaglich dabei, das Wort Liebe für diese Art von Verbindung zu nutzen. Sie bevorzugen eine Formulierung wie »Wir haben uns gut verstanden« oder »Wir fühlten uns wohl miteinander«. Welchen Sinn hat es, derlei alltägliche Vorkommnisse als *Liebe* zu bezeichnen?

Meiner Meinung nach ist diese Art des Sprachgebrauchs in der Tat sinnvoll. Das wissenschaftliche Verständnis von Liebe und ihren Vorzügen bietet Ihnen eine völlig neue Sichtweise auf die Welt und Ihre Aussichten in Bezug auf Gesundheit, Glück und spirituelle Weisheit. Durch diese neue Brille sehen Sie plötzlich Dinge, für die Sie zuvor buchstäblich blind waren. Normale, alltägliche Gespräche mit Kollegen und Fremden leuchten förmlich auf und bieten Ihnen Gelegenheiten – lebensspendende Gelegenheiten, um Verbundenheit, Wachstum und Gesundheit zu schaffen, und zwar nicht nur für sich selbst, sondern auch für Ihr Gegenüber. Auch erkennen Sie nun zum ersten Mal, wie diese Mikromomente der Liebe sich auf Ihr gesamtes soziales Netzwerk ausbreiten. Sie helfen jedem Einzelnen, der seine Positivitätsresonanz erlebt, zu wachsen und seinerseits das Leben unzähliger anderer Menschen zu berühren und zu bereichern. Diese neue Lektion verändert sogar die Art und Weise, wie Sie innige Beziehungen mit Familie und Freunden erleben. Sie erkennen nun, wie viele Gelegenheiten Sie verpasst haben, um die wahre Liebe der Positivitätsresonanz zu empfinden. Sie wissen nun, dass Sie eine intensivere und bessere Verbindung zu den Menschen herstellen können, die Ihnen am Herzen liegen. Besonders wichtig ist es, Liebe nicht mit langjährigen Beziehungen gleichzusetzen, zumal Menschen heutzutage häufig räumlich mobil sein müssen, sodass Familie und Freunde in weite Ferne rücken können. Sich in kleinere Augenblicke und in mehr Menschen zu verlieben gibt den Einsamen und Verlassenen unter uns neue Hoffnung. Unser Konzept von Liebe braucht also tatsächlich ein Update, wie Sie hoffentlich erkannt haben.

Meine Sorge gilt aber keineswegs einem oberflächlichen Widerstand gegen das Wort Liebe. Die Terminologie ist nicht entscheidend. Entscheidend ist hingegen, dass Sie Positivitätsresonanz und die unzähligen Gelegenheiten, zu denen Sie sie nutzen können, erkennen und immer häufiger suchen. Deshalb empfehle ich Ihnen das nächste Kapitel – zur Biologie der Liebe –, damit Sie erkennen, was Ihr Körper braucht, wonach er sich sehnt und dass er nur auf der Basis dieser lebensspendenden Form der Verbundenheit gedeihen kann.

3

DIE BIOLOGIE DER LIEBE

Die Seele sollte immer angelehnt sein, bereit,
die Erfahrung der Ekstase willkommen zu heißen.[48]

Emily Dickinson

Insbesondere in unserem westlichen Kulturkreis ist die Versuchung groß, unseren Körper als Nomen oder als Ding zu betrachten. Die meisten Menschen beschreiben ihren Körper wie einen fassbaren Gegenstand – nämlich nur im Hinblick auf seine unveränderlichen physischen Eigenschaften wie Größe, Gewicht, Hautfarbe, Alter und so weiter. Natürlich ist Ihnen klar, dass ein Foto von heute in fünf Jahren nicht mehr aktuell sein wird. Bis dahin werden sich die Eigenschaften Ihres Körpers ein wenig verändert haben – vielleicht sind Sie beispielsweise etwas kleiner geworden, etwas schwerer, etwas blasser oder Sie sehen etwas älter aus. Doch trotzdem bleibt die tröstliche Vorstellung, dass Ihr Körper Tag für Tag derselbe bleibt. Er hat eine gewisse Konstanz.

Doch diese Konstanz, so warnen uns die alten Philosophen des Ostens, ist eine Illusion, ein Streich unseres Geistes. Unser Körper ist vergänglich – ständige Veränderung ist das einzig Beständige. Das trifft auf alle Dinge zu, insbesondere aber für die lebendigen, die sich verändern oder den Umständen anpassen. So wie Pflanzen sich der Sonne zuwenden und vom Morgengrauen bis zum Sonnenuntergang ihrem Lauf folgen, verändert Ihr eigenes Herz seine Aktivität mit jeder neuen Haltung, jedem neuen Gefühl, sogar mit jedem neuen Atemzug. In diesem Lichte betrachtet ist Ihr Köper eher Verb als Nomen: Er verändert sich, fließt und pulsiert; er verbindet sich und baut sich auf, er wird ausgehöhlt und unterspült. Bloße Fotos können diese unaufhörlichen und hauptsächlich unsichtbaren, strudelnden Dynamiken nicht erfassen. Vielmehr braucht man dafür Filme. Wissenschaftler arbeiten daran, diese und andere dynamischen Veränderungen einzufangen, die sich im lebendigen, atmenden und interagierenden Körper entfalten. Natürlich müssen Wissenschaftler die Form genauso verstehen lernen wie die Funktion, die Anatomie ebenso wie die Physiologie, die Nomen wie die Verben. Doch im Hinblick auf die Liebe regieren die Verben. Positivitätsresonanz liegt in der Aktion, im Tun, im Verbinden. Sie brandet auf wie eine Welle, die sich im Meer bildet, um dann wieder zu verebben. Um die Biologie der Liebe wirklich verstehen zu können, müssen Sie Ihren Blick schulen. Dann können Sie den ständigen Wechsel zwischen Ebbe und Flut wahrnehmen.

Ich orientiere mich an dem, was einer der führenden Neurowissenschaftler, Stephen Porges, als *social engagement system*[49] bezeichnet, und beschreibe die Biologie der Liebe als ein System, als ein Ganzes, das aus verschiedenen miteinander in Bezug stehenden Teilen besteht. Man kann sich die Liebe oder die Positivitätsresonanz als eine von mehreren komplexen und wiederkehrenden Szenen im Akt Ihres Tages vorstellen, der wiederum ein Bestandteil des *Theaterstücks* Ihres Lebens ist. Das Drama der Liebe hat natürlich auch seine ganz eigenen Figuren. Im Scheinwerferlicht stehen hier insbesondere drei biologische Darsteller: Ihr Gehirn; ein ganz spezielles Hormon namens Oxytocin, das durch Hirn und Körper zirkuliert; und Ihr Vagusnerv, der zehnte Hirn- oder Kranialnerv, der aus dem Hirnstamm ins Herz, in die Lunge und in andere innere Organe führt. Sicherlich treten nebenbei auch noch andere Charaktere auf die Bühne, um ihre Rolle zu spielen, aber diese drei sind die Hauptfiguren in der Biologie der Liebe.

Obwohl sie stets auf der Bühne sind, sprechen sie ihre Texte leise, meist sogar, ohne dass wir es bewusst wahrnehmen. Diese biologischen Charaktere – Ihr Gehirn, Ihr Oxytocin und Ihr Vagusnerv – sind im Verlaufe Ihres Alltags sehr empfänglich für Veränderungen in der Kulisse. Wenn Sie mit verschiedenen Menschen interagieren, bringen sie Sie mit sanftem Druck dazu, sich intensiver auf Ihre Umgebung einzulassen und, wann immer es möglich ist, Bande zu knüpfen. Sie formen Ihre Motive und Verhaltensweisen auf subtile, wenn auch endgültige Weise. Durch ihr Wirken stärken sie Ihre persönlichen Beziehungen und verweben Sie stärker mit dem sozialen Gefüge des Lebens. In den folgenden Kapiteln werde ich jede dieser drei Hauptfiguren intensiver beleuchten, damit Sie erkennen, inwiefern jede Einzelne von ihnen die lebensspendenden Augenblicke der Positivitätsresonanz schafft und unterstützt, nach denen Ihr Körper verlangt.

Liebe und das Gehirn

Wenn zwischen Ihnen und einem anderen Menschen wirkliche Verbundenheit entsteht, dann sind Sie beide von einem Gefühl der Liebe erfüllt. Genau in dem Augenblick, da Sie Positivitätsresonanz erleben, stellt Ihr Gehirn eine Art Gleichklang zum Gehirn Ihres Gegenübers her. Mit jedem Augenblick der Liebe sind Sie und der andere sich Ihrer gleichen Wellenlänge bewusst. Ihre jeweiligen Gehirnwellen spiegeln einander, und jeder von Ihnen verändert fortwährend den Geist des anderen.

Zumindest habe ich Ihnen das bislang so erklärt. Aber ist das tatsächlich so? Schließlich können Sie die Synchronisation der Gehirne nicht in Echtzeit sehen. Sie müssten den beiden Menschen während ihrer Unterhaltung mit einer Art Röntgenblick in den Kopf schauen können, um festzustellen, ob ihre jeweilige Hirnaktivität tatsächlich im Gleichtakt funktioniert; ob Liebe besser als Soloakt beschrieben werden sollte – als Gefühl, das sich innerhalb der persönlichen Grenzen des Fühlenden abspielt – oder als Duett oder Ensemble, das von einem Duo oder einer Gruppe empfunden wird. Diese Art von emotionaler Röntgenstrahlung klingt für uns wie Science-Fiction.

Die liebste Aufgabe des Wissenschaftlers oder Ingenieurs besteht darin, Science-Fiction in wissenschaftliche Wirklichkeit zu überführen. Die bahnbrechende Arbeit des Neurowissenschaftlers Uri Hasson von der Princeton University hat genau das geleistet. Er und sein Team erarbeiteten Möglichkeiten, um verschiedene Gehirnaktivitäten zu messen, die während einer Unterhaltung miteinander korrespondieren. Dazu mussten sie allerdings einige Hindernisse überwinden: Zunächst einmal sind Hirnscanner extrem laut – wer daran angeschlossen ist, wird wohl kaum tatsächliche Unterhaltungen führen können. Zum zweiten sind sie außerordentlich teuer, sowohl in der Anschaffung als auch in der Nutzung. Fast sämtliche bildgebenden Verfahren scannen nur die Hirnaktivitäten eines einzigen Menschen zu einem bestimmten Zeitpunkt. Doch durch einen klugen Einsatz der Technik und experimentelle Logistik überwand Hassons Team beide Hindernisse. Man entwickelte ein optisches Mikrofon ohne Membran, das den Lärm des Scanners herausfilterte, ohne die empfindlichen Hirnsignale zu stören, die man erfassen wollte. Die logistische Meisterleistung bestand darin, eine natürliche Unterhaltung zu simulieren, indem man sie quasi zeitlich auseinanderzog.

Stellen Sie sich vor, ein Mann sitzt mehrere Stunden in einem Flughafen fest und muss auf seinen verspäteten Flug nach Miami warten. Er hat keine Lust, stundenlang zu lesen oder im Netz zu surfen, also unterhält er sich mit einer ebenfalls wartenden Passagierin, einer lebhaften jungen Studentin, die in den Ferien nach Hause fliegt. Die beiden sprechen eine ganze Weile miteinander, sehen einander währenddessen in die Augen und lächeln sich an. In dieser natürlichen, fast freundschaftlich verlaufenden Unterhaltung erzählt die Studentin von ihrem verrückten Abschlussball an der Highschool. Mit großer Detailfreude schildert sie, dass sie am gleichen Tag zwei Verabredungen hatte und sich in nur fünf Minuten für den Ball ankleiden und fertigmachen musste, weil sie zuvor den ganzen Tag getaucht war. Sie erzählt weiter, wie sie nach dem Ball, auf dem Weg zu weiteren Festlichkeiten, in den frühen Morgenstunden das Auto ihres Freundes zu Schrott fuhr und ein Mordsglück hatte, dass sie von dem Polizisten, der ihren Unfall mitbekommen hatte, keinen Strafzettel bekam (oder gar festgenommen wurde). Sie ist eine gute Geschichtenerzählerin, der Zuhörer hängt förmlich an ihren Lippen. Ruckzuck ist eine Viertelstunde vergangen, in der sie alle Drehungen und Wendungen ihrer glücklosen Ballnacht geschildert hat.

Okay, Zeit für einen Szenenwechsel. Diese Unterhaltung findet nicht in einem Flughafenterminal statt, sondern sie entwickelt sich in einem Labor für Neuroimaging an der Princeton University. Der Zuhörer sitzt nicht neben seiner neuen Freundin, sondern Hassons Team hatte sie schon vor Wochen in das Labor eingeladen. Dort wurde ihre Hirnaktivität mithilfe der funktionellen Magnetresonanztomographie (fMRT) aufgezeichnet, während ihre gesamte Abschlussballgeschichte aufgenommen wurde. Ihr Gesprächspartner selbst liegt heute ebenfalls im Hirnscanner und hört sich über moderne Kopfhörer ihre Geschichte an, während Hassons Team seine Hirnaktivität aufzeichnet. Nach dem Scanvorgang bittet man ihn, das, was er gehört hat, so detailliert wie möglich wiederzugeben. Das dauert eine Weile. Immerhin war die Geschichte der Studentin lang und weitschweifig.

Hassons Team untersuchte später, in welchem Ausmaß die Hirnaktivität des Zuhörers die der jungen Frau spiegelte. Gewissenhaft stellte man jedes einzelne Hirnareal der beiden »Gesprächspartner« gegenüber, verglich zeitgenau die entsprechenden Scans und hielt nach einer »Kopplung« Ausschau beziehungsweise untersuchte das Ausmaß, in dem die beiden Gehirne synchron aufleuchteten, also sowohl räumlich als auch zeitlich miteinander verbunden waren.[50]

Es stellte sich heraus, dass die Hirnkopplung, die zwischen den beiden Personen stattfand, erstaunlich umfassend war. Mit anderen Worten: Durch Unterhaltung und Zuhören schienen bei beiden Gesprächspartnern fast gleichzeitig die gleichen Hirnareale aktiviert zu werden. Trotz der erzählerischen Gabe der Studentin dürfen wir nicht vergessen, dass es sich um eine künstliche Kommunikationssituation handelte. Beide Probanden lagen an verschiedenen Tagen isoliert im Hirnscanner; keiner konnte die Gesten des anderen oder seine Augen wahrnehmen, sie konnten nicht einmal abwechselnd miteinander sprechen. Ein Proband lauschte der Stimme der Erzählerin über die Kopfhörer, sonst nichts.

Die Hirnkopplung, die in Echtzeit durch den vollen und animierten Dialog beider Gesprächspartner stattfände, wenn sie tatsächlich nebeneinander am Flughafenterminal säßen, wäre wahrscheinlich deutlich deckungsgleicher. Doch die Stimme eines anderen zu hören, eröffnet einen wichtigen Kanal sinnlicher und vorübergehender Verbindung, da über die Stimme ein Großteil unserer Gefühle vermittelt wird.[51] Überlegen Sie einmal, wie wenig Hirnkopplung zwischen beiden stattfände, wenn die Verbindung noch weiter reduziert würde, beispielsweise, indem der eine die Geschichte nur läse, in seinem eigenen Tempo und mit der eigenen Betonung. Oder wenn er von der Geschichte nur gehört hätte, wie in meiner kurzen Zusammenfassung, die ich Ihnen wenige Abschnitte zuvor gegeben habe.

Die Rolle der Spiegelneuronen

In einer mikroskopisch kleinen Hirnregion befinden sich die sogenannten Spiegelneuronen. Italienische Neurophysiologen fanden in Untersuchungen mit Affen heraus, dass diese Spiegelneuronen nicht nur aufleuchten, wenn ein Affe selbst nach einer Banane greift, sondern auch dann, wenn er eine Person sieht, die nach einer Banane greift. Die Entdeckung der Spiegelneuronen bedeutete einen riesigen Durchbruch, denn dadurch wurde klar, dass eine Handlung und das Beobachten einer Handlung im Hirn deutlich ähnlichere Aktivitätsmuster hervorrufen als bislang angenommen. Wenn Sie also zum Beispiel wissen, was das Lächeln der Person, die gerade Ihr Büro betreten hat, zu bedeuten hat, dann wissen Sie das, weil Ihr Gehirn und Ihr Körper die Situation Ihres Gegenübers simulieren. Sie haben das Gefühl, in seiner Haut zu stecken. Ihr Wissen ist kein abstraktes gedankliches Konstrukt, sondern verkörperlicht und physisch.[52]

Mittlerweile zeichnet sich ab, dass das Konzept isolierter Spiegelneuronen nur die Spitze eines unsichtbaren und riesigen Eisberges ist. Was Hasson und sein Team im Hinblick auf die neuronale Kopplung enthüllten, ging weit über bisherige Vorstellungen hinaus. Eine erfolgreiche Hirnkopplung ist nicht auf ein oder zwei Hirnregionen beschränkt, sondern ähnelt einem Tanz des Gehirns in einem komplett verspiegelten Saal – so durchdringend und vielfältig sind die Spiegelbilder, die beide Kommunikationspartner werfen.

Hassons Team lud mehrere Probanden zum Hirnscan ein, die der bewussten Aufnahme der Geschichte ebenfalls lauschten. Während unser erster Kandidat aufmerksam zuhörte, waren andere eher abgelenkt. Diese Unterschiede traten zutage, als man sämtliche Probanden bat, die Geschichte anschließend nachzuerzählen. Indem Hassons Team die Übereinstimmungen zwischen der ursprünglichen, improvisierten Geschichte und jeder einzelnen Nacherzählung auflistete, konnte eine Rangordnung erstellt werden, die sich danach richtete, wie gut die Zuhörer die Geschichte verstanden hatten. Die Unterschiede im Verständnis spiegeln den Erfolg oder das Scheitern der Kommunikation wider – wie gründlich die Information an den anderen Zuhörer übermittelt wurde. Erstaunlicherweise entdeckte Hassons Team, dass das Ausmaß des Kommunikationserfolges ein Indiz für das Ausmaß der Hirnkopplung zwischen Sprecher und Zuhörer war, und zwar auf überraschende Weise.

Meistens spiegelte das Gehirn des jeweiligen Zuhörers das des Sprechers erst nach einer kurzen Zeitverzögerung, die bei einer bis drei Sekunden lag. Es ist ja auch durchaus nachvollziehbar, dass die Erzählerin bei diesem Tanz führte, denn die Geschichte war nun einmal ihre, und sie wählte ihre Worte, bevor die anderen sie hörten. In anderen Fällen jedoch gab es im neuralen Pas de Deux zwischen Sprecher und Zuhörer kaum Zeitverzögerungen – die entsprechenden Veränderungen der Hirnaktivität waren buchstäblich synchronisiert. Nur beim ersten Zuhörer lag der Fall anders. Rufen Sie sich ins Gedächtnis, dass er die Geschichte seiner neuen Freundin besser als alle anderen verstanden hatte. Der Betreffende hing an ihren Lippen und nahm nahezu jedes Detail in sich auf, und wenn es noch so unwichtig war. Sein besseres Verständnis ihrer Geschichte ging Hand in Hand mit etwas wirklich Bemerkenswertem: In ein paar Hirnegionen *antizipierte* seine Hirnaktivität die der Erzählerin sogar ein paar Sekunden vorher. Exzellente Kommunikation scheint also nicht einfach nur zu bedeuten, dass man die Unterhaltung intensiv verfolgt, sondern auch, dass man sie voraussieht. Sobald der erste Zuhörer seine jeweiligen Hirnaktivitäten synchronisiert hatte, also auf gleicher Ebene mit seiner neuen Freundin war und sich an ihr und ihrer Geschichte erfreute, konnten er vorausahnen, was sie als Nächstes sagen würde – und sogar, *wie* sie es sagen würde. Sein Gehirn konnte den nächsten Schritt vorwegnehmen.

Vom Ich zum Wir

Hirnkopplung, so argumentiert Hasson, hilft uns, einander zu verstehen.[53] Er geht sogar noch weiter und behauptet, dass Kommunikation – also ein wahrhaftiges Zusammentreffen zweier

Geister – ein einziger Akt ist, der von zwei Gehirnen aufgeführt wird.[54] Im Hinblick auf unser Konzept der Positivitätsresonanz finde ich Hassons Erkenntnis besonders interessant, dass die Schlüsselregion, in der die Hirnkopplung stattfindet, der Inselkortex ist, eine Zone, die mit bewussten Gefühlszuständen verquickt ist.[55] Die synchrone Aktivität im Inselkortex zweier Personen legt nahe, dass zwei Menschen bei guter Kommunikation ein und dasselbe empfinden, ein Gefühl, das in beiden Gehirnen ausgelöst wird. In einer anderen Arbeit haben Hasson und seine Kollegen in der Tat nachweisen können, dass die Hirne von Menschen insbesondere in sehr emotionalen Augenblicken im Gleichklang arbeiten.[56] Neurale Kopplung – jemand anderen wirklich zu verstehen – wird also wahrscheinlicher, wenn Sprecher und Hörer das Gleiche empfinden. Aber in noch weit größerem Maße als in normaler Kommunikation ist der Mikromoment der Liebe ein einzelner Akt, der von zwei Gehirnen aufgeführt wird. Geteilte Gefühle, die Synchronie zweier Gehirne und das gegenseitige Verständnis tauchen gleichzeitig auf. Und gegenseitiges Verständnis ist nur die Vorstufe zu gegenseitiger Fürsorge. Wenn zwei Menschen einander verstehen – wenn sie wirklich wissen, was der andere in jedem beliebigen Augenblick empfindet –, können Wohlwollen, gegenseitige Fürsorge und Sorge ungehindert zwischen beiden hin und her fließen.

Im Verlaufe des Tages bewegen Sie sich nicht nur durch den Tag, sondern auch durch verschiedene Szenen. Natürlich hat jede Szene ihr eigenes Drehbuch. Die meiste Zeit über sind Sie mit Ihren eigenen Gedanken und Plänen befasst und vergessen die Anwesenheit oder gar die Gefühle anderer. In diesen Augenblicken kocht Ihr Gehirn ganz und gar sein eigenes Süppchen. Aber in den selteneren Augenblicken, wenn Sie sich wahrhaft vermittels Positivität auf einen anderen Menschen einlassen – indem sie sich gegenseitig zulächeln, lachen, ein gemeinsames Hobby teilen oder sich eine fesselnde Geschichte anhören –, stimmen Sie sich aufeinander ein. Sie interessieren sich für den anderen und entwickeln ein Gefühl der Fürsorge für ihn. Sie sind empathisch, können nachvollziehen, was er empfindet, denn ihre beiden Gehirne laufen synchron und agieren wie ein einziges, quasi mit vereinten Kräften.

Neurale Kopplung ist wie eine biologische Manifestation des Einsseins. Laborstudien haben bereits gezeigt, dass positive Emotionen Ihr Bewusstsein erweitern, sodass Sie Ihren Blick nicht länger wie üblich auf das »Ich« richten, sondern einen großzügigeren Fokus auf das »Wir« entwickeln.[57] Wenn Sie sich schlecht fühlen – ängstlich, besorgt, wütend –, dann kann Ihnen selbst die beste Freundin innerlich fern sein. Das Gleiche gilt, wenn Sie nichts Spezielles empfinden. Aber wenn Sie sich gut fühlen, sieht die Sache anders aus. Unter dem Einfluss positiver Emotionen erweitert sich Ihr Gefühl für sich selbst und schließt in deutlich höherem Maße andere mit ein. Ihre beste Freundin kommt Ihnen in derlei fröhlichen Augenblicken wie ein erweiterter Teil Ihres Selbst vor.

Hassons Arbeit legt Folgendes nahe: Wenn Sie positive Emotionen mit anderen teilen, wenn Sie Positivitätsresonanz mit anderen teilen, wenn Sie Positivitätsresonanz mit diesem Gefühl der Erweiterung Ihres Selbst erleben, dann ist dies ein zutiefst körperlicher Prozess, der sich in Ihrem Gehirn widerspiegelt. Das emotionale Verständnis wahrer Empathie sorgt für gleichzeitige Hirnaktivitäten bei Ihnen selbst und bei der Person, auf die Sie sich beziehen. Eine weitere sehr aussagekräftige Studie auf der Basis bildgebender Verfahren – sie wurde von Wissenschaftlern in Taipei, Taiwan, durchgeführt – illustriert die Überschneidungen zwischen dem Ich und dem Anderen auf neuronaler Ebene ebenfalls.

Stellen Sie sich einen Augenblick lang vor, dass Sie selbst als Proband an dieser Studie teilnehmen. Während Sie an den funktionellen Magnetresonanztomographen angeschlossen sind, zeigen Ihnen die Forscher eine Anzahl kurzer, lebendiger Szenen und bitten Sie, sich vorzustellen, dass Sie an diesen Szenen teilhaben. Einige dieser Szenen sind Darstellungen schmerzhafter Ereignisse: Da fällt Ihnen ein schwerer Gegenstand auf den Zeh, oder Sie klemmen sich den Finger in einer zufallenden Tür ein. Der Hirnscan zeigt, dass beim Anblick schmerzhafter Situationen – im Gegensatz zu neutralen Situationen – die bekannten Hirnareale aufleuchten, die für die emotionale Bewertung von Schmerz zuständig sind, also auch der Inselkortex, in dem bewusste Gefühle verarbeitet werden. Wenn Sie später gebeten werden, sich vorzustellen, dass einer Ihrer Angehörigen – Ihr Mann, Ihre beste Freundin, Ihr Kind – einem solch schmerzhaften Erlebnis ausgesetzt ist, leuchten diese Hirnareale ebenfalls auf. Im Hinblick auf die Hirnaktivität bei gedachtem Schmerz sind Sie und der Mensch, den Sie lieben, kaum zu unterscheiden. Der Schmerz des Anderen ist *Ihr* Schmerz.

Wenn Sie sich im Gegensatz dazu aber vorstellen, dass ein vollkommen Fremder derlei Schmerzen erlebt, zeigt sich ein ganz anderes Aktivitätsmuster. Diesmal leuchtet nicht der Inselkortex auf, sondern die Hirnareale, die dafür verantwortlich sind, dass wir uns von anderen abgrenzen, dass wir aktiv Emotionen unterdrücken und regulieren, um zu verhindern, dass ihr Schmerz zu unserem Schmerz wird.[58]

Das Forschungsteam aus Taipei definierte Liebe als dauerhafte Liebesbeziehung (was ich um der Klarheit willen als Band bezeichne). Hasson und sein Princeton-Team hingegen behaupten, dass neurale Synchronie und Überschneidungen sich auch ergeben können, wenn Sie und ein vollkommen Fremder miteinander kommunizieren – solange Sie es zulassen. Positivitätsresonanz zwischen Gehirnen erfordert also nur eine Verbindung, keine Vertrautheit oder gemeinsame Geschichte, die wiederum vonnöten sind, um ein besonderes Band zwischen zwei Personen zu schmieden. Dennoch unterstreicht die Unterscheidung der Taipei-Studie zwischen der Vorstellung vom Schmerz eines geliebten Menschen oder vom Schmerz eines Fremden, dass unterdrückte Emotionen und strenge persönliche Grenzen zwar manchmal notwendig und vollkommen angemessen sind, Positivitätsresonanz jedoch behindern können.[59] Im nächsten Abschnitt werden wir sehen, dass Ihre positive Verbindung zu anderen nicht nur durch neurale Synchronisation unterstützt wird, sondern auch durch das Hormon Oxytocin.

Die Biochemie der Liebe

Oxytocin ist ein Neuropeptid, das nicht nur in Ihrem Körper, sondern auch in Ihrem Gehirn wirkt und auch gerne als »Kuschelhormon« oder »Liebeshormon« bezeichnet wird. Man weiß schon seit langem, dass Oxytocin eine Schlüsselrolle beim Knüpfen sozialer Bindungen spielt. Den ersten Beweis dafür liefern Experimente mit einer monogamen Sorte von Präriewühlmäusen: Den Tieren wurde in Gegenwart des anderen Geschlechts Oxytocin ins Gehirn injiziert, was zur Folge hatte, dass sie eine langanhaltende Neigung entwickelten, mit dem anderen zusammenzubleiben, dicht beieinander zu liegen und zu kuscheln – eine Verhaltensweise, die beweist, dass Oxytocin die Bildung eines starken sozialen Bandes zwischen den beiden forciert.[60] Bei Menschen wird Oxytocin während des Geschlechtsverkehrs sowohl bei Männern als auch bei Frauen vermehrt ausgeschüttet.[61] Bei Frauen kann dies außerdem während der Geburt und beim Stillen beobachtet werden, also bei besonders einschneidenden zwischenmenschlichen Augenblicken, in denen neue soziale Bande geschmiedet oder bestehende gefestigt werden. Die natürliche Ausschüttung von Oxytocin während solcher Augenblicke ist so heftig, dass die Wissenschaft die subtile Ebbe und Flut von Oxytocin während typischer Alltagsaktivitäten – beim

Spiel mit den Kindern, wenn wir einen neuen Nachbarn kennen lernen oder bei geschäftlichen Verhandlungen – erst einmal vernachlässigte. Auch technische Probleme mussten gelöst werden. Jahrzehnte, nachdem die Rolle des Oxytocins bei monogamen Präriewühlmäusen ausführlich dokumentiert worden war, hatten Wissenschaftler, die die menschliche Biochemie untersuchten, immer noch keine verlässliche und nichtinvasive Methode gefunden, um die Oxytocinausschüttung im natürlichen Verhaltensrahmen zu messen. Um die Rolle des Oxytocins im sozialen Alltag wissenschaftlich zu ergründen, mussten neue praktische Forschungswerkzeuge entwickelt werden.

Oxytocin schafft Vertrauen

Tiefgreifende neue Erkenntnisse über die Auswirkungen von Oxytocin auf das Sozialleben ergaben sich zunächst in der Schweiz, wo der Einsatz einer synthetischen Form dieser Substanz in Form eines Nasensprays zu Forschungszwecken erstmals zugelassen wurde.[62]

In einer der ersten Studien spielten 128 Männer aus Zürich das sogenannte »Vertrauensspiel«, bei dem es um tatsächlichen finanziellen Gewinn oder Verlust ging. Zufällig, also randomisiert, wurde den Männern entweder die Rolle des »Investoren« oder die des »Treuhänders« zugewiesen. Jeder erhielt ein bestimmtes Startkapital. Die Investoren mussten in diesem Spiel den ersten Zug tun. Sie konnten einen Teil, alles oder nichts der ihnen zugewiesenen Summe dem Treuhänder überlassen. Während des Kapitaltransfers verdreifachte die Leitung des Experiments die Investition, informierte jedoch den Treuhänder, wie viel der jeweilige Investor ursprünglich transferiert hatte. Die Treuhänder machten nun den nächsten Schritt. Sie konnten einen Teil, alles oder nichts ihres neuen Kapitals (die verdreifachte Einlage des Investors plus ihr eigenes, ursprüngliches Kontingent) an die Investoren zurückgeben. Durch die Spielstruktur lag das Risiko bei den Investoren, nicht bei den Treuhändern. Wenn ein Investor sein Kapital dem Spielpartner überließ, riskierte er, nichts zurückzubekommen, wenn der Treuhänder beschloss, den gesamten finanziellen Gewinn selbst einzustreichen. War der Treuhänder aber fair, konnten sie ihr Geld verdoppeln.

Vor dem Vertrauensspiel wurde eine Double-blind-Versuchssituation geschaffen.[63] Die Teilnehmer der Experimentalgruppe erhielten ein Oxytocin-Nasenspray, während der Kontrollgruppe ein Placebo-Nasenspray verabreicht wurde. Die Auswirkungen dieses einen Oxytocin-Schubs auf das Vertrauensspiel waren dramatisch. Die Anzahl der Investoren, die dem Treuhänder ihre gesamte Kapitalzuweisung anvertraute, war mehr als doppelt so hoch.[64] Interessanterweise zeigte eine weitere Studie, dass die bloße Tatsache, dass eine Person einer anderen ihr Geld anvertraute, die natürlichen Oxytocin-Werte beim Treuhänder steigerte. Und je höher die Oxytocin-Werte beim Treuhänder waren, umso größer war der Anteil, den er dem Investor zurückzahlte.[65] Das Neuropeptid Oxytocin steuerte also die Handlungsweise sowohl des Investoren als auch des Treuhänders und ist somit für die Ausbildung von gegenseitigem Vertrauen verantwortlich. Diese Erkenntnisse legen nahe, dass es durch synchrone Oxytocin-Ausschüttung zu einer gegenseitigen Steigerung von Vertrauen und Kooperationsbereitschaft kommen kann.

Seit dem ersten Erscheinen der Studie zu Oxytocin und dem Vertrauensspiel im Jahre 2005 in der Zeitschrift *Nature* gab es viele Variationen zum Thema. Wir wissen beispielsweise jetzt, dass Oxytocin die Menschen nicht nur im Hinblick auf ihre Finanzen vertrauensseliger macht, es steigert ihr Vertrauen – um unglaubliche 44 Prozent – auch, wenn es darum geht, vertrauliche Informationen über sich selbst preiszugeben.[66] Einem vergleichsweise Fremden ein wichtiges Geheimnis anzuvertrauen, steigert interessanterweise die natürlichen Oxytocin-Werte, was wiederum das Vertrauen fördert, dass der Gesprächspartner die Privatsphäre des Erzählers respektieren wird.[67] Glücklicherweise wissen wir aber auch, dass Oxytocin Vertrauen nicht willkürlich verteilt und die Menschen zu leichtgläubigen Opfern von Ausbeutung macht. Die Auswirkungen von Oxytocin auf das

Vertrauen sind offenbar in hohem Maße den zwischenmenschlichen Signalen unterlegen, die Ihnen auf subtile Weise zeigen, dass Ihr Gegenüber möglicherweise ein Spielertyp oder anderweitig verantwortungslos ist.[68] Sie können also sicher sein, dass Oxytocin – selbst wenn es durch die Klimaanlage in unseren Büros verteilt würde – nicht verhindern könnte, dass Sie weiterhin die versteckten Signale wahrnehmen, ob jemand Ihres Vertrauens würdig ist oder nicht.

Auch das ist keine einfache Behauptung, sondern wurde ebenfalls wissenschaftlich untermauert: Forscher untersuchten die Auswirkungen von Oxytocin auf die menschliche Empfänglichkeit für die subtilen Signale, die uns anzeigen, ob jemand vertrauenswürdig ist oder nicht. Aus dieser Arbeit geht hervor, dass Menschen unter dem Einfluss von Oxytocin den Augen ihres Gegenübers mehr Beachtung schenken[69] und sein Lächeln – insbesondere ein unmerkliches Lächeln – besser wahrnehmen.[70] Vielleicht ist es just auf diese beiden Faktoren zurückzuführen, dass Menschen unter Oxytocin-Einfluss die Gefühle anderer besser beurteilen können[71] und andere Menschen im Ganzen als attraktiver und vertrauenswürdiger wahrnehmen.[72] Außerdem reagiert man so auf Umweltsignale empfindlicher, die mit positiven sozialen Verbindungen einhergehen – wie zum Beispiel auf Begriffe wie *Liebe* oder *Küssen*.[73] Forscher, die den Einsatz eines Oxytocin-Nasensprays (versus Placebo) mit bildgebenden Verfahren kombinierten, stellten fest, dass Oxytocin die Aktivität Ihrer Amygdala verändert, jener subkortikalen Struktur im Innern des Hirns, die für die emotionale Verarbeitung zuständig ist. Genauer gesagt: Unter dem Einfluss einer einzigen Gabe von Oxytocin-Nasenspray werden jene Areale der Amygdala, die auf Bedrohung reagieren, gehemmt, während jene Teile, die auf positive soziale Kontakte eingestimmt sind, eine verstärkte Aktivität zeigen.[74] Oxytocin wirkt sich also dämpfend auf Negativität aus, sodass ein einziger Schub Ihnen helfen kann, mit stressigen sozialen Situationen – wie einer improvisierten Rede oder einem schwierigen Gespräch mit Ihrem Partner – klarzukommen. Entsprechende Untersuchungen haben ergeben, dass Ihr Körper, sobald Sie derlei Schwierigkeiten unter dem Einfluss von Oxytocin zu meistern versuchen, weniger Cortisol ausschüttet, das sogenannte Stresshormon.[75] Dadurch verhalten Sie sich sowohl auf verbaler Ebene positiver, indem Sie Ihre Gefühle offen ansprechen, als auch auf nonverbaler Ebene, indem Sie häufigeren Augenkontakt suchen und Ihre Gesten freundlicher sind. Verwandte Untersuchungen haben ergeben, dass freundliches Verhalten dieser Art auch Ihre natürlichen Oxytocin-Werte steigert, was wiederum einer stressbedingt gesteigerten Herzfrequenz oder erhöhtem Blutdruck[76] ebenso entgegenwirkt wie Depressionen. Außerdem verringert sich das Schmerzempfinden.[77]

Die vermittelnde Kraft des Lebens

Im Allgemeinen gilt Oxytocin als Hauptfaktor für die bei Säugetieren charakteristische Calm-and-Connect-Reaktion, eine deutliche Abfolge von geistigen und körperlichen Reaktionen, die im Gegensatz zu der erheblich bekannteren Fight-or-Flight-Reaktion steht.[78] Seien wir ehrlich: Neue Menschen kennen zu lernen, kann manchmal etwas angsteinflößend sein. Erinnern Sie sich daran, wie Sie sich am ersten Tag in einer neuen Schule oder einem neuen Job fühlten. Plötzlich befindet man sich inmitten von Menschen, von denen man nie zuvor gehört hat. Auch wenn ein neuer Mensch Ihnen freundlich entgegentritt, fällt es schwer, seine wahren Motive zu ergründen. Wird er Ihnen helfen? Oder wird er Sie auf die ein oder andere Weise übervorteilen? Menschliche Gier greift schließlich immer mehr um sich und kann alle möglichen Formen der Ausbeutung nach sich ziehen.[79] Oxytocin scheint einerseits Ängste zu lindern, die Sie daran hindern könnten, mit Fremden zu kommunizieren, und andererseits Ihre Fähigkeit zu steigern, mit anderen in Verbindung zu treten.[80] Doch ich habe ja bereits erwähnt, dass Oxytocin weit davon entfernt ist, blindwütiges Vertrauen zu fördern. Tatsächlich steigert es Ihre Aufmerksamkeit für Hinweise, die darauf hindeuten, ob Ihr Gegenüber aufrichtig ist oder nicht. Durch Augenkontakt und erhöhte Aufmerksamkeit für alle Arten des Lächelns – und die Simulationen, die diese optischen Signale in Ihrem Körper auslösen – wird Ihr instinktives Gefühl dafür, wem Sie trauen können und wem nicht, immer zuverlässiger.[81] Statt alle Menschen aus Angst und Misstrauen zu meiden, hilft Ihnen Oxytocin dabei, die Signale zu erkennen, die auf den guten Willen Ihres Gegenübers hindeuten, und ihm ebenfalls positive Gefühle entgegenzubringen. Weil alle Menschen soziale Beziehungen brauchen, und zwar nicht nur zur Vermehrung, sondern auch, um in dieser Welt zu überleben und Erfolg zu haben, bezeichnet man Oxytocin auch als »die große, vermittelnde Kraft des Lebens«[82].

Außerdem vermag es die Kluft zwischen zwei Menschen zu überbrücken: Der Oxytocin-Fluss eines anderen kann beispielsweise Ihren eigenen anregen. Daraus kann eine biochemische Synchronie entstehen, die für gegenseitiges Engagement, Fürsorge und Empfänglichkeit sorgt.

Den deutlichsten Beweis dafür, dass der Oxytocin-Spiegel bei zwei Menschen gleichzeitig steigt oder sinkt, liefern Studien mit Kindern und ihren Eltern. Wenn ein Kind und sein Elternteil – also entweder Mutter oder Vater – interagieren, dann sind sie manchmal richtig voneinander gefesselt, und manchmal auch wieder nicht. Harmonieren Kind und Elternteil miteinander, dann zeigen ihre koordinierten Bewegungen und Gefühle viel von diesem gegenseitigen positiven Engagement. Stellen Sie sich eine Mutter (oder einen Vater) vor, die ihr Baby mit

Küssen überhäuft, seine winzigen Finger und Zehen kitzelt, es anlächelt und mit jener hohen, singenden Stimme spricht, die Wissenschaftler als *Mutterisch* bezeichnen. Diese Eltern sind in hohem Maße aufmerksam. Während sie kitzeln und liebkosen, schauen sie ihrem Kind auch immer wieder aufmerksam ins Gesicht, um festzustellen, ob ihre Freude gegenseitig ist. Die Babys reagieren auf die Mätzchen ihrer Eltern mit Gebrabbel, Gurren, Lächeln und Kichern. Positivität schwingt zwischen ihnen hin und her. Mikromomente der Liebe erblühen und gedeihen.

Natürlich ist nicht jede Interaktion zwischen Kind und Elternteil so rosig. Einige Paare zeigen nur wenig gegenseitiges Engagement. Manche Mütter und Väter stellen nur wenig Augenkontakt mit ihren Sprösslingen her und senden nur wenig Positivität aus, weder auf verbalem noch auf nonverbalem Wege. Diese Personenpaare sind einfach nur weniger aufeinander eingestimmt, einander weniger verbunden. Und in jenen seltenen Augenblicken, da sie sich miteinander befassen, ist das Band zwischen ihnen erheblich negativer. Ihre Verbindung ist eher davon geprägt, dass sie sich das Leben schwermachen oder einander gleichgültig gegenüberstehen, statt einander gegenseitig verbunden zu sein.

Es hat sich herausgestellt, dass positive Verhaltenssynchronie – also das Maß, in dem ein Kind und ein Erwachsener (durch Augenkontakt oder liebevolle Berührung) miteinander lachen, lächeln und sich liebkosen – Hand in Hand mit einem synchronen Oxytocin-Wert bei beiden geht. Forscher maßen die Oxytocin-Konzentration im Speichel von Vätern, Müttern und Kindern, und zwar sowohl bevor sie eine direkte Eltern-Kind-Interaktion filmten als auch danach. Bei Eltern-Kind-Paaren, die einander positiv zugeneigt waren, entwickelten sich auch die Oxytocin-Werte ähnlich. Ohne eine solche Verbundenheit gab es jedoch keine Oxytocin-Synchronie.[83]

Positivitätsresonanz kann also als Portal betrachtet werden, durch das die in hohem Maße auf den anderen eingestimmte Biochemie der einen Generation die der anderen beeinflusst, sodass sich eine dauerhafte, häufig lebenslange Bindung aufbaut. Vor dem Hintergrund der Tatsache, dass die Oxytocin-Konzentration sich auch bei nicht verwandten Menschen anpassen kann – also auch bei ganz frischen Bekanntschaften, die noch lernen müssen, einander zu vertrauen –, kann man die Mikromomente der Liebe auch als Tor betrachten, das zur Bildung fürsorglicher und mitfühlender Gemeinschaften führt. Wir wissen, dass Liebe dauerhafte Ressourcen schmiedet. Das Oxytocin schwingt dabei offensichtlich den Hammer.

Diese Kernlehre meiner Broaden-and-Build-Theorie – dass Liebe dauerhafte Ressourcen aufbaut – wird belegt durch eine faszinierende Langzeitstudie an … Nagetieren! Es hat sich herausgestellt, dass Rattenmütter und ihre Neugeborenen eine Form des positiven Engagements und der Synchronie zeigen, die mit der Beziehung vergleichbar ist, die menschliche Eltern zu ihren Kindern entwickeln. Die einfühlsame Fürsorge einer Rattenmutter zeigt sich dadurch, dass sie ihre Neugeborenen aufmerksam leckt und pflegt. Dadurch erhöht sie die Empfänglichkeit des Nachwuchses für Oxytocin, was beispielsweise durch die Anzahl der Oxytocin-Rezeptoren tief in der Amygdala sowie in anderen subkortikalen Hirnregionen deutlich wird.[84] Freilich zeigen diese gut gepflegten – oder sollte ich sagen: geliebten – Rattenbabys eine ruhigere Verhaltensweise, sie sind weniger scheu und neugieriger. So kann man mit ziemlicher Sicherheit davon ausgehen, dass gelebte liebevolle Verbundenheit – und nicht nur die gemeinsamen Gene – die Hirn- und Verhaltensmuster (also die Oxytocin-Rezeptoren und die ruhigere Verhaltensweise) der nachfolgenden Generation prägt. Das haben Studien zur Fremdpflege (Cross-Fostering) ergeben: Selbst wenn eine Rattenmutter ein Junges aufzieht, das sie nicht selbst zur Welt gebracht hat, lässt ihr Maß an mütterlicher Aufmerksamkeit Rückschlüsse auf die Oxytocin-Empfänglichkeit des Jungtiergehirns zu und darauf, ob es eher ängstlich oder ruhig ist.

Die Bedeutung des Vagusnervs

Ihre heutige Persönlichkeit wird zusätzlich durch einen dritten biologischen Charakter geprägt, mit dem ich Sie heute bekanntmachen möchte: dem zehnten Kranialnerv. Er stellt die Hauptverbindungslinie zwischen Ihrem Gehirn und Ihrem Körper her und wird auch als Vagusnerv bezeichnet. Er entspringt im Hirnstamm und verläuft über die inneren Organe. Doch in der Hauptsache verbindet er Ihr Gehirn mit Ihrem Herzen. Sie wissen bereits, dass Ihre Herzfrequenz sich erhöht, wenn Sie sich beleidigt oder bedroht fühlen – was auf die Fight-or-Flight-Reaktion zurückzuführen ist, die wir von unseren Vorfahren geerbt haben –, aber Sie wissen vielleicht nicht, dass es Ihr Vagusnerv ist, der Ihr pochendes Herz wieder beruhigt, indem er (zusammen mit dem Oxytocin) die ebenfalls urzeitliche Calm-and-Connect-Reaktion mit ins Spiel bringt.

Vor dem Hintergrund der Information, dass Liebe mit Verbundenheit gleichzusetzen ist, wird klar, dass Ihr Vagusnerv ein biologischer Aktivposten ist, der Ihr Erleben von Liebe unterstützt und koordiniert. Dieser Nerv entzieht sich Ihrem Bewusstsein. Er stimuliert winzige Gesichtsmuskeln, die für das Herstellen von Augenkontakt verantwortlich sind, ebenso wie für die Synchronisierung Ihres Gesichtsausdrucks mit einem anderen Menschen. Er adjustiert sogar die winzigen Muskeln Ihres Mittelohres, sodass Sie die Stimme des anderen trotz der Hintergrundgeräusche besser wahrnehmen. Auf subtile und doch durchgreifende Weise erhöht der Vagusnerv die Chancen, dass Sie beide eine Verbundenheit entwickeln.[85] Er erhöht Ihre Chancen auf Positivitätsresonanz.

Wissenschaftler können die Stärke Ihres Vagusnervs – Ihrer biologischen Befähigung zur Liebe – messen, indem sie Ihre Herzfrequenz in Bezug zu Ihrer Atemfrequenz setzen. Genauer gesagt: Ich kann überprüfen, in welchem Maße Ihre Herzfrequenz, die durch Sensoren an den unteren Rippen gemessen wird, von Ihrer Atemfrequenz gespiegelt wird, die wiederum durch einen dehnbaren Blasebalg, der Ihren gesamten Brustkorb umgibt, gemessen wird. Dieses Muster wird als *Vagotonus* bezeichnet. Wie beim Muskeltonus, so gilt auch hier: Je höher der Vagotonus, umso besser.

Der Vagusnerv sorgt nicht nur für die Beruhigung der in Folge von Stress, Furcht oder körperlicher Anstrengung erhöhten Herzfrequenz, sondern er steigert auch die Effizienz Ihres Herzens, Schlag um Schlag – oder, genauer gesagt, Atemzug um Atemzug. Die menschliche Herzfrequenz ist normalerweise ziemlich hoch, als ob wir ständig auf der Hut wären und hinter jedem Busch eine neue Gefahr witterten. Beim Einatmen ist eine schnelle Herzfrequenz auch eine effiziente Herzfrequenz. Immerhin pumpt jeder Herzschlag nach dem Einatmen frisch mit Sauerstoff angereichertes Blut durch das Gehirn und den Körper. Doch wenn Sie ausatmen, ist eine schnelle Herzfrequenz alles andere als hilfreich, denn dann würde ihr Vorrat an frisch mit Sauerstoff angereichertem Blut schnell wieder zur Neige gehen. Auch hier greift der Vagusnerv regulierend ein. Auf sehr sanfte Weise bremst er Ihr Herz, während Sie ausatmen, und senkt damit ganz langsam Ihre Herzfrequenz. Genauso kann Ihr Vagusnerv sanft die Bremse wieder lösen, wenn Sie einatmen. Die auf natürlichem Wege erhöhte Herzfrequenz transportiert das mit frischem Sauerstoff angereicherte Blut in Ihren gesamten Körper. Dadurch entsteht ein subtiles, wenn auch gesundes Muster kardialer Arhythmie: Ihre Herzfrequenz wird etwas höher, wenn Sie einatmen, und verlangsamt sich, wenn Sie ausatmen. Dieses Muster spiegelt ihren Vagotonus wider, die Stärke oder den Allgemeinzustand Ihres Vagusnervs. Es charakterisiert die Gewandtheit, mit der der primitive, nicht bewusste Teil des Gehirns die Zügel ihres rasenden Herzens in Händen hält.

Die Leitung, die zwischen Ihrem Gehirn und Ihrem Herzen verläuft, zeigt, wie sehr Sie auf die Quellen der Liebe in Ihrer Mitte eingestimmt sind. Durch den Vagotonus kann man sogar vorsichtige Prognosen darüber wagen, welche Krankheiten Sie heimsuchen und wie lang Sie leben werden. Ihre biologischen Prädispositionen im Hinblick auf Liebe und Gesundheit sind, wie wir noch sehen werden, eng miteinander verflochten. Im Ruhezustand gemessen ist der Vagotonus über einen langen Zeitraum hinweg außerordentlich stabil. Bei den meisten Menschen ist er über Jahre hinweg immer der gleiche und geleitet sie in rhythmischen Wellen in die Einsamkeit oder zum sozialen Erfolg, in die Krankheit oder in die Gesundheit.

Das ist der Grund, warum Menschen mit einem hohen Vagotonus wissenschaftlichen Erkenntnissen zufolge auf vielen Gebieten deutlich flexibler sind als ihre Artgenossen – und zwar auf physischer, mentaler und sozialer Ebene. Sie können sich einfach besser auf ständig wechselnde Umstände einstellen, obwohl dies meist auf vollkommen unbewusster Ebene passiert. Sie regulieren ihre inneren körperlichen Prozesse effizienter, haben einen normalen Blutzuckerwert und kriegen Entzündungsherde besser in den Griff.[86] Mental sind sie eher in der Lage, ihre Aufmerksamkeit und ihre Emotionen, ja sogar ihr Verhalten zu regulieren.[87] Auf sozialer Ebene beherrschen sie die zwischenmenschliche Interaktion und schmieden positive Verbindungen zu anderen.[88] Und sie erleben wiederum mehr Mikromomente der Liebe. Es ist, als ob die Beweglichkeit der Leitung zwischen ihrem Gehirn und ihrem Herzen – die sich im Vagotonus manifestiert – es Ihnen erlaubt, besonders flexibel auf das Auf und Ab ihres Lebens und ihrer Sozialbeziehungen zu reagieren. Ein hoher Vagotonus kann also als Zeichen für ein hohes Liebespotenzial gewertet werden. Genau zu diesem Schluss kamen meine Doktorandin, Bethany Kok, und ich im Rahmen einer Studie: Im Vergleich zu Menschen mit niedrigem Vagotonus erleben Personen mit hohem Vagotonus mehr Liebe in ihrem Alltag, mehr Augenblicke der Positivitätsresonanz.[89]

Sie fragen sich jetzt vielleicht, ob Sie selbst zu diesen Glücklichen gehören, die mit einem hohen Vagotonus gesegnet sind. Wenn ja, dann ist das natürlich ein Segen. Doch selbst wenn Sie diesen Vorteil nicht haben, gibt die neueste Wissenschaft jede Menge Grund zur Hoffnung. So, wie Sie Ihren Muskeltonus durch regelmäßigen Sport steigern können, können Sie Ihren Vagotonus durch regelmäßige emotionale Übungen trainieren. Derlei Übungen stelle ich Ihnen in Teil II dieses Buches vor. Der Schlüssel ist wieder einmal die Macht der Liebe.

Der Vagotonus ist beeinflussbar

Meine Studenten und ich arbeiten gemeinsam in dem sogenannten PEP-Labor, dem Positive Emotions and Psychophysiology Laboratory. Vor nicht allzu langer Zeit führten wir ein Experiment durch, durch das wir die Auswirkung der Liebende-Güte-Meditation überprüften.

Unsere Probanden kamen einzeln zu uns ins PEP-Labor an der University of North Carolina, und wir maßen ihren Vagotonus, während sie nur dasaßen und sich ein paar Minuten lang entspannten. Am Ende der ersten Laborsitzung informierten wir die Teilnehmer, wie sie sich allabendlich in die Website unserer Studie einloggen konnten, um ihre Gefühle und die Sozialbeziehungen des Tages dort festzuhalten. Ein paar Wochen später legten wir durch ein randomisiertes Verfahren fest, welche Versuchsteilnehmer die Liebende-Güte-Meditation erlernen sollten und welche nicht.

Alle würden weiterhin ihre tagtäglichen Emotionen und ihre Sozialbeziehungen auf unserer Website aufzeichnen. Monate später und Wochen nachdem der Meditationsworkshop beendet war, luden wir sämtliche Probanden wieder einzeln in unser PEP-Labor ein, wo wir unter den gleichen Ruhebedingungen wie zuvor erneut ihren Vagotonus maßen.

Im Mai 2010 hatte ich die ungeheure Ehre, die Resultate dieses Experiments direkt Seiner Heiligkeit, dem Vierzehnten Dalai Lama, vorzustellen. Eine Handvoll Wissenschaftler erhielt eine Privataudienz, um dem Dalai Lama von ihren neuesten Entdeckungen im Hinblick auf die Auswirkungen der Liebende-Güte-Meditation zu berichten.[90] Nachdem ich Seiner Heiligkeit kurz die Funktion des Vagusnervs und das Konzept des Vagotonus erläutert hatte, berichtete ich ihm von den Entdeckungen unserer vor kurzem durchgeführten Studie. Der Vagotonus – der sich im Erwachsenenalter normalerweise nicht nennenswert verändert – verbessert sich nach Einsatz der Meditation signifikant. Es besteht also nachweislich Hoffnung. Egal, wie Ihre biologische Fähigkeit zur Liebe heute ausgeprägt ist, Sie können sie innerhalb weniger Monate beträchtlich steigern.

Es waren nämlich jene Teilnehmer an der Studie, die nach dem Zufallsprinzip ausgewählt worden waren, die Liebende-Güte-Meditation zu erlernen, die sich am meisten verändert hatten. Sie widmeten dieser Übung weniger als eine Stunde Zeit pro Woche. Doch innerhalb weniger Monate hatte ihr Vagusnerv – ohne dass sie sich dessen bewusst waren – begonnen, sich ihrem Atemrhythmus besser anzupassen, wodurch jene gesunde Arhythmie unterstützt wurde, die für einen hohen Vagotonus kennzeichnend ist.[91] Mit jedem Atemzug – mit jedem liebevollen Augenblick – steigerte sich Ihre Fähigkeit zur Positivitätsresonanz. Durch akribische statistische Analysen konnten wir zudem nachweisen, dass diejenigen, die die meiste Positivitätsresonanz im Zusammenspiel mit anderen erlebten, die größte Steigerung ihres Vagotonus zu verzeichnen hatten. Liebe macht die Menschen zweifelsfrei gesünder.

Entfesselte Aufwärtsspiralen

Nun sollten wir von unseren isolierten wissenschaftlichen Erkenntnissen zurücktreten und einen Blick auf das gesamte, das große Bild werfen. Rufen Sie sich ins Gedächtnis, dass die Positivitätsresonanz Ihres Körpers innerhalb eines viel größeren Systems wirkt. Zusammen mit der Liebe und allen anderen positiven Emotionen schließt dieses System auch ihre dauerhaften Ressourcen mit ein – Ihre körperliche Gesundheit, Ihre sozialen Bande, Ihre Persönlichkeitszüge und Ihre Resilienz. Mit Aktivposten wie diesen ist das Leben gewiss leichter und befriedigender.[92] Außerdem können derlei Ressourcen die Frequenz und Intensität Ihrer Mikromomente der Positivitätsresonanz erhöhen. Die Liebe hat diese Ressourcen in Ihnen geschaffen, und diese Ressourcen wiederum steigern Ihr Liebeserlebnis. Dabei geht es nicht einfach um Ursache und Wirkung. Die Kausalkette verläuft in beide Richtungen gleichzeitig und schafft dadurch die Dynamik und wechselseitige Kausalität, die wiederum eine sich selbst erhaltende Trajektorie des Wachstums antreibt. Durch die Liebe werden Sie ein besserer Mensch. Und als verbesserte Version Ihrer selbst erleben Sie die Liebe wiederum bereitwilliger. Im Wechselspiel zwischen Ihren beständigen Ressourcen und den Mikromomenten der Liebe werden lebensspendende Aufwärtsspiralen geboren.

Aus diesem eher umfassenderen Blickwinkel heraus sollten wir die wissenschaftlichen Erkenntnisse, die ich dem Dalai Lama darlegte, noch einmal näher betrachten. Indem Sie lernen, wie Sie Liebe aus sich selbst heraus erschaffen, können Sie Ihren Vagotonus erhöhen. Und mit höherem Vagotonus werden Ihre Aufmerksamkeit und Ihre Handlungen flexibler, sie können sich besser auf die Menschen in Ihrer Mitte einstimmen. Sie sind eher in der Lage, zwischenmenschliche Verbindungen zu schmieden, die die Positivitätsresonanz fördern. Auf den Vagotonus also ist es zurückzuführen, dass Liebe Liebe hervorbringt.

Genauso deutet alles darauf hin, dass die Positivitätsresonanz Ihre Oxytocin-Werte erhöht. Und unter dem Einfluss von Oxytocin werden Sie ruhiger, können sich besser auf Ihre Mitmenschen einstimmen, werden freundlicher und offener. Auch hier entwickeln sich Ihre Fähigkeiten, um Verbindungen zu knüpfen, was wiederum Ihre Fähigkeit steigert, Positivitätsresonanz zu kultivieren. Auch auf das Oxytocin ist es also zurückzuführen, dass Liebe Liebe hervorbringt.

Rufen Sie sich zudem ins Gedächtnis, dass positive Verbindungen zu anderen Menschen neuronale Kupplungen oder synchrone Hirnaktivitäten zwischen Menschen hervorrufen. Durch die Wiederholung bewirkt Positivitätsresonanz zudem also strukturelle Veränderungen im Gehirn, zum Beispiel, indem sie die sensibel auf Bedrohung reagierende Amygdala dem beruhigenden Einfluss des Oxytocin aussetzt. Neuroplastizität – also die Fähigkeit des Gehirns, sich durch Erfahrung zu verändern – wurde zwar bislang vornehmlich an Tieren erforscht, aber neuere Studien belegen entsprechende Erkenntnisse mittlerweile auch an Menschen. Vater- oder Mutterschaft beispielsweise öffnen die Tür nicht nur für Positivitätsresonanz zwischen Eltern und Kind, sondern scheinen auch strukturelle Veränderungen in Hirnregionen einzuleiten, die Positivitätsresonanz erleichtern.[93] Diese Studie zeigt, wie die Liebe die neurale Vernetzung unseres Hirns neu strukturiert, wodurch es wahrscheinlicher wird, dass Sie in Zukunft gesündere Gewohnheiten entwickeln und gesunde soziale Bande knüpfen. Auch auf Neuroplastizität also ist es zurückzuführen, dass Liebe Liebe hervorbringt.

Plastizität beziehungsweise die Möglichkeit der Veränderung ist auch für unsere Körperzellen charakteristisch. Ständig entstehen neue Zellen in unserem Körper. Selbst in diesem Augenblick, da Sie sich die Zeit nehmen, um dieses Buch zu lesen, werden neue Zellen in Ihrem Körper aktiv, nehmen den ihnen vorbestimmten Platz in dem riesigen Orchester aus Kommunikation und gegenseitiger Beeinflussung ein, das Sie als Ihren Körper bezeichnen. Doch nicht sämtliche Eigenschaften Ihrer Körperzellen sind im Voraus in Ihrer DNA festgelegt. Einige Aspekte sind für die kontextbezogenen Einflüsse biochemischer Substanzen, die in Ihrem Körper freigesetzt werden, offen. Fühlen Sie sich einsam und verlassen, so steigt der Cortisolspiegel in Ihrem Blut. Cortisol beeinflusst die Bildung und Verteilung der Leukozyten und besitzt Eigenschaften, die das Immunsystem unterdrücken. Bei einer vermehrten Ausschüttung kann es also beispielsweise zu chronischen Entzündungsreaktionen im Körper kommen, die anhalten, auch wenn die Krisensituation vorüber ist.[94] So kommt es, dass das anhaltende Gefühl der Einsamkeit das Immunsystem eines Menschen so sehr schwächen kann, dass chronische Entzündungen, Herzkranzgefäßerkrankungen und Arthritis entstehen können. Die entsprechenden Daten deuten darauf hin, dass das *Gefühl*, isoliert und ohne Beziehung zu anderen dazustehen, dem Körper mehr Schaden zufügt als *tatsächliche* Isolation.[95] Das legt die Schlussfolgerung nahe, dass schmerzhafte Gefühle dem Körper gesundheitlichen Schaden zufügen. Indem die Molekularbiologie nachvollzieht, wie Ihre Emotionen – und die biochemischen Veränderungen, die sie auslösen – die Genexpression in Ihrem Immunsystem verändern, zeigt sie, dass das Fehlen von Liebe letztendlich Ihre Gesundheit schädigt.

Dennoch gibt es jede Menge Grund zur Hoffnung. In unzähligen täglichen Zusammentreffen mit anderen Menschen ist Ihr Potenzial, die Einsamkeit durch Liebe zu lindern, enorm. Wie wir in diesem Kapitel gesehen haben, inszeniert Ihre Biologie Ihr Erleben von Liebe. Dennoch haben Sie mehr Kontrolle über Ihre biologischen Prozesse, als Ihnen bewusst ist. Wenn Sie einmal erkannt haben, welche Pfade zur Liebe führen und welche Hindernisse Ihnen im

Wege stehen, haben Sie ein Maß an Kontrolle über Ihre Biochemie, das Ihr ganzes Sein und Ihre gesamten Körperzellen beeinflusst. Sie selbst dirigieren nun in hohem Maße die Botschaften, die Ihre Zellen hören, die Botschaften, die Ihren Zellen sagen, ob Sie sich eher in Richtung Gesundheit oder Krankheit entwickeln.[96] Meine Mitarbeiter und ich sind gerade erst am Anfang unserer Untersuchungen, wie Oxytocin und andere Inhaltsstoffe, die zur Biochemie der Liebe gehören, Veränderungen in der Genexpression bewirken, die wiederum für physisches und mentales Wohlbefinden des Einzelnen sorgen.[97] Unserer Hypothese zufolge ist es also auch auf die Plastizität der Zellen zurückzuführen, dass Liebe Liebe hervorbringt.

Sämtliche unsichtbaren biologischen Veränderungen der Liebe – in Ihrem Gehirn, Ihrem Blutkreislauf, Ihrem Vagusnerv und Ihren Zellen – wiederum befähigen Sie, sich noch stärker an die Liebe anzupassen, sodass Sie auf biologischer Ebene besser darauf vorbereitet sind, Augenblicke der Positivitätsresonanz mit Ihren Mitmenschen zu erleben. Diese latente biologische Aufwärtsspirale ist eine ungeheure Kraft: Die Liebe kann sie so tief berühren, dass sie Sie von innen heraus neu formt, dadurch Ihr Schicksal verändert und Sie auf weitere liebevolle Augenblicke vorbereitet. Mit jedem Mikromoment der Liebe erklimmen Sie – wie ich in Kapitel 4 näher darlegen werde – eine weitere Sprosse auf der Leiter dieser Spirale, die Sie in höhere Sphären führt, Ihnen tiefere und mitfühlendere soziale Beziehungen ebenso wie größere Resilienz und Klugheit und, nicht zu vergessen, eine verbesserte körperliche Gesundheit beschert.

Die weiteren Aussichten

Ihr Körper ist dafür geschaffen, zu lieben und von der Liebe zu profitieren. Er wird gesünder, wenn er immer wieder durch das Erleben von Positivitätsresonanz genährt wird. Demzufolge werden auch menschliche Gemeinschaften harmonischer und liebevoller. Diese klare Win-win-Situation ist in unserer DNA festgeschrieben.

Tagtäglich summieren sich Ihre Mikromomente der Liebe und verwandeln Ihr Leben letztendlich zum Besseren. Sie werden gesünder, glücklicher und sind sozial integrierter. Auch Ihre Weisheit und Ihre Widerstandskraft wachsen. Mit mehr Ressourcen wie diesen wiederum können Sie Mikromomente der Liebe offener und häufiger erleben, wodurch sich weitere Broaden-and-Build-Vorteile ergeben. Aufgrund der biologischen Gegebenheiten hat Ihr Körper plötzlich mehr Energie und gibt dieser Aufwärtsspirale seinerseits ebenfalls Kraft. Die bis zum heutigen Tage unsichtbare und unerforschte Biologie der Liebe beeinflusst also alles, was Sie fühlen, denken, tun und werden.

Doch dabei geht es natürlich nicht ausschließlich um Sie selbst. Liebe ist, wie wir gesehen haben, kein Solostück. Nicht nur Sie selbst ziehen Nutzen aus der Liebe, sondern all diejenigen mit Ihnen, die Anteil an Ihrer Positivitätsresonanz haben. So betrachtet sind emotionale und körperliche Gesundheit also ansteckend. Tatsächlich haben Untersuchungen von realen – also im echten Leben und nicht im Internet stattfindenden – sozialen Netzwerken ergeben, dass das Gefühl des Glücks mit der Zeit ganze Gemeinschaften durchdringen kann. Das Glück der Schwester der Kollegin Ihrer Freundin trägt letztlich zur Steigerung Ihres eigenen Glücks bei.[98]

Die neue Wissenschaft der Liebe macht deutlich, dass Ihr Körper wie ein Verb wirkt. Sicherlich bleiben ein paar Eigenschaften Ihres Körpers – wie Ihre DNA oder Ihre Augenfarbe – relativ konstant. Aber Ihr Gehirn registriert unaufhörlich Ihre sich ständig verändernden Lebensumstände und koordiniert den Fluss biochemischer Stoffe, die wiederum Ihren Körper und Ihr Gehirn von innen, auf der Ebene der Körperzellen, verändern. Ihr Körper ergreift die Initiative. Bemerkenswerterweise sendet er alles, was Sie fühlen – Ihre Augenblicke der Positivitätsresonanz oder deren

Fehlen – an sämtliche Körperteile, bereitet Sie entweder auf Gesundheit oder Krankheit und mehr oder weniger auch auf liebevolle Verbundenheit vor.

Ich hoffe, Sie fanden meinen kleinen Exkurs zur Biologie der Liebe erhellend – meine Schilderung, wie die Positivitätsresonanz Ihr Gehirn und die Oxytocin-Wellen mit anderen Menschen synchronisieren kann und wie sie mit der Zeit die Leistung Ihres Vagusnervs ausbaut, der Ihnen körperliche Gesundheit, soziale Fähigkeiten und Wohlbefinden beschert. Eine Reise durch die Biologie der Liebe kann, wie ich festgestellt habe, ein ansonsten recht schemenhaftes Konzept erden, ein Konzept, das viel zu häufig in ein Gewebe aus Regenbogen, Einhörnern und Amor-Figürchen, die auf putzige kleine Herzchen zielen, eingewoben ist. Trotzdem kann eine veränderte Sicht auf die Liebe nicht bei der Biologie aufhören. Wir müssen unseren Blickwinkel erweitern, um zu erfassen, wie die Liebe alles durchdringt, das abseits unserer körperlichen Existenz existiert. Denn diese allumfassenderen Veränderungen auf dem Pfad der Liebe können Sie motivieren, sich selbst ein besseres Leben zu schaffen. Bevor wir uns also Teil II dieses Buches widmen, in dem ich Ihnen eine praktische Anleitung dazu gebe, wie Sie bereitwilliger Liebe säen können, möchte ich Ihnen zeigen, was an dem großen Gesamtbild neu ist, das die Wissenschaft der Liebe entwirft. Dieses Bild zeigt genau, dass mehr Positivitätsresonanz in Ihrem Leben alles beeinflusst, was Sie fühlen, denken, tun und werden.

4

DIE WELLEN DER LIEBE

> Deshalb lässt sich aus dem, was wir leben,
> schließen, was wir sind.[99]
>
> *Thomas Merton*

Bislang versuchte ich Sie zu motivieren, die Liebe aus einem anderen Blickwinkel zu betrachten, sie sich aus der Perspektive Ihres Körpers vorzustellen, als Mikromomente der Positivitätsresonanz. In diesem Kapitel werde ich Sie noch tiefer mit der Wissenschaft der Liebe vertraut machen. Sie werden die Denk- und Handlungsweise der Liebe ebenso kennen lernen wie das langfristige Wachstum, das sie fördert.

Den Welleneffekt der Liebe zu erkennen, kann eine Art Rettungsleine für Sie sein. Die Signale der Liebe, die Ihren Vorfahren noch geläufig waren, gehen in unserem modernen Leben so schnell unter, dass sie Ihnen vielleicht gar nicht mehr auffallen. Wenn Sie beispielsweise eilig Ihre Morgenroutine hinter sich bringen, das Frühstück herunterschlingen und sich noch auf dem Weg zur Arbeit die Zähne putzen, dann Ihr E-Mail-Postfach checken und Ihre immer länger werdende To-do-Liste überfliegen, von einem Meeting zum nächsten hetzen, bis das Ende Ihres Tages erreicht ist, dann schnell noch zum Supermarkt hechten, ein schnelles Abendessen für Ihre Kinder zubereiten, sie dann zu Bett bringen, um kurz darauf selbst zusammenzubrechen und sich im Bett über den Marathontag zu sorgen, der morgen vor Ihnen liegt – wie sollen Sie da noch die Zeit oder die

Energie aufbringen, Momente der Positivitätsresonanz zu entfachen?

Denken

Vor fast sechzig Jahren, in einem Jahrzehnt, bevor die Gegenkultur der Sechzigerjahre die Vereinigten Staaten und Europa prägte, beschrieb Aldous Huxley im Jahre 1954 in seinem berühmten und umstrittenen Buch *Die Pforten der Wahrnehmung* seine ersten Erfahrungen mit psychedelischen Drogen.[100] Der Titel des Buches war eine Anspielung auf die metaphorische Sprache des englischen Dichters und Graphikers William Blake und sein 1790 erschienenes Buch *The Marriage of Heaven and Hell* und inspirierte die 1965 gegründete amerikanische Rockband The Doors. Blake schrieb in seinem Werk: »Würden die Pforten der Wahrnehmung geöffnet, erschiene den Menschen alles, wie es ist: unendlich.«

Aufbauend auf Blakes Metapher verglich Huxley das menschliche Gehirn mit einem Reduktionsfilter. Es beschränkt das Bewusstsein ausschließlich auf die Wahrnehmungen, Vorstellungen und Erinnerungen, die in jedem beliebigen Augenblick für das Überleben wichtig sein könnten, und blendet alles andere aus. Obwohl eine begrenzte Aufmerksamkeit verhindert, dass man von der Flut der Bilder und Eindrücke überwältigt wird, kann sie zur automatisierten Gewohnheit werden, die das Denken und Wahrnehmen einschränkt. Indem man durch Einsatz von Sprache die eigenen reduzierten Erfahrungen der Welt mit den reduzierten Erfahrungen anderer vergleicht, kann man die Überzeugung entwickeln, dass die eigene beschränkte Wahrnehmungsweise die Weltwirklichkeit darstellt. Huxley formuliert das so:

> »Die meisten Menschen erfahren häufig nur das, was durch den Reduktionsfilter gelangt und von der in ihrem Land gebräuchlichen Sprache

als wirklich und wahrhaftig anerkannt wird. Manche Menschen jedoch scheinen mit einer Art von Umgehungsvorrichtung geboren worden zu sein, welche den Reduktionsfilter ausschaltet. Andere vermögen zeitweilig Umgehungsvorrichtungen entweder spontan oder als Ergebnis bewusst geführter ›geistiger Übungen‹, mittels Hypnose oder eines Rauschmittels zu erwerben.«

Huxleys Hypothese, dass die Pforten der Wahrnehmung sich zeitweise weiter öffnen können als gewöhnlich – sogar scheinbar spontan –, lässt sich mittlerweile durch bildgebende Verfahren nachweisen.[101] Und was noch wichtiger ist: Man benötigt keine Drogen, Hypnose oder erhabene spirituelle Erfahrungen, um diese Pforten zu öffnen.

Positivität weitet die Wahrnehmung

Durch die funktionelle Magnetresonanztomographie können wir dynamische Veränderungen in der Blutversorgung des Gehirns bei der Lösung verschiedener geistiger Aufgaben ausmachen. Diverse Untersuchungen dieser Art haben ergeben, dass eine bestimmte Hirnregion auf menschliche Gesichter reagiert – das sogenannte extrastriäre fusiforme Gesichtsareal (Fusiform Face Area oder FFA) im Gyrus fusiformis[102] –, während eine andere Hirnregion auf Orte reagiert – die sogenannte Parahippocampal place area (PPA) im hinteren Bereich des Gyrus parahippocampalis[103].

Ein kluges Experiment profitierte von dieser Besonderheit des Gehirns: Die Probanden wurden aufgefordert, sich eine Serie Dias anzusehen und zu entscheiden, ob die jeweiligen dort abgebildeten Gesichter männlich oder weiblich waren, die Umgebung, in der sie sich befanden, aber zu ignorieren. Die Aufgabe war einfach; die richtige Antwort immer offensichtlich.

Interessant wurde die Studie dadurch, dass jedes Gesicht in ein größeres Bild von einem bestimmten Ort eingebettet war. Im Hintergrund sah man ein Haus, wie man es vielleicht in einer Immobilienanzeige findet. Wenn die Pforten der Wahrnehmung weit geöffnet gewesen wären, dann hätten die beiden Bilder, die in dieser Aufgabe miteinander verbunden waren (also die Gesichter und die Häuser) sowohl die FFA- als auch die PPA-Regionen des Gehirns angesprochen. Wenn die Pforten der Wahrnehmung eher verschlossen wären, würde nur diejenige Hirnregion aktiviert, die der Gesichtserkennung dient.

Mehrere dieser Bildkombinationen wurden zufällig mit dezent positiven, neutralen oder dezent negativen Bildern kombiniert. Die Bilder, die positive Emotionen hervorrufen sollten, zeigten beispielsweise süße Welpen oder verlockende Torten und Kuchen. Indem man die Blutversorgung der FFA und PPA maß, konnten die Forscher vergleichen, wie sehr das Wahrnehmungsfeld eines jeden Probanden von unterschiedlichen emotionalen Zuständen beeinflusst wurde. Die Ergebnisse waren eindeutig: Negative Emotionen verengten die Wahrnehmung der Menschen, was in einer signifikant niedrigeren Blutversorgung der PPA deutlich wurde.[104] Anders formuliert: Wenn sich die Menschen schlecht fühlten, konnten sie den Anweisungen für die Aufgabe hervorragend folgen – sie ignorierten sämtliche Umgebungsfaktoren der Gesichter so gründlich, dass ihr Gehirn die Häuser kaum registrierte. In neutralem emotionalem Zustand waren die Ergebnisse so ähnlich. Im Gegensatz dazu erweiterten positive Emotionen die Wahrnehmung, was man anhand der erhöhten Durchblutung der PPA nachweisen konnte. Nachdem die Probanden sich also Welpen oder Kuchen angesehen hatten, registrierte das Gehirn der Probanden sowohl die Gesichter als auch die Häuser in der Umgebung.

Diese Daten legen nahe, dass ein gutes Grundgefühl unwillkürlich dazu führt, dass Sie die kontextuelle Information, die Sie umgibt, besser aufnehmen können. Mit Huxleys Worten: Positive Emotionen können eine vorübergehende »Umgehungsvorrichtung« darstellen, durch die der Reduktionsfilter außer Kraft gesetzt wird. Diese bildgebende Studie liefert uns den eindeutigen Beweis, dass die Pforten der Wahrnehmung unter dem Einfluss von Positivität weiter geöffnet sind.

Eine verwandte und faszinierende Untersuchungsreihe befasste sich mit Schlaganfallpatienten, die unter Hirnläsionen litten, welche visuellen Neglect hervorriefen, also die Unfähigkeit, die Informationen wahrzunehmen und zu verarbeiten, die im der Hirnläsion gegenüberliegenden Sichtfeld präsentiert werden. Ein Patient mit Läsionen im Parietalen Kortex beispielsweise ist also nicht in der Lage, Bilder in seinem linken Gesichtsfeld zu sehen oder Worte, die von dort kommen, zu verstehen. Mithilfe kontrollierter Verhaltensaufgaben und bildgebender Verfahren entdeckten die Forscher, dass die Patienten ihre Wahrnehmungsstörung überwinden können, wenn sie angenehmer Musik lauschen. Das bedeutet, dass sie vorübergehend in der Lage sind, Informationen aufzunehmen (und danach zu handeln), wenn eine schöne Melodie erklingt.[105] Sobald die angenehme Musik wegfällt oder durch eine unangenehme ersetzt wird, ist die Wahrnehmung der Patienten wieder gestört wie zuvor – die Informationen existieren dann schlichtweg nicht mehr für sie.

Eins möchte ich hier betonen: Ihre Erfahrungen von Liebe oder anderen positiven Gefühlen müssen keineswegs überwältigend sein, damit die Pforten der Wahrnehmung aufschwingen. Studien wie diese zeigen, dass sogar weit weniger intensive emotionale Erfahrungen – wie die Betrachtung eines inspirierenden Bildes oder das Hören fröhlicher Musik – die gleichen Pforten öffnen. Was Huxley als vorübergehende und spontane Umgehungsvorrichtung bezeichnete, die die Wirkung des Reduktionsfilters außer Kraft setzt, entpuppt sich als Nebenprodukt ganz normaler positiver Emotionen. Tatsächlich werden Sie durch das emotionale Know-how, das ich Ihnen in Teil II präsentiere, in der Lage sein, jeden Tag und jede Aktivität mit erweiterten Bewusstseinszuständen zu durchdringen.

Dadurch, dass positive Emotionen Ihre Pforten der Wahrnehmung öffnen, sind Sie mehr und mehr in der Lage, sich mit anderen zu verbinden. Der für Ihren Geist typische Modus Operandi ist ziemlich selbstzentriert. Ihre Gedanken kreisen gern um Ihre eigenen Bedürfnisse und Wünsche und um Ihre eigenen Sorgen. Diese Ich-Bezogenheit kann sogar noch extremer werden, wenn Sie sich auf die eine oder andere Weise bedroht fühlen. Meine Mitarbeiter und ich haben durch entsprechende Experimente herausgefunden, dass Sie aber – im Gegensatz dazu – über Ihren egozentrischen Kokon hinausblicken, wenn es Ihnen gut geht. Sie werden sich anderer Menschen bewusster und konzentrieren sich wahrscheinlich deutlich stärker auf deren Bedürfnisse, Wünsche und Sorgen und betrachten die Dinge aus deren Perspektive.[106]

Sorge und Fürsorge

Wenn Sie einen Augenblick der Positivitätsresonanz mit einem anderen Menschen teilen, öffnen sich die Pforten der Wahrnehmung auf einzigartige Weise noch stärker.[107] Zuallererst einmal betrachten Sie sich gegenseitig als Teil eines einheitlichen Ganzen – als ein einziges »Wir« und nicht als zwei voneinander getrennte »Ichs«.[108] Und im Vergleich zu anderen positiven Emotionen erweitert die Liebe Ihr Interesse an anderen und schließt sie viel stärker in Ihr Denken mit ein.[109] Charakteristisch für die Liebe sind *Sorge* und *Fürsorge* für andere, eine Wärme und ein aufrichtiges Interesse, das Sie veranlasst, ihnen Vertrauen und Mitgefühl zu schenken.[110] Ein vor einiger Zeit erschienener Artikel, der den Versuch unternimmt, das wichtigste Charakteristikum der Liebe – das für alle Variationen der Liebe gilt, von der romantischen über die elterliche bis hin zur platonischen Liebe – herauszuarbeiten, identifiziert Sorge und Fürsorge oder, abstrakt formuliert, die »Investition in das Wohlbefinden eines anderen, und zwar ausschließlich zu dessen Wohl«, als wesentlichen, stets präsenten Fingerabdruck der Liebe.[111] Sorge und Fürsorge führen dazu, dass Sie stärker auf die Bedürfnisse anderer Menschen achten und eingehende Informationen wachsam aufnehmen und verarbeiten, um Ihre Mitmenschen vor Schaden zu bewahren.[112] Außerdem führt Liebe beim nächsten Zusammentreffen mit den Menschen, mit denen Sie Mikromomente der Positivitätsresonanz teilten, zu noch mehr automatisierten positiven Reaktionen[113] – Sie gehen beide davon aus, dass Ihr Gegenüber Ihnen wohlgesinnt ist, und dadurch ermöglichen Sie weitere Erfahrungen von Positivitätsresonanz. Studien haben sogar ergeben, dass Ihre Alltagsinteraktion mit Freunden und Kollegen erheblich fröhlicher und angenehmer wird, je eher Sie lernen, die Mikromomente der Liebe zu pflegen.[114]

Einfach formuliert: Liebe führt zu einem grundlegenden Sinneswandel.

Tun

Im westlichen Kulturkreis neigen wir dazu, Körper und Geist als getrennt zu betrachten. »Denken« ist das eine, »Tun« etwas ganz anderes. Doch diese Unterscheidung ist nur Illusion. Neuere wissenschaftliche Erkenntnisse haben ergeben, dass beide aus dem gleichen Holz geschnitzt sind. Sie wissen nun, dass Liebe die Wirkungsweise Ihres Geistes beeinflusst, dass sie die Pforten der Wahrnehmung weiter öffnet, sie Ihnen gestattet, Ihre Einheit mit anderen zu erkennen, für sie zu sorgen und von Ihren gemeinsamen Stärken zu profitieren. Deshalb können Sie sicherlich nachvollziehen, dass die Liebe auch Ihre Gesten und Ihre Handlungsweise verändert.

So, wie die neurowissenschaftlichen Studien zeigen, dass positive Emotionen Ihr Wahrnehmungsfeld erweitern,[115] belegen die kinematischen Studien meiner Mitarbeiterin Melissa Gross, dass sie auch Ihren Brustkorb, in dem Ihr Herz sitzt, richtiggehend weiten.[116] Wenn Ihr Geist und Ihr Körper von guten Gefühlen durchdrungen sind, heben und erweitern diese Gefühle Ihre Brust, eine subtile, nonverbale Geste, die Sie einladender auf andere wirken lässt, offener für Verbundenheit.

Echte gute Gefühle öffnen auch Ihr Gesicht. Ihre Lippen verziehen sich unwillkürlich zu einem Lächeln: Die Wangen bewegen sich nach oben und sorgen dafür, dass sich Fältchen um Ihre Augenwinkel bilden oder vertiefen.[117]

Jegliche positive Emotion kann Sie zum Lächeln bewegen und dazu, dass Sie eine offenere Körperhaltung einnehmen. Und so kann jegliche positive Emotion von Ihren Mitmenschen als Signal aufgefasst werden, sich zu entspannen und Verbundenheit herzustellen. Wenn sich jemand sicher genug fühlt, dieser Einladung zu folgen und sich Ihnen mit seinen eigenen von Herzen kommenden guten Gefühlen anschließt, wird Positivitätsresonanz geschürt. Diese nonverbalen Signale, die einzig jenen Mikromomenten der Liebe vorbehalten sind, entgingen den Wissenschaftlern jahrzehntelang. Der Grund dafür sind methodische Entscheidungen: Man verließ sich damals noch zu sehr auf den Gesichtsausdruck oder sogar auf statische Fotos.[118] Seit Neuestem verfolgen Wissenschaftler einen ganzheitlicheren Ansatz und schauen sich die Dynamik im spontanen, nonverbalen Ausdruck an, der zwischen zwei Menschen zum Tragen kommt, deren normale Interaktion von gegenseitiger Positivität geprägt ist.

Dieser erweiterte Betrachtungsansatz hat Wissenschaftler in die Lage versetzt, den einzigartigen Fingerabdruck der Liebe zu entdecken.[119] Die Liebe wird demzufolge anscheinend durch vier eindeutig ausgeprägte nonverbale Signale charakterisiert:

Lächeln Das erste Signal besteht darin – wenig überraschend –, wie oft Sie und Ihr Gegenüber einander anlächeln, und zwar auf jene aufrichtige Weise, die die Augen mit einbezieht.

Gesten Ein zweites Signal ist die Häufigkeit, mit der Sie beide offene und freundliche Gesten einsetzen, um sich aufeinander zu beziehen, wie zum Beispiel die entgegengestreckte Handfläche. (Feindselige Gesten wie das Deuten mit dem Finger oder das Hin- und Herwedeln mit dem Finger werden aus dieser Kategorie von Gesten ausgeschlossen.)

Neigen Ein drittes Signal ist, wie häufig Sie sich zu dem anderen hinüberbeugen, was Ihre Herzen einander buchstäblich näherbringt.

Nicken Das vierte Signal besteht darin, dass Sie mit dem Kopf nicken, ein Zeichen, dass Sie einander bestätigen und akzeptieren.

Diese vier nonverbalen Signale entspringen der inneren Erfahrung der Liebe eines Menschen und werden von anderen *als* Liebe gedeutet.[120] Liebe, die solchermaßen gezeigt wird, ist wichtig. Sie besitzt Kraft. Sie lässt nicht nur Prognosen im Hinblick auf die soziale Unterstützung, die Menschen in ihren Beziehungen erfahren, zu, sondern weist auch darauf hin, auf welche Art und Weise sie direkte Kritik üben, was (wie ich in einem späteren Abschnitt beschreiben werde) Prognosen im Hinblick auf die langfristige Stabilität liebevoller Beziehungen zulässt.[121] Diese vier nonverbalen Gesten sind also ein verlässliches und wichtiges Zeichen der Liebe.

Auch andere nonverbale Gesten können ein Zeichen für Liebe sein. Wenn Menschen zusammenkommen und eine Verbindung herstellen, dann handeln sie zeitweise sogar synchron, sodass ihre Handbewegungen und ihr Gesichtsausdruck einander bis zu einem gewissen Grad spiegeln. Spontan synchronisierte Gesten wie diese lassen zwei voneinander unabhängige Individuen nach außen wie eine gut aufeinander abgestimmte Einheit wirken. Dieses Phänomen beschränkt sich keineswegs nur auf Paare: Genau wie Vögel und Fische sich in Schwärmen weiterbewegen, so bewegen sich auch große Menschengruppen häufig spontan synchron. Denken Sie doch einmal daran, wie ein Fußballspiel oder ein Konzert Positivitätsresonanz auf breiter Ebene hervorrufen kann. Durch intensive synchrone Rufe, Gesänge, Märsche, Tänze oder andere gleichzeitig durchgeführte Aktivitäten wird ein tiefes Gefühl der Gruppensolidarität geschaffen[122] – das sogar ein ganzes Stadion erfassen kann.

Ein solches Gefühl der Gruppensolidarität konnte ich am eigenen Leib erfahren, als ich Ende August 1995 mein erstes größeres Footballspiel im College ansah. Es fand in einem der weltweit größten Stadien, dem geliebten »Big House« der University of Michigan statt, in dem mehr als hunderttausend Menschen Platz haben. Ich war neu an der Fakultät und nicht gerade ein Sportfan. Trotzdem drängte ein Kollege mich und meinen Mann, das Eröffnungsspiel der Footballsaison – auch »Pigskin Classic« genannt – anzusehen: »Das macht man hier eben so.« Ohne besondere Erwartungen gingen wir also hin.

Das Spiel, Michigan Wolverines gegen Virginia Cavaliers, sollte in die Annalen eingehen. Obwohl Michigan noch über das erste Viertel des Spiels hinaus als Favorit galt, ließen die Cavaliers die Wolverines mit 0:17 weit hinter sich. Irgendwie brachten die Wolverines dann aber doch zwei Touchdowns zustande, sodass es bald 12:17 stand. Doch sie schafften es nicht, weitere Punkte zu machen und benötigten einen weiteren Touchdown, um das Spiel noch zu gewinnen – dafür blieben ihnen mittlerweile nur noch drei Minuten. Sie machten ein paar verzweifelte Versuche, die allesamt von der starken Defensive der Cavaliers vereitelt wurden – nur noch vier Spielsekunden! Michigans Quaterback Scott Dreisbach spielte Mercury Hayes einen langen Pass zu, offensichtlich die letzte Hoffnung, und fast alle Zuschauer verstummten, weil die Spannung so unerträglich war. Hayes rannte weit in die Endzone hinein und fing den Ball, während sein linker Fuß gerade so eben den Rasen berührte, bevor die Wucht der Bewegung ihn vom Spielfeld katapultierte. Touchdown! Das Stadion explodierte förmlich in Freudenschreie, Applaus und Umarmungen. Wirklich jeder Mann und jede Frau waren körperlich ein Teil dieses ungeheuren Ausbruchs. Ich hatte so etwas noch nie erlebt, und es hat sich auch seither nicht wiederholt. Mehr als einhunderttausend einander weitestgehend fremde Menschen brachen in die gleiche ausgelassene Euphorie aus (mal abgesehen von ein paar Cavaliers-Fans), die ich heute als Massen-Positivitätsresonanz bezeichnen würde.

Von diesem Tag an war ich eingefleischter Footballfan. Zum ersten Mal in meinem Leben las ich mit Begeisterung die Sportseiten der Zeitung, trug die Farben der Wolverines – Blau und Gelb – und war untröstlich, wenn ich ein Spiel verpasste. Dieses einzelne Spiel verankerte mich in meiner neuen Gemeinschaft.

Auch deutlich subtilere Formen von Verhaltenssynchronie können die Menschen verändern. Stellen Sie sich vor, dass Sie auf Ihrer Terrasse sitzen und beobachten, wie zwei Ihrer Nachbarinnen am Briefkasten stehen und sich miteinander unterhalten. Sie können zwar nicht hören, was die beiden sagen, aber ihre Gesten lassen keinen Zweifel daran, dass sie ein angeregtes Gespräch führen. Wenn die eine ungläubig die Augenbraue in die Höhe zieht, tut die andere es ihr gleich. Einige Augenblicke halten beide die Hand ans Gesicht, eine nach der anderen. Meine Doktorandin Tanya Vacharkulksemsuk codierte gewissenhaft Verhaltenssynchronie beim ersten Zusammentreffen zweier einander fremder Personen. Wir stellten fest, dass Menschen, die wie eine gut aufeinander abgestimmte Einheit agieren, später berichten, dass sie auf körperlicher Ebene das Gefühl einer engen Beziehung zueinander hatten – sie geben an, sich lebendig und verbunden gefühlt zu haben, während der Unterhaltung von einem gegenseitigen Gefühl der Wärme und des Vertrauens durchströmt worden zu sein.[123] Andere Studien pflichten diesem Ergebnis bei. In experimentellen Untersuchungen wurde Synchronie simuliert, indem man Menschen dazu brachte, gleichzeitig zu laufen, im Takt mit dem Fuß zu tippen, zu schaukeln, zu schunkeln oder sich zu wiegen. Die Folgen waren Sympathie[124], Kooperation[125] und Mitgefühl[126] und das Empfinden, gemeinsam einen Erfolg errungen zu haben.[127] Mittlerweile wissen Sie, dass diese Effekte auf Positivitätsresonanz hindeuten, also auf die Definition Ihres Körpers für Liebe. Die Ergebnisse unserer Untersuchungen, die ich Ihnen in Kapitel 3 vorgestellt habe, legen nahe, dass die Synchronie, die Sie zwischen Ihren beiden ins Gespräch vertieften Nachbarinnen wahrnehmen, tiefer geht als das, was Sie mit eigenen Augen sehen können. Wahrscheinlich spiegeln ihre synchronisierten Gesten die Synchronie in ihrem Gehirn und ihre Oxytocin-Ausschüttung wider und lösen sie gleichzeitig wieder aus.

Werden

Liebe löst im Laufe der Zeit Wellenbewegungen aus. Je häufiger Sie Positivitätsresonanz tagtäglich erleben, umso mehr beeinflusst sie das, was Sie werden.

»Wir« werden

Denken Sie an Ihre engsten Beziehungen – zu Ihrer besten Freundin oder Ihrem besten Freund –, an die Menschen, mit denen Sie sich so eng verbunden fühlen, dass Sie in normalen Unterhaltungen ohne weiteres Formulierungen wie »wir« und »uns« benutzen. Doch diese Begriffe passen nicht immer. Selbst Ihre engsten Beziehungen hatten einen Anfangspunkt, vor dem es kein »Uns« gab. Wahrscheinlich war Positivitätsresonanz zumindest in Teilen ein Anfangspunkt für jede wichtige Beziehung, die Sie heute haben. Besinnen Sie sich einen Augenblick lang auf diese Ursprünge. War das Gefühl, das Sie damals miteinander teilten, spielerisches Vergnügen oder ausgelassene Freude? Waren Sie gegenseitig voneinander fasziniert oder gebannt? Oder fanden Sie sich in einem friedlichen Augenblick der Heiterkeit oder der gemeinsamen Erleichterung? Vielleicht war es ja auch irgendein anderes Gericht aus der Speisekarte der Positivität. Sie erinnern sich möglicherweise weniger an das Gefühl als an den Tag, als Sie Ihre beste Freundin oder Ihren Ehemann kennen lernten und es »klick« machte. Aber die generationsübergreifenden Bande zu Ihren Eltern oder Ihren Kindern werden ebenfalls durch immer häufigere Mikromomente empfundener Sicherheit und Zuneigung geschmiedet, die auf unterschiedliche Weise kommuniziert werden, nämlich durch synchronisierte Blicke, Berührungen oder Äußerungen.[128] Nach und nach bereiteten derlei Mikromomente der Positivitätsresonanz den Weg für eine Beziehung, die Sie heute für selbstverständlich halten und die zu einem verlässlichen Quell des Trostes, der Unterstützung und der Kameradschaft in Ihrem Leben geworden sind.

In der oben beschriebenen Studie, die Tanya Vacharkulksemsuk mit mir durchführte, wurde klar, dass in der ersten Entstehungsphase von Beziehungen Menschen nicht nur ihre Emotionen, sondern auch ihre Bewegungen miteinander teilen. Spontan und unbewusst gestikulieren sie synchron, als vereintes Duo. Tatsächlich deuten diese nonverbalen Signale darauf hin, dass sich beide subjektiv als eins betrachten, sich verbunden fühlen und sogar auf körperlicher Ebene eine innige Beziehung haben.[129] Je stärker jene Positivitätsresonanz die Bewegungen zweier Menschen koordiniert, umso wahrscheinlicher wird eine Beziehung daraus entstehen. Folgen wir dieser Logik weiter, dann sind manche Aktivitäten beim ersten Zusammentreffen besser als andere. Tanzen oder Kanufahren (wenn beide ein Ruder bedienen können) sind dann eine bessere Voraussetzung, um zarte Bande zu knüpfen, als sich nur einen Film anzusehen oder miteinander essen zu gehen. Das Gleiche gilt, wenn wir ein Team zusammenschweißen wollen. Wir können Aktivitäten wählen, die das Eis brechen, können uns in die Natur zurückziehen oder ritualisierte Formen entwickeln, um gute Neuigkeiten oder Lob weiterzugeben. In jedem Fall aber sind es die Plattformen, die Sie für gemeinsame Bewegungen und positive Emotionen schaffen, die dazu führen, dass ein Team zusammenwächst.

Der Klebstoff, den Positivitätsresonanz bietet, vermag nicht nur Fremde zu Beginn einer neuen Beziehung zusammenzuschweißen. Er zementiert auch seit langem vorhandene Bande, macht sie noch sicherer und befriedigender.

Art und Elaine, ein verheiratetes Paar, das in Long Island, New York, lebte, erfuhr das auf überraschende Art und Weise. Eines Tages entdeckten sie ein Poster in der Stadt, auf dem Paare aufgerufen wurden, an einer Studie über die »Faktoren, die Beziehungen beeinflussen« teilzunehmen. Eher Neugier als die versprochenen dreißig Dollar veranlasste die beiden, sich dort anzumelden. Noch neugieriger wurden sie, als die Person am Telefon sie fragte, ob sie an Krankheiten litten, die sie daran hinderten, an sportlichen Aktivitäten teilzunehmen. Und ihre Neugier steigerte sich noch mehr, als sie die Leiterin des Forschungsteams in einem speziellen Labor auf dem Campus kennen lernten.

Dieses Labor sah aus wie eine Turnhalle. Eine große, etwa neun Quadratmeter große Turnmatte lag auf dem Boden. In der Mitte der Matte war eine weitere, dicke Matte als Barrikade zusammengerollt worden, die etwa einen Meter hoch war. Die Wissenschaftlerin bat Art und Elaine zunächst, im Rahmen der Studie einige Fragebögen auszufüllen und über ein paar Themen zu diskutieren, wie zum Beispiel über ihren nächsten Urlaub oder die nächste Renovierungsmaßnahme an ihrem Haus. Die Gespräche filmte sie, um sie später zu analysieren. Diese Aufgabe war einigermaßen einfach und kam für Art und Elaine auch nicht unerwartet – schließlich nahmen sie an einer Beziehungsstudie teil. Doch sie waren verblüfft, als die Leiterin ihnen die nächste Aufgabe stellte. Tatsächlich verwandelte sich ihre Neugier im Hinblick auf die Raumgestaltung in Verwunderung, als ihre Hand- und Fußgelenke mit Klettbändern aneinandergebunden wurden – gemeinsam brachen sie in ungläubiges Kichern aus. Ihre Aufgabe bestand nun darin, auf den Händen und Knien so schnell wie möglich vom einen Ende der Matte bis zum anderen zu krabbeln und wieder zurück. Dabei sollten sie jedes Mal die Barrikade überqueren und zusätzlich ein zylinderförmiges Kissen transportieren, das nicht den Boden berühren durfte, allerdings ohne ihre Hände, Arme oder Zähne zu benutzen. Wenn sie diese absurde Aufgabe in weniger als einer Minute bewältigten, würden sie eine Tüte Süßigkeiten gewinnen. Die Wissenschaftlerin behauptete, dass nur wenige Paare vor ihnen das geschafft hätten.

Art und Elaine brauchten nicht lange, um zu entdecken, dass sie das Kissen nur festhalten konnten, indem sie es zwischen ihre Oberkörper klemmten, was das gefesselte Krabbeln umso schwieriger machte. Die ganze Sache war ein Mordsspaß. Sie fielen mehrmals um, lachten hemmungslos. Beim dritten Versuch schafften sie es, ihre Gliedmaßen zu synchronisieren. Sie besiegten die Uhr und gewannen den Preis – lächelten breit und umarmten sich vor Freude (endlich wieder ohne Fesseln)!

Es stellte sich heraus, dass andere Paare, die an dieser Studie teilnahmen, nicht halb so viel Spaß hatten wie Elaine und Art. Per Zufallsprinzip bekamen einige Paare die gleiche alberne Krabbelaufgabe wie sie, während anderen Paaren eine erheblich einfachere und langsamere Aufgabe gestellt wurde. Sie wurden nicht durch Klettverschlüsse gefesselt, sondern mussten abwechselnd sehr langsam über die Matte krabbeln und einen Ball vor sich herrollen. Ihr Schneckentempo wurde durch ein Metronom vorgegeben. Die Forscher verfolgten die Hypothese – die sie in diesem und in anderen Experimenten verifizierten –, dass die Paare, denen randomisiert die Spaßaufgabe zugewiesen wurde, bei der sowohl Berührung als auch Verhaltenssynchronie erforderlich waren, hinterher mehr Liebe für einander empfanden. Diese Paare berichteten in den Folgebefragungen dann auch tatsächlich, dass ihre Beziehung und die gegenseitige Akzeptanz sich verbessert hatten, und führten die darauffolgenden Diskussionen mit weniger feindseligem Verhalten. Dadurch, dass sie sich auf dieses kindische Spiel gemeinsam einließen, vertieften sich ihre liebevollen Gefühle, stärkten sich ihre Bande, und das sogar bei langfristigen intimen Beziehungen.

Experimente wie diese erklären meine Beobachtung aus Kapitel 2, dass Paare, die sich regelmäßig Zeit nehmen, neue und aufregende (oder sogar alberne) Dinge zusammen zu tun, eine bessere Ehe führen.[130]

Manchmal kann der Impuls, um eine positive Emotion mit einem geliebten Menschen zu teilen, durch eine äußere Aktivität kommen, beispielsweise durch eine Reise oder auch durch die alberne Aufgabe, die Art und Elaine im Rahmen der Laborstudie erfüllen mussten. Viel häufiger jedoch gibt es vielleicht gar keinen gemeinsam erlebten äußeren Auslöser. Stattdessen bringt einer von beiden den Ball ins Rollen, indem er die eigenen positiven Gefühle dem Partner mitteilt.[131] Nehmen wir an, Ihr Partner oder Ihre Partnerin kommt nach einem langen Tag im Büro mit guten Neuigkeiten nach Hause. Er oder sie berichtet Ihnen von einem Durchbruch im Job oder von irgendeiner Anerkennung, die er oder sie für eine aktuelle Leistung erhalten hat. Durch die trüben Linsen der Selbstbezogenheit können Sie derlei Nachrichten einfach nur als Erklärung für die gute Stimmung Ihres Partners werten. Wer zynisch ist, fasst das Ganze sogar als Angeberei auf. Doch aus dem Blickwinkel innerer Verbundenheit werden Sie die Neuigkeiten des anderen als Gelegenheit zur Positivitätsresonanz betrachten, als Chance, Liebe zu schüren und von ihr zu profitieren.

Ob sich ein Gefühl der Liebe entwickelt – so haben entsprechende Paarstudien ergeben –, hängt in hohem Maße davon ab, wie Sie auf den positiven Ausdruck Ihres Partners reagieren. Neigen Sie sich ihm entgegen? Oder weichen Sie zurück? Reagieren Sie auf ähnliche Weise und bringen dem anderen Ihre eigenen, aufrichtigen positiven Emotionen entgegen? Oder zucken Sie nur die Achseln, tun die Neuigkeiten als irrelevant ab oder deuten auf die mögliche Kehrseite der Medaille hin? Forscher, die die gegenseitige Empfänglichkeit von Paaren in ähnlichen Situationen sorgfältig kodiert haben, stellten fest, dass Paare, die vom Glück des jeweils anderen profitieren, indem sie auf die guten Nachrichten des Gegenübers mit ihrem eigenen Enthusiasmus und äußerer Ermutigung reagieren, bessere Beziehungen haben. Sie genießen mehr Vertrautheit, Engagement und Leidenschaft und erleben ihre Beziehung insgesamt als befriedigender.

Mit anderen Worten: Wenn die guten Neuigkeiten des einen Partners und seine Begeisterung den anderen anstecken und so auch zu dessen guten Neuigkeiten und Begeisterung werden, dann entsteht ein Mikromoment der Positivitätsresonanz. Studien zeigen, dass diese Augenblicke der hin- und herschwingenden Positivitätsresonanz nicht nur an und für sich befriedigend sind und die Stimmung beider Beteiligten beträchtlich heben, sondern dass sie die Beziehung auch weiter stärken und sie inniger, engagierter und leidenschaftlicher denn je machen.[132] Bringt also Ihr Partner Positivität zum Ausdruck, so kann man das aus diesem Blickwinkel als Bitte um Verbundenheit und Liebe betrachten. Wenn Sie auf diese Bitte reagieren, dann profitieren Sie beide von der daraus entstehenden Positivitätsresonanz.

Es gibt also zwei Möglichkeiten, um Ihre eigenen Beziehungen zu stärken: Zum einen können Sie Ihre guten Neuigkeiten mit nach Hause bringen und mit Ihrem Partner teilen; zum anderen können Sie die guten Nachrichten Ihres Partners feiern. Egal wer anfängt, der Schlüssel besteht darin, eine Verbundenheit herzustellen, um eine gemeinsame Erfahrung zu schaffen, eine, die es der Positivität gestattet, zwischen Ihnen eine Zeit lang hin- und herzuschwingen, sodass Sie vorübergehend Ihre Gesten und Ihren Biorhythmus synchronisieren und das warme Leuchten gegenseitiger Fürsorge erschaffen. Augenblicke der Freude über das Glück des anderen miteinander zu teilen oder zu feiern ist bestimmt nicht der einzige Weg, um die Mikromomente der Liebe zu fördern, die Beziehungen stärken. Jegliche andere positive Emotion, die man miteinander teilt, leistet das Gleiche.

In Zusammenarbeit mit meiner Kollegin Sara Algoe beispielsweise erforschte ich, wie Freundlichkeit und Wertschätzung bei Paaren hin- und herfließen und zärtliche Augenblicke der Positivitätsresonanz schaffen, die Vertrautheit und das Wachstum der Beziehung fördern. Wir untersuchten insbesondere, wie Menschen normalerweise ihren Partnern gegenüber ihre Wertschätzung äußern. Wir stellten fest, dass einige Menschen besser »Danke« sagen können als andere. Echte Gefühle der Wertschätzung und Dankbarkeit entstehen, wenn Sie erkennen, dass jemand anders große Mühen auf sich genommen hat, um etwas Nettes für Sie zu tun. Anders formuliert: Dankbarkeit erfordert eine *Wohltat* sowie einen *Wohltäter*, also den freundlichen Menschen, der dahinter steht. Viele Menschen betonen ihre Wertschätzung, indem sie die Vergünstigung hervorheben – das Geschenk, den Gefallen, die gute Tat. Wir entdeckten jedoch, dass im Gegensatz dazu das beste »Dankeschön« darin besteht, die Wohltat als Sprungbrett dazu zu nutzen, die positiven Eigenschaften des Wohltäters hervorzuheben. Die Wertschätzung, die Sie Ihrem Partner für seine Freundlichkeit entgegenbringen, kann im besten Fall selbst wiederum zur freundlichen Geste werden, die dem anderen signalisiert, dass Sie in seiner Handlungsweise seine guten Eigenschaften wahrnehmen und anerkennen.

Im Vergleich zu Äußerungen, die sich lediglich auf die betreffende Wohltat beziehen, geben jene, die sich auf den Wohltäter konzentrieren, dem Adressaten das Gefühl, verstanden zu werden, von Interesse zu sein, bestätigt zu werden. Und dieses gute Gefühl – das Empfinden, dass der Partner einen wirklich versteht und dass man ihm am Herzen liegt – hat zur Folge, dass die Menschen sich in der eigenen Haut wohlfühlen und auch die Beziehung besser bewerten. Innerhalb von sechs Monaten kann eine Beziehung auf diese Weise stabiler und befriedigender werden.[133]

Beim Danken geht es also nicht nur um Höflichkeit, sondern in erster Linie darum, liebevoll mit dem anderen umzugehen und das, was beide als »Wir« bezeichnen, zu stärken.

Resilient werden

Wie gehen Sie mit Stress und Anspannung um? Haben Sie manchmal das Gefühl, dass die Widrigkeiten des Lebens Sie in die Knie zwingen? Dass Sie harte Zeiten kaum überstehen? Neigen Sie dazu, sich nach einem emotionalen Orkan in negativen Gedanken zu suhlen, oder versuchen Sie mit letzter Kraft, die Stücke Ihres früheren Selbst aufzulesen? Vielleicht versuchen Sie ja auch aufgrund von schlechten Erfahrungen in der Vergangenheit, sich gegen jegliche emotionalen Krisen zu wappnen, indem Sie den Verteidigungswall, den Sie um sich herum errichtet haben, weiter ausbauen. Vielleicht finden Sie die Aussicht, am Boden zerstört zu sein, so unerträglich, dass Sie alles nur Erdenkliche unternehmen, um sich mit einem Schutzpanzer zu umgeben.

Im Großen und Ganzen ist diese Rüstung undurchdringlich. Sie schützt Sie vor den normalen emotionalen Tiefschlägen und verhindert, dass Sie sich dem Selbstmitleid oder negativen Gedanken hingeben. Doch diese Art des Selbstschutzes hat ihren Preis. Er hält Sie auch von den besonders guten Erfahrungen im Leben fern. Sicherlich können und werden Sie in ihrer geschützten Höhle durchaus echte, positive Emotionen empfinden können, also Interesse, Stolz, Inspiration oder Frieden. Doch Ihre Fähigkeit, derlei gute Gefühle mit anderen zu teilen, ist eingeschränkt. Anders gesagt, indem Sie Ihre Gefühle solchermaßen schützen, betäuben Sie sich selbst und berauben sich der Möglichkeit, wahre Verbundenheit zu erleben. Wer aber keine Verbundenheit herstellen kann, der verhindert, dass sein Körper Gelegenheiten zur

Positivitätsresonanz erkennt und schafft. Diese aber sind lebensspendend und gesundheitsfördernd.

Es gibt eindeutig mehr Möglichkeiten, auf emotionale Krisensituationen zu reagieren, als sich von ihnen überwältigen zu lassen oder ihnen gleichgültig gegenüberzustehen. Seit mehr als einem Jahrzehnt untersuchen meine Studenten und ich die psychologischen Gewohnheiten resilienter Menschen. Diese Personen beugen sich im emotionalen Sturm, ohne zu zerbrechen. Dann schwingen sie zurück und sind für den nächsten Sturm umso besser gewappnet.

Resiliente Menschen sind unseren Untersuchungen zufolge emotional beweglich. Sie wappnen sich nicht gegen Negativität, suhlen sich aber auch nicht darin. Stattdessen schauen sie Widrigkeiten klar ins Gesicht und sind hervorragend auf die Nuancen ständig wechselnder Umstände eingestellt. Dadurch können sie ihre Reaktionen der jeweiligen Situation anpassen, haben stets die passende emotionale Antwort parat, werden weder überwältigt noch reagieren sie unempfindlich. Wenn die Umstände es verlangen, können sie zu Tränen gerührt und sehr erschüttert sein. Sie wappnen sich nicht gegen derlei negative Gefühle. Doch sie identifizieren sich auch nicht damit. Ihre negativen Emotionen erheben sich vielmehr wie eine Welle, um dann wieder zu verebben. Starke Gefühle bewegen sie, sodass sie sich hinterher selbst weiterbewegen können.

Wodurch sind resiliente Menschen so beweglich? Warum sind manche Menschen regelrechte Stehaufmännchen? Wie bereits in meinem Buch *Die Macht der guten Gefühle* dargelegt, ist diese Flexibilität auf die regelmäßige Zufuhr positiver Gefühle zurückzuführen. Jede Erfahrung positiver Emotionen macht sie offener. Resiliente Menschen lernen, den größeren Kontext des Lebens immer besser zu registrieren und wertzuschätzen, wodurch sie wiederum auf die emotionalen Krisen mit einer weiteren Perspektive, größerer Flexibilität und mehr Anmut reagieren können. Unsere Daten deuten darauf hin, dass das Leben für Menschen, die mehr positive Emotionen erfahren als andere, stetig besser wird, und zwar nicht einfach nur, weil sich positive Emotionen gut anfühlen, sondern weil gute Gefühle die Widerstandskraft oder Resilienz fördern.[134] Wer das Rüstzeug besitzt, mit dem unvermeidlichen Auf und Ab des Lebens klarzukommen, dessen Leben ist befriedigender. Resiliente Menschen sind hoffnungsvoller, empfinden Herausforderungen eher aufregend als belastend, wissen ihre zahlreichen Segnungen zu schätzen. Unsere Laborexperimente zeigen, dass positive Emotionen die Auswirkungen, die negative Emotionen gleichermaßen auf Ihren Geist wie auf Ihren Körper haben, abbauen und sie unwirksam machen.[135] Wenn negative Emotionen Sie zu lange im Griff haben, dann sind Sie empfänglich für Krankheiten und riskieren sogar einen frühen Tod.

Die wissenschaftliche Auffassung von Resilienz hat sich im letzten Jahrzehnt gewandelt: Früher betrachteten Experten Resilienz angesichts von Widrigkeiten als seltene menschliche Eigenschaft; heute wissen wir, dass Resilienz im Kontext eines gut funktionierenden emotionalen Systems die Norm oder der Standard sein kann.[136] Wir wissen auch, dass das Ausmaß an Resilienz beim Einzelnen nicht in Stein gemeißelt oder in der DNA festgelegt ist. Sie kann durch Erfahrung und Training ausgebaut werden.[137] Wenn Sie also die Fähigkeiten erlernen, die ich Ihnen in Teil II dieses Buches genauer vorstellen werde, können Sie Ihre Dosis an täglicher Positivitätsresonanz erhöhen und werden gleichzeitig widerstandsfähiger und resilienter; Sie werden dann eher in der Lage sein, sich an das unweigerliche Auf und Ab des Lebens anzupassen.

Resiliente Menschen gehen diesen Weg nicht allein. Schon im Kindesalter sind sie besonders gut darin, durch ihre Art andere zum Lächeln oder Lachen zu bringen.[138] Auf diese oder andere Weise sind resiliente Kinder Meister darin, Positivitätsresonanz mit ihren Freunden und Betreuern zu schüren. Entwicklungspsychologen sind sich darüber einig, dass resiliente Kinder diese Fähigkeiten durch ihre Kindheitserfahrungen mit sensiblen Bezugspersonen entwickeln. Einige Eltern sind eben mehr als andere in der Lage, die stets veränderlichen emotionalen Zustände ihres Sprösslings zu spiegeln, zu interpretieren und sich ihnen anzupassen. Sie haben keine Schwierigkeiten, die Nöte ihres Kindes zu lindern und auf diese Weise Mikromomente der Positivitätsresonanz zu schaffen. Diese sensibleren und auf ihre Kinder bezogenen Eltern helfen ihrem Nachwuchs, Bewältigungsstrategien zu entwickeln, um sich selbst zu beruhigen, wodurch die Kinder im Laufe ihres Lebens immer selbstgenügsamer werden.[139] Resilienz hat ihren Ursprung also nicht nur in positiven Emotionen, sondern vor allem in der Positivitätsresonanz.

In der Mehrzahl der Fälle sieht man sich mit stressigen Situationen nicht allein konfrontiert, sondern gemeinsam mit anderen. Eine Scheidung belastet immerhin die ganze Familie; Erdbeben zerstören ganze Siedlungen; Kriege verändern ganze Nationen von Grund auf; und immer häufiger erleben wir, dass eine Wirtschaftskrise den ganzen Planeten erschüttern kann. Als resilienter Mensch wissen Sie einfach, wann Sie anpacken, zuhören oder dem anderen eine tröstende Schulter anbieten müssen, und Sie wissen auch, wann Sie diese und andere Quellen des Trostes und der Beständigkeit von anderen benötigen. Resilienz ist mithin nicht einfach nur eine Eigenschaft von Individuen. Sie ist auch eine Eigenschaft von sozialen Gruppen – von Familien, Gemeinschaften, Nationen, ja sogar der ganzen Welt. Wissenschaftler gehen davon aus, dass Menschen harte Zeiten nur dann gemeinsam und gut überstehen, wenn sie über eine Vielzahl persönlicher und kollektiver Ressourcen verfügen – zu deren Bildung Mikromomente der Positivitätsresonanz beitragen.[140] Soziale Resilienz wird umso wahrscheinlicher, wenn Sie und diejenigen, mit denen Sie Ihr Leben teilen – zu Hause, am Arbeitsplatz, in Ihrer Gemeinde oder Nation –, in der Lage und motiviert sind, miteinander Verbindungen einzugehen, die Perspektive des anderen einzunehmen, anderen mit Fürsorge und Respekt zu begegnen und zu erkennen, wenn das Gegenüber einem positive Beachtung schenkt. Derlei emotionale Beweglichkeit und flüssige Kommunikation innerhalb von Gruppen ist natürlich nicht so einfach erreichbar. Um soziale Resilienz zu entwickeln, benötigt man Offenheit, Toleranz und Vertrauen. Wie leicht es ist, diese Eigenschaften im Keim zu ersticken, wird klar, wenn man an Politik denkt, an Klatsch oder an jede Art von Erbsenzählerei. Doch das Wissen, dass viele aufeinanderfolgende Augenblicke der Positivitätsresonanz sich gegenseitig stützen und diese notwendigen Ressourcen stärken, hilft Ihnen zu erkennen, dass soziale Resilienz auch eine Folge von Liebe ist.

Intensive Untersuchungen, was manche Ehen stabiler macht als andere, bekräftigen diese Theorie. John Gottman[141], der vielleicht der führende Experte auf dem Gebiet ehelicher Emotionen ist, sagt den Paaren, dass sie ihre gemeinsamen positiven Emotionen »aufsparen« können, damit sie schwere Zeiten später besser überstehen. Durch jahrzehntelange, gewissenhafte Forschung entdeckte Gottmann, dass Paare, die mehr positive als negative Emotionen miteinander erleben, Missverständnisse und Auseinandersetzungen besser überstehen. Sprechen sie beispielsweise über schwierige Themen, neigen sie dazu, den Kummer oder die Negativität des jeweils anderen nicht zu spiegeln. Stattdessen deeskalieren sie jeglichen (auch nur möglichen) Konflikt, indem sie der Negativität ihres Partners mit etwas ganz anderem entgegentreten. Häufig machen sie eine fürsorgliche, bestätigende oder fröhliche Bemerkung oder Geste, die Raum zum Nachdenken bietet. Anders formuliert: Paare mit einem reichen Schatz an Augenblicken der Positivitätsresonanz sind besser dafür gerüstet, die emotionalen Bomben zu entschärfen, die beide bedrohen.

Man kann Positivitätsresonanz also »aufsparen« und später davon zehren, denn gegenwärtige Erfahrungen von Liebe und anderen positiven Emotionen bilden Ressourcen: Die kleinen Investitionen, die Sie auf Ihr Positivitätskonto einzahlen, bleiben dort nicht einfach untätig liegen. Sie wachsen an, bringen Zinsen und erwirtschaften Dividenden in Form dauerhafter Ressourcen – zum Beispiel Werte, Überzeugungen und Fähigkeiten –, auf die Sie später zurückgreifen können, um alle möglichen sozialen Krisensituationen und Schwierigkeiten zu umschiffen. Eine liebevolle Ehe kann also auch dazu beitragen, dass Sie am Arbeitsplatz resilienter sind oder eine Krankheit besser überstehen. Mehr Augenblicke der Positivitätsresonanz in unseren Schulen oder in unserem Stadtteil beispielsweise können dazu beitragen, dass ganze Völker in schweren Zeiten widerstandsfähiger werden.

Resilienz ist heutzutage wichtiger denn je, und damit meine ich zum einen natürlich die persönliche Resilienz, zum anderen aber auch die kollektive Resilienz, die Sie in Ihrer Familie, Ihrer Gemeinde, Ihrem Land und auf der Welt pflegen. Egal wie resilient Sie heute sind, ein höheres Maß an Resilienz steht Ihnen jederzeit offen, und zwar weil echte positive Emotionen jederzeit für Sie verfügbar sind. Und wenn Sie sich über diese guten Gefühle mit anderen verbinden, schaffen Sie eine Positivitätsresonanz, die das metaphorische Bindegewebe zwischen Ihnen und Ihren Mitmenschen mit Energie erfüllt und stärkt. Liebe und Resilienz sind erneuerbare Energien.

Weise werden

Stellen Sie sich vor, Sie hätten alles Wissen und alle Erfahrung zur Verfügung, um zu erkennen, welche der zahlreichen Pfade vor Ihnen Sie nehmen müssen. Stellen Sie sich vor, wie es wäre, wenn Sie einfach wüssten, was das Richtige ist und wie Sie es bewerkstelligen könnten. Sie könnten sich selbst akzeptieren, sogar im

Lichte Ihrer Unzulänglichkeiten und Fehltritte. Sie könnten sich von Ihrer nagenden Selbstkritik, Ihren Sorgen und der Grübelei freimachen und die zusätzlichen mentalen Ressourcen nutzen, die dadurch erst freigesetzt werden. Sie wären in der Lage, Ihre Umgebung voll in sich aufzunehmen. Mühelos könnten Sie die tiefere Bedeutung Ihrer momentanen Umstände erfassen, ebenso wie die subtileren, scheinbar unwichtigen Details. Stellen Sie sich vor, wie es wäre, nicht darüber nachdenken zu müssen, wie man einen guten ersten Eindruck hinterlässt oder wie man seinen Beitrag innerhalb einer Gruppe leistet. Sie würden die große Bandbreite der Menschen in Ihrer Mitte verstehen – und könnten sie wahrhaft akzeptieren. Intuitiv würden Sie die jeweils einzigartige Perspektive Ihrer Mitmenschen erkennen, wissen, was sie wollen und brauchen und wie Sie am besten die Verbindung mit ihnen herstellen. Stellen Sie sich vor, wie es wäre, wenn Sie sich mühelos durch unwirtliches Gelände bewegen könnten – auch durch komplizierte Verstrickungen, die von Leid, Unsicherheit oder beidem gekennzeichnet sind –, wenn Sie instinktiv wüssten, wie Sie vorankommen können, während Sie Herzen beruhigen und Ängste besänftigen, Ihre eigenen und die Ihrer Begleiter.

Menschen, die diesem Ideal nahekommen, bezeichnen wir als weise. Das, was sie haben, bezeichnen Wissenschaftler als »Kompetenz in der fundamentalen Pragmatik des Lebens«.[142] Umsichtig lernen sie aus vergangenen Erfahrungen und Werten und entwerfen daraus in fast jeder Situation praktische und vernünftige Handlungsmuster für sich und andere. Sie erfassen nicht nur die menschliche Lebenssituation und die Bedeutung des Lebens im Allgemeinen, sondern setzen diese erhabenen philosophischen Einsichten in bodenständige Pläne und Ratschläge um. Weise Menschen sind entsprechenden Studien zufolge besonders scharfsichtig, denn sie scheinen einen ganzheitlichen Blick auf die Welt zu haben und integrieren scheinbar widersprüchliche Perspektiven miteinander, um im Alltag Balance und Wohlbefinden zu erreichen.

Ein breiteres Bewusstsein oder die Fähigkeit, »das große Ganze zu sehen« und »die Lücken miteinander zu verbinden«, kann man also als Kernelement der Weisheit betrachten. Die engmaschig kontrollierten Laborexperimente (auf die wir in diesem Kapitel zuvor schon eingegangen sind) enthüllen auf überzeugende Weise, dass Ihre Bewusstseinsbandbreite sich in dynamischen Bewegungen im Laufe der Zeit verwandelt, und zwar in Abhängigkeit von Ihrem momentanen emotionalen Zustand. Wenn Sie negative Emotionen empfinden, verengt sich Ihr Bewusstsein, im positiven Gefühlszustand erweitert es sich. Wenn Sie sich gut fühlen, sind Sie also am besten darauf vorbereitet, die Welt ganzheitlich zu betrachten und kreative und praktische Lösungen für die Probleme zu entwickeln, mit denen Sie und andere sich konfrontiert sehen.

Ihre Weisheit unterliegt also ebenso sehr Ebbe und Flut wie Ihre Gefühle. Sehen wir den Tatsachen ins Auge: Manchmal sind Sie einfach nicht in der Lage, alles Wissen und sämtliche Erfahrungen, die Sie im Laufe der Jahre gesammelt haben, abzurufen und in Ihre Entscheidungen zu integrieren. Rufen Sie sich ins Gedächtnis, wann Sie Fehlentscheidungen getroffen haben. Es spricht vieles dafür, dass Sie sich damals in einer besonders anstrengenden Phase befanden – über die Maßen gestresst, überfordert, gequält, absolut allein oder anderweitig entfernt von den Gestaden Ihrer wichtigsten Wertvorstellungen. Positive Emotionen geben Ihnen die Möglichkeit, die Pforten Ihrer Wahrnehmung zu öffnen, und den dringend notwendigen Raum, um unterschiedliche Standpunkte zu erkennen und Ihre verschiedenen Handlungsmöglichkeiten abzuwägen.

Positivitätsresonanz gibt Ihnen Zugang zur Weisheit Ihrer vergangenen Erfahrungen und schärft Ihre intellektuellen Fähigkeiten. Infolge eines nur zehnminütigen Gesprächs mit einem anderen Menschen fällt ein anschließender IQ-Test in der Regel deutlich höher aus.[143] Sich mit Menschen zu unterhalten, die Ihnen am Herzen liegen, wird Sie im Hinblick auf die fundamentale Pragmatik des Lebens ebenfalls klüger machen. Nehmen wir einmal an, dass jemand Sie um Rat gebeten hat. Ein älterer Kollege vertraut Ihnen an, dass er die Ziele, die er sich einmal gesetzt hat, nicht erreicht hat. Was würden Sie ihm raten? Wie soll er sich verhalten? Worüber soll er nachdenken? Ihr spontaner Ratschlag ist insgesamt vielleicht nicht der schlechteste, dennoch legen entsprechende Studien nahe, dass Sie erheblich pragmatischer und weitblickender urteilen, wenn Sie das entsprechende Dilemma zuerst ein paar Minuten lang mit jemandem besprochen haben, dessen Perspektive Ihnen wirklich am Herzen liegt, zum Beispiel mit Ihrem Ehepartner oder einem Mentor, und wenn Sie die Situation dann nochmals für sich überdenken.[144] Allgemeiner formuliert: Die Untersuchungen zeigen, dass Positivitätsresonanz die Fähigkeit zu einem kollektiven Brainstorming freisetzt.[145] Größere Probleme lassen sich also leichter lösen, wenn Sie mit anderen zusammenarbeiten und lachen, statt sich allein mit ihnen herumzuschlagen. Liebe, die man als Positivitätsresonanz definiert, erweitert für einen Augenblick Ihr Bewusstsein, was Ihren IQ erhöht und Ihnen Zugang zu Ihrer inneren Weisheit ermöglicht.

Über diese vorübergehenden Auswirkungen hinaus sorgt Positivitätsresonanz zusätzlich für einen dauerhaften, langfristigen Zugewinn an kognitiven Fähigkeiten und Weisheit. Je häufiger ältere Erwachsene eine Verbindung mit anderen herstellen, umso geringer ist ihr Risiko für geistigen Verfall oder eine Alzheimererkrankung.[146] Doch bei der Liebe geht es nicht darum, die altersbedingte Verschlechterung der kognitiven Fähigkeiten abzuwehren. Wissenschaftler haben eine klare Verbindung zwischen der Häufigkeit, mit der Menschen soziale Kontakte zu Freunden, Nachbarn und Verwandten haben, und der im Labor getesteten kognitiven Flexibilität festgestellt, und zwar sogar bei erheblich jüngeren Menschen zwischen zwanzig und vierzig. Ihre wiederholte Verbundenheit mit geliebten Menschen macht Sie unter anderem deshalb klüger, weil sie Ihnen innere Stimmen zur Verfügung stellt, an die Sie sich im Zweifel wenden können. Stellen Sie sich vor, Sie müssten eine äußerst schwierige Lebenskrise bewältigen, entweder Ihre eigene oder die einer engen Vertrauten. Sie sehnen sich danach, die Angelegenheit mit Ihrem Mentor, Ehepartner oder besten Freund durchzusprechen. Doch aus irgendeinem Grunde sind diese Menschen, die Ihnen am Herzen liegen, gerade nicht erreichbar – vielleicht sind sie auf Reisen, beschäftigt oder sogar verstorben. Die Forschung zeigt, dass allein schon die Vorstellung, sich mit ihnen zu unterhalten, genauso gut ist wie eine tatsächliche Konversation. Befragen Sie sie also im Geiste. Fragen Sie sie, welchen Rat sie Ihnen geben würden. Auf diese Weise hinterlässt ein Elternteil oder eine andere Person, die Ihnen am Herzen liegt oder lag, Ihnen eine innere Stimme, die Sie durch schwierige Zeiten leitet. Die Augenblicke in Ihrer Vergangenheit, in denen Sie Liebe und Verbundenheit erlebten, machen Sie dauerhaft klüger.

So enthalten die Schlusszeilen des Gedichtes »Biography« von John Masefield mehr als nur ein Körnchen Wahrheit. Hier denkt er darüber nach, dass die Historiker, die sein Leben dereinst nur auf »eine Liste aus Daten und Fakten« reduzieren werden, die wahre Bedeutung seines Daseins nicht werden verstehen können, da sie »die goldenen Augenblicke und hellen Tage« nicht kennen.

Best trust the happy moments. What they gave
Makes man less fearful of a certain grave,
And gives his work compassion and new eyes.
The days that make us happy make us wise.

Vertraue auf die glücklichen Augenblicke.
Was sie zu geben haben,
nimmt dem Menschen die Angst vor dem Grab
und verleiht seinem Werk Mitgefühl und einen neuen Blick.
Die Tage, die uns glücklich machen, machen uns weiser.

Die Liebe ist kein Allheilmittel. Genauso wenig, wie Sie durch den Genuss eines einzigen Brokkoliröschens im Jahr gesünder werden, können Sie erwarten, dass ein einziger, isolierter Mikromoment der Positivitätsresonanz Sie psychisch gesünder macht. Doch eine ausgewogene Ernährung aus einer Vielzahl unterschiedlicher Obst- und Gemüsesorten trägt durchaus zu einer gesunden Lebensweise bei, und das Gleiche gilt für eine ausgewogene und stetige Zufuhr aus vielen unterschiedlichen liebevollen Augenblicken.

Einer der augenfälligsten Nachweise, dass Liebe eine dauerhaft positive Auswirkung auf die physische Gesundheit hat, ergab sich aus einem Experiment, das ebenfalls in meinem PEP-Labor durchgeführt wurde. In dieser Studie wurden die Probanden per Zufallsprinzip ausgewählt, die entweder lernen sollten, wie man häufiger aus sich selbst heraus Liebe entwickelt – oder eben nicht. Die täglichen Berichte der Teilnehmer im Hinblick auf Liebe und soziale Verbundenheit fielen zwischen den beiden Gruppen sehr unterschiedlich aus; diese Unterschiede schlugen sich dann auch deutlich darin nieder, dass sich der Vagotonus im Ruhezustand bei denjenigen, die der »Liebes«-Gruppe zugewiesen worden waren, signifikant verbesserte. Doch nicht nur der Vagotonus war davon betroffen, wir konnten ebenso feststellen, dass sich auch die Herzfunktionen allgemein bei dieser Gruppe dauerhaft zum Positiven veränderten.

Ihr Vagotonus ist der Schlüsselindikator für die Gesundheit Ihres parasympathischen Nervensystems. Er sorgt dafür, dass Ihr Puls sich beruhigt, sodass Sie nach einer beängstigenden Situation wieder Ruhe finden oder aus einer notwendigen Pause neue Kraft schöpfen können. Herzerkrankungen sind bei weitem die häufigste Todesursache in der westlichen Welt. Deshalb kann ein Arzt, der Ihren Vagotonus kennt, mit einiger Genauigkeit voraussagen, wie wahrscheinlich Herzversagen bei Ihnen ist und wie hoch Ihre

Überlebenschancen sind.[147] Ihr Vagotonus spiegelt zudem die Stärke Ihres Immunsystems wider, wobei insbesondere chronische Entzündungszustände[148] im Vordergrund stehen, die bekanntermaßen ein hoher Risikofaktor nicht nur für Schlaganfälle, sondern auch für Arthritis, Diabetes und sogar einige Krebsarten sind. Unser Experiment legt also nahe, dass Sie Ihr Risiko, an ein paar der schlimmsten Leiden zu erkranken, die wir alle fürchten, dadurch reduzieren können, wenn Sie lernen, häufiger zu lieben.

Im Augenblick beschäftigt sich mein PEP-Labor damit, mehr über die biologischen Pfade zu erfahren, die für die gesundheitlichen Vorteile liebevoller Verbundenheit verantwortlich sind. Wir erforschen, welche Auswirkungen Liebe auf Ihre Körperzellen hat. Dazu nehmen wir unseren freiwilligen Probanden nun regelmäßig Blut ab und überprüfen – in Zusammenarbeit mit Steven Cole, einem führenden Experten auf dem Gebiet der Genomforschung an der University of California, Los Angeles (UCLA) –, wie regelmäßige »Liebesübungen« sich auf die DNA auswirken. Ältere Studien konnten nachweisen, dass chronische Einsamkeit – also eine dauerhafte Sehnsucht nach mehr Positivitätsresonanz – sich genschädigend auswirkt. Das gilt insbesondere für die weißen Blutkörperchen, die im Immunsystem für die Bekämpfung von Entzündungsherden zuständig sind.[149] Wir versuchen nun, die Hypothese zu verifizieren, dass Personen, die lernen, ihre liebevolle Verbundenheit zu anderen zu steigern, die Genexpression in Ihren Zellen dergestalt verändern, dass sie widerstandsfähiger gegen Krankheiten werden.

Meine Kollegen und ich haben bereits zahlreiche Erkenntnisse darüber gesammelt, wie die alltäglichen Momente der Liebe sich im menschlichen Körper bemerkbar machen und in ihm weiterschwingen – und können guten Gewissens behaupten, dass die Erfahrungen positiver sozialer Verbundenheit gesundheitsfördernd wirken und zur Langlebigkeit beitragen, was auch durch zahllose andere Studien dokumentiert wird.[150] In ein paar kürzlich erfolgten Langzeitstudien konnte sogar nachgewiesen werden, dass das Fehlen positiver Resonanz tatsächlich gesundheitsschädlicher ist als das Rauchen von Zigaretten,[151] exzessiver Alkoholkonsum oder Fettleibigkeit. Und andersherum besagen die Untersuchungen, dass Menschen, die in ihren Beziehungen zu anderen häufiger Positivitätsresonanz erleben, nicht so oft erkältet sind,[152] einen niedrigeren Blutdruck haben[153] und seltener an Diabetes[154], Alzheimer[155] und einigen Krebsarten[156] erkranken oder Herzkreislauferkrankungen und Schlaganfälle erleiden[157]. Das Risiko für viele der häufigsten und schlimmsten Erkrankungen, die oft auch zum Tode führen, lässt sich also reduzieren, indem Sie der Liebe einen größeren Raum in Ihrem Leben geben.

Die weiteren Aussichten

Wir haben gesehen, dass die Liebe ihre Wellenbewegungen durch Zeit und Raum schickt. Studien zufolge erweitert sich Ihr Bewusstsein in einem Augenblick der Positivitätsresonanz automatisch, sodass Sie den Augenblick und die Menschen besser zu schätzen wissen, als es normalerweise der Fall wäre. Ebenfalls automatisch beginnt Ihr Körper, sich dem anderen zuzuneigen und den anderen zu bestätigen, sodass ein subtiler, synchroner Tanz beginnt, der Ihre Verbundenheit verstärkt. Im Laufe der Zeit verändern diese wirkmächtigen Augenblicke das, was Sie sind. Sie tragen zu einer Erweiterung Ihres sozialen Netzwerkes bei, stärken Ihre Resilienz, steigern Ihre Weisheit und sorgen für eine bessere physische Gesundheit.

Diese Wellen beeinflussen aber nicht nur Sie selbst. Sie betreffen auch die Menschen, mit denen Sie Ihre Augenblicke der Positivitätsresonanz teilen. Wenn Sie also Ihre Auffassung von Liebe aktualisieren und lernen, mehr Mikromomente der Positivitätsresonanz zu kultivieren, profitieren Sie nicht nur selbst, sondern tragen auch dazu bei, dass andere profitieren. Dieses gegenseitige

Geben und Nehmen, wie subtil und unmerklich es auch vonstattengehen mag, trägt zum Entstehen gesunder Gemeinschaften und Kulturen bei.

»Deshalb lässt sich aus dem, was wir leben, schließen, was wir sind«, hat Thomas Merton einmal gesagt. Mit diesem Buch möchte ich Ihnen die Augen öffnen, damit Sie die Weisheit in dieser Behauptung erkennen, und Ihnen die wissenschaftlichen Beweise liefern, die sie stützen. Um ein neuer, glücklicherer und gesünderer Mensch zu werden, brauchen Sie sich nur dazu entscheiden, die Macht der Liebe tagtäglich in Ihr Leben zu lassen. Sie verändern und verbessern sich spürbar und dauerhaft. Sie richten auch andere auf und helfen ihnen, ebenfalls anders und besser zu werden.

Ich hoffe, dass Sie die wissenschaftlichen Fakten, die ich Ihnen hier in Teil I dieses Buches vorgestellt habe, so weit verdaut haben, dass Sie jetzt den Wunsch verspüren, mehr Liebe und Positivitätsresonanz in Ihrem Alltag zu erleben. Sie wissen nun, wie tief die Liebe Sie durchdringt. Sie sind bereit zur Veränderung – und sei es auch nur in ganz kleinen Schritte –, durch die Sie mehr und bessere liebevolle Momente erleben. In Teil II gebe ich Ihnen die Anleitung dazu.

Teil II

IHR LEITFADEN ZUR LIEBE

Die Liebe liegt nicht einfach herum
wie ein Stein. Sie muss gemacht werden
wie Brot, immer wieder, immer neu.[158]

Ursula K. Le Guin

5

LIEBENDE GÜTE

Im zweiten Teil meines Buches möchte ich Sie nun einladen, sich auf persönlicher und praktischer Ebene nochmals mit dem Thema Liebe zu befassen. Wann, wo und mit wem empfinden Sie sie in Ihrem jetzigen Leben? Welche Gelegenheiten zur Liebe, die Sie bislang noch nicht genutzt haben, können Sie erkennen?

In diesem und jedem der folgenden Kapitel gehe ich auf spezifische Problematiken ein. Ich beschreibe eine Reihe von Aktivitäten, die Sie einsetzen können, um den Liebesradius in Ihrem eigenen Leben zu erweitern.

Meine Forschungen der vergangenen zehn Jahre haben die Vorzüge der Meditation mehr als deutlich gemacht, weshalb ich in jedem der vier nächsten Kapitel mindestens eine Meditationsübung vorstelle. Aber keine Sorge. Wenn Sie glauben, dass Meditation eigentlich nichts für Sie ist, dann habe ich jede Menge andere Alternativen für Sie, die Sie ausprobieren können. Ich bezeichne diese als »Übungen für Mikromomente«, denn sie beschreiben eine folgenreiche Verschiebung von Aufmerksamkeit und Achtsamkeit, die Sie innerhalb eines Mikromoments vornehmen können.

Sie müssen nicht jede Übung, die ich beschreibe, unbedingt mögen oder auch ausprobieren. Wahrscheinlich werden Sie das ohnehin nicht tun. Aber ich bitte Sie eindringlich: Seien Sie offen für Experimente. Nehmen Sie sich die Zeit, um zu erkennen, wie die Übungen Sie und Ihre Interaktion mit anderen beeinflussen. Wenn Sie merken, dass die eine oder andere Übung etwas in Ihnen auslöst, in Ihnen widerhallt, dann sollten Sie diese Übung in Ihren Alltag integrieren. Identifizieren Sie ein täglich wiederkehrendes Ereignis, das Ihnen quasi als Signal dient, um sich der von Ihnen ausgewählten Übung hinzugeben. Sagen Sie sich zum Beispiel: »Wenn ich von meinem Auto ins Büro gehe, dann übe ich die feierliche Liebe.« Zahllose Studien haben gezeigt, dass der Einsatz konkreter »Wenn-dann«-Pläne wie dieser den Erfolg bei der Selbstveränderung entscheidend beeinflussen kann.[159]

Seien Sie auf jeden Fall bereit, Veränderungen zu erkennen. Ihr Potenzial zur Liebe ist buchstäblich unbegrenzt. Ich sehe dafür mindestens zwei Gründe. Zum einen sind positive Emotionen allgegenwärtig. Trotz der fest im Menschen verankerten Gewohnheit, in seiner momentanen Lebenssituation ständig nach Gefahren und Negativem zu suchen, haben die meisten Menschen dennoch viel häufiger positive Emotionen.[160] Das ist auf die beruhigende Tatsache zurückzuführen, dass die meisten Augenblicke in der Tat von Fröhlichkeit geprägt sind. Genau in diesem Augenblick beispielsweise, während Sie diesen Satz lesen, nehme ich an, dass Sie recht gemütlich dasitzen und dass Ihnen niemand ein Leid antut. Was gibt es am gegenwärtigen Augenblick also auszusetzen? Entspannen Sie sich, und genießen Sie ihn. Blicken Sie sich um, und Sie werden über kurz oder lang erkennen, dass Sie das Verhältnis zwischen positiven und negativen Gefühlen sogar noch weiter beeinflussen können, indem Sie sich stärker emotional auf die Quellen der positiven Emotionen in Ihrer Mitte einlassen, egal, ob es nun das hochwillkommene Gefühl der Sicherheit ist, ein Schimmer der Schönheit oder eine kleine Geste der Freundlichkeit.[161]

Der zweite Grund, warum Ihr Potenzial zur Liebe fast schon grenzenlos ist, besteht darin, dass Ihre sozialen Interaktionen einfach überall und ständig stattfinden. Wie Bienen oder Ameisen sind wir Menschen ultrasoziale Wesen.[162] Ihr Leben ist in ständig wachsende soziale Netzwerke aus Beziehungen eingebettet, besteht aus Bindungen, aus großen Gemeinschaften. Zählen Sie nur einmal die Anzahl der Menschen, mit denen Sie im Laufe eines beliebigen Tages kurz sprechen oder sich treffen. Dazu gehören nicht nur Familienmitglieder und Freunde, sondern auch Kollegen und Vorgesetzte, Nachbarn und Bekannte, die Angestellten und Kunden eines jeden Geschäfts, das sie betreten, und so weiter. Die Liebe durchdringt und nährt all diese Verbindungen – sogar ganze Netzwerke von Menschen – genauso wie sie Ihren eigenen Körper und Geist durchdringt und nährt.

Im Zentrum der Liebe steht ein Gefühl – ein Gefühl, das sowohl physische als auch geistige Komponenten hat. Ihr ganzer Körper fühlt sich entspannt, mit einer Wärme und Offenheit in der Brust, als ob Ihr Herz sich öffnet, um ein anderes Wesen hereinzulassen oder zu umarmen. Dieses Gefühl weckt den Wunsch in Ihnen, näher heranzurücken, intensiver zuzuhören und zu beobachten. Geistig sehnen Sie dem anderen das Glück herbei. Sie wünschen Ihren Mitmenschen von ganzem Herzen nur Gutes. Sie möchten Ihnen auch zeigen, wie sehr sie Ihnen am Herzen liegen, möchten Ihnen mit Zärtlichkeit und Fürsorge begegnen. Diese Art der Liebe haben wir das ein ums andere Mal alle schon einmal erlebt. Das ist das warme und zärtliche Gefühl, das uns durchflutet, wenn wir unser Neugeborenes das erste Mal im Arm halten oder wenn wir eine liebe Freundin zum ersten Mal nach Monaten oder sogar Jahren der Trennung wiedersehen. Diese Zärtlichkeit und Fürsorge spüren wir auch, wenn wir ein kleines Kätzchen, einen Welpen oder ein anderes Jungtier sehen.[163] Denken Sie doch einmal daran zurück, als ein kleines Wesen dieser Art Ihnen ein verzücktes »Ooooh« entlockte. Dieses zärtliche Gefühl durchflutet Sie hauptsächlich dann, wenn Sie mit geliebten Menschen zusammen sind. Wissenschaftler von Darwin bis hin zu Ekman legen nahe, dass Zärtlichkeit wie diese auf familiäre Bande zurückzuführen ist. Doch ich hoffe, dass Ihnen mittlerweile klar geworden ist, dass Ihr Potenzial für Mikromomente der Liebe erheblich größer ist. Jedem Menschen, auch sich selbst, kann man mit Zärtlichkeit und Wärme begegnen, mit entspannter Offenheit und gutem Willen. Ziel dieses Kapitels, und in der Tat des gesamten zweiten Teils dieses Buches, ist es, Ihnen bestimmte Werkzeuge an die Hand zu geben, um den Kreis derer, mit denen Sie die Wärme und Zärtlichkeit der Liebe teilen, zu erweitern.

Ihre Vorbereitung

Wenn Sie sich nun daran machen, die in den folgenden Kapiteln vorgestellten Übungen durchzugehen, dann werden Sie feststellen, dass Sie diese am besten allein absolvieren. So können Sie in Ruhe meditieren, Ihre Aufmerksamkeit fokussieren und sich die Zeit zur Selbstreflexion nehmen. Sie fragen sich jetzt vielleicht, wie derlei Übungen funktionieren können, wenn Liebe doch nur in Verbindung mit anderen erfahren werden kann? Warum nicht gleich Maßnahmen ergreifen, die die Interaktion mit anderen verändern, wie sie anzulächeln, ihnen zuzunicken, sich ihnen häufiger zuzuneigen oder ihre Gesten zu spiegeln?

Dafür gibt es tatsächlich sogar zwei Gründe. Der erste hat mit Aufrichtigkeit zu tun, der zweite mit Zeit.

Seien Sie aufrichtig

Ich nehme an, auch Sie kennen Leute, die im Job angewiesen werden, die Kunden anzulächeln oder sich fröhlich zu verhalten. Sie (und ihre Vorgesetzten) haben sicher die besten Absichten, aber ihr Gesichtsausdruck und ihre Gesten wirken, wenn sie diesen Vorgaben folgen, eindeutig gezwungen oder aufgesetzt. Ihr Bauch sagt Ihnen, dass sie es nicht wirklich ernst meinen, dass Sie ihnen egal sind. Nur zu leicht reagiert man auf derlei Gesten mit Zynismus. Man fragt sich gleich, was das Gegenüber einem verkaufen will, reagiert misstrauisch und wachsam. Studien haben klare Unterschiede zwischen einem aufrichtigen, von Herzen kommenden Lächeln und sogenannten sozialen oder unaufrichtigen Lächeln herausgearbeitet, die die Angestellten überstreifen wie eine Uniform. Nicht nur, dass ein aufrichtiges Lächeln die gesamte Wangenmuskulatur aktiviert, sodass sich Fältchen um die Augen bilden oder vertiefen – die Augen lächeln also mit! –, sie zeichnen sich auch durch ein anderes Timing aus als das falsche Lächeln. Ein aufrichtiges Lächeln *entsteht* innerhalb einiger Sekunden und verschwindet auch erst nach und nach wieder. Ein falsches Lächeln hingegen blitzt schneller auf, und zwar in weniger als einer Sekunde, kann unter Umständen recht lange andauern und fällt dann ab wie eine Maske.[164] Grundsätzlich sind die meisten von uns nicht gut darin, ohne ein echtes positives Gefühl zu lächeln. Aber wir sind außergewöhnlich gut darin, ein unaufrichtiges Lächeln bei anderen zu entdecken, besonders (wie wir in Kapitel 2 bereits ausgeführt haben), wenn zusätzlicher Augenkontakt besteht.

Deshalb liegt ein Grund dafür, dass Sie liebesfördernde Übungen allein und nicht in sozialen Zusammenhängen durchführen sollten, darin, den vorhersehbaren Bumerangeffekt zu vermeiden, der sich daraus ergibt, wenn Sie Ihre nonverbalen Aktionen zu sehr kontrollieren. Um erfolgreich zu sein, müssen Sie aufrichtige, positive soziale Empfindungen von innen heraus kultivieren. Vielleicht kennen sie die Schauspieltechnik namens »Method Acting«. Anstatt einfach äußere emotionale Gesten der auf der Bühne darzustellenden Figur zu imitieren, arbeitet der »Method Actor« mit Erinnerungen. Er ruft sich ein emotionales Ereignis aus seinem eigenen Leben ins Gedächtnis, das ähnliche Gefühle ausgelöst hat wie die, die die Bühnenfigur gerade erleben soll, und vollzieht sie nach. Dadurch wirkt die Darstellung deutlich organischer und echter.

Das Motto meines Heimatstaates North Carolina lautet: *Esse quam videri!* oder auf Deutsch: »Sein und nicht Schein«. Dieser Anspruch stammt von Cicero, dem berühmten römischen Philosophen und Staatsmann, der im ersten Jahrhundert vor Christus lebte und wirkte. In seinem Werk *Laelius de amicitia,* in dem die Freundschaft erörtert wird, argumentierte Cicero, dass Freundschaft ohne Tugend unmöglich sei.[165] Die wahre Freundschaft sei, so Cicero, rar gesät, »denn es gibt nicht viele, die tugendhaft sind, dafür aber umso mehr, die tugendhaft sein wollen«[166]. Ciceros Definition von Freundschaft zeigt verblüffende Ähnlichkeiten zur Positivitätsresonanz. Für Cicero beinhaltet Freundschaft vollständige Empathie in allen Angelegenheiten, gepaart mit gutem Willen, Zuneigung und Güte. Diese Art von Herzen kommender Verbundenheit mit anderen ist nicht ohne Aufrichtigkeit möglich. Schmeichelei oder »falsche Aussagen (...), die absichtsvoll getan werden, um das Gegenüber zu befriedigen und ihm zu gefallen«[167], sind Cicero zufolge sogar von Natur aus schädlich. Die moderne Wissenschaft pflichtet ihm bei. Vorgetäuschte Positivitätsresonanz schafft eine toxische Unaufrichtigkeit, die sich wahrscheinlich sogar am schädlichsten auf die Person auswirkt, von der sie ausgeht. In meinem ersten Buch, *Die Macht der guten Gefühle,* können Sie nachlesen, dass diese Unaufrichtigkeit sogar Herzkreislauferkrankungen begünstigt. Deshalb sollten Sie Ihre Zeit und Ihre Energie lieber dem Ziel widmen, liebevoll zu *sein* anstatt liebevoll zu *scheinen.*

Der zweite Grund, warum ein Großteil dieser Übungen in Abgeschiedenheit beginnt, liegt darin, dass es Zeit braucht, um aufrichtige positive soziale Gefühle zu kultivieren. Oft gilt es zunächst das Dickicht der Egozentrik zu roden, bevor die zarten Triebe der Liebe gedeihen können. Dafür sind Einzelübungen unabdingbar. Zwar schaffen sie nicht direkt Positivitätsresonanz, bereiten Sie aber darauf vor. Durch diese Vorbereitung werden Ihr Geist, Ihr Herz, Ihre Augen und Ihre Ohren in einen Zustand versetzt, der es Ihnen ermöglicht, die Momente zu erkennen, in denen Positivitätsresonanz entsteht und wahre Verbundenheit möglich wird. Durch die Übungen werden Sie bereit, von Gelegenheiten zur Liebe zu profitieren, wenn Sie sich Ihnen bieten, statt sie gar nicht zu bemerken oder blind für sie zu sein. Nehmen Sie sich also Zeit, um Ihr Herz zu öffnen und Körper und Geist darauf vorzubereiten, mit anderen in die positive Interaktion zu treten. Oder wie Cicero es formulierte: »Solange man das offene Herz eines anderen nicht erkennt und sein eigenes nicht zeigt, kann man nichts bekommen, das des Vertrauens würdig wäre, nichts, dessen man sich sicher sein kann, nicht einmal die Tatsache, dass man liebt oder geliebt wird, denn man weiß nicht, was von beidem wirklich zutrifft.«[169]

Drei liebevolle Verbindungen

Das erste Werkzeug, mit dessen Hilfe wir mehr Augenblicke der Liebe erleben, entdeckten mein Team und ich rein zufällig. Es besteht darin, einfach nur am Ende eines Tages über die drei längsten sozialen Interaktionen nachzudenken und sich selbst zu fragen, wie verbunden und gleichgestimmt man sich mit den Menschen fühlte, mit denen man seine Zeit verbrachte. Dabei kann es sich um die Familie, um Freunde, Kollegen oder sogar ganz neue Bekanntschaften handeln, und es ist unerheblich, ob ein und dieselbe Person in mehr als einer Interaktion auftaucht. Allein indem Sie sich fragen, ob Ihre potenziellen Augenblicke der Positivitätsresonanz realisiert wurden, rufen Sie sich auf sanfte Weise Ihre stets präsente Fähigkeit zur Liebe ins Gedächtnis.

Vor ein paar Jahren integrierten meine Studenten und ich eine kurze abendliche Reflexionsphase dieser Art in eine unserer zahlreichen Langzeitstudien. Eigentlich hatte diese Übung aufzeigen sollen, welche Unterschiede zwischen den jeweiligen Gruppen im Erleben sozialer Bindungen herrschten. Wir erwarteten, dass die Gruppe von Probanden, die die Liebende-Güte-Meditation lernten, mehr tagtägliche positive Emotionen erleben würde als die Kontrollgruppe. Das war auch tatsächlich der Fall. Was wir aber nicht erwartet hatten, war, dass unsere Kontrollgruppe – die nur die täglichen Fragebögen ausfüllte, aber die Meditationstechnik nicht erlernte – ebenfalls im Laufe der Zeit mehr soziale Bindungen und positive Emotionen entwickelte. Das war ein Novum. Über mehrere Langzeitstudien hinweg, in deren Rahmen wir die Probanden gebeten hatten, täglich ihre positiven Emotionen festzuhalten, hatten wir niemals Verbesserungen registriert, die nur auf die regelmäßige Reflexion ihrer Gefühle zurückzuführen waren.[170] Aber in dieser Studie war genau das der Fall. Der einzige Unterschied bestand darin, dass wir die Fragen über soziale Verbindungen hinzugefügt hatten. Dadurch entstand auch für unsere Kontrollgruppe eine Aufwärtsspirale.

Das Gefühl, bessere Sozialbindungen zu haben, hatte in unserer Studie auch physische Veränderungen zufolge, die sich in einer Steigerung ihres Vagotonus bemerkbar machten.[171] Wäre dieser Effekt nicht so augenfällig gewesen, hätten wir die Ergebnisse vielleicht als Wunschdenken abgetan oder wären vielleicht davon ausgegangen, dass unsere Probanden Wind von unseren Interessen bekommen hätten und uns somit in ihren täglichen Berichten nur das erzählten, was wir hören wollten. Doch die Tatsache, dass die Reflektion über soziale Verbindungen sogar auf körperlicher Ebene sichtbar wurde und den Herzrhythmus dauerhaft beeinflusste, ließ uns näher hinschauen.

Diese überraschende Erkenntnis inspirierte einen wesentlichen Teil der Dissertation meiner Studentin Bethany Kok.

Um eindeutige Daten darüber zu erhalten, ob die kurze Überlegung, wie verbunden und gleichgestimmt Menschen sich fühlen, wenn sie mit anderen interagieren, wichtige emotionale und biologische Veränderungen bewirkt, bat Bethany zwei randomisierte Gruppen aus berufstätigen Erwachsenen, entweder täglich über ihre Sozialbeziehungen nachzudenken oder über diejenigen drei Aufgaben zu reflektieren, mit denen sie einen Großteil des Tages verbracht hatten. Beide Gruppen sollten bewerten, wie »nützlich« und »wichtig« diese Begegnungen beziehungsweise Aufgaben für sie waren.[172] Am Ende der Studie sahen wir unsere Hypothese bestätigt: Die Teilnehmer der Gruppe, die sich täglich Gedanken über ihre Sozialbeziehungen machte, wiesen eine deutliche Verbesserung der täglichen positiven Emotionen und des Vagotonus auf.

In dieser einfachen gedanklichen Übung steckt also eindeutig Potenzial. Bethany und ich vermuten, dass der tatsächliche Wirkstoff nicht nur in der Reflektion am Ende des Tages besteht, sondern erheblich tiefer geht. Wir nehmen an, dass die tägliche Frage ein subtiles Signal für die Probanden darstellte, dass jede soziale Interaktion eine Gelegenheit für mehr darstellt als nur für den Austausch von Neuigkeiten oder Informationen. Wer das im Hinterkopf hat, versucht vielleicht bei jeder Interaktion präsenter zu sein und von Herzen kommende Verbundenheit zu schaffen, statt sich diese entgehen zu lassen. Diese Spekulation sollte unbedingt verifiziert werden, denn es ist ebenso möglich, dass die Menschen ihr Verhalten überhaupt nicht verändern, sondern einfach nur sensibler für die positiven Verbindungen werden, die bereits für sie existieren, dass sie sie stärker bemerken und ihnen mehr Bedeutung zumessen.

Ich möchte Sie ermutigen, diese Übung selbst auszuprobieren. Eine kleine Veränderung Ihrer Aufmerksamkeit wie diese kann womöglich zu großen Veränderungen in Ihrer Gesamtgesundheit und Ihrem Wohlbefinden führen.

Übung für Mikromomente

SOZIALE VERBINDUNGEN REFLEKTIEREN

Lassen Sie ein paar Wochen lang allabendlich Ihren ganzen Tag Revue passieren und rufen Sie sich die drei längsten sozialen Interaktionen ins Gedächtnis. Danach fragen Sie sich, wie zutreffend folgende Aussagen insgesamt an diesem Tag für Sie waren:

Während der betreffenden sozialen Interaktionen fühlte ich mich gleichgestimmt mit meinem Gegenüber.

1	2	3	4	5	6	7

Während der betreffenden sozialen Interaktionen fühlte ich mich dem/den Menschen nahe.

1	2	3	4	5	6	7

Bewerten Sie diese beiden Aussagen auf einer Skala von 1 bis 7, wobei 1 = *überhaupt nicht zutreffend* und 7 = *absolut zutreffend* bedeutet. Sie können Ihre Antworten aufschreiben, wo Sie wollen, zum Beispiel in einem Notizbuch oder in einem Excel-Sheet am Computer. Wenn Sie diese Übung täglich wiederholen, können Sie sehen, ob Ihr positiver Quotient sich im Einklang zu Ihrer größeren Sensibilität für soziale Beziehungen steigert.

Donnas Geschichte

Vor nicht allzu langer Zeit berichtete ich meiner Freundin Donna[173] von unseren vorläufigen Ergebnissen zur Auswirkung bloßer Reflexion über soziale Verbindungen. Donna hatte zu diesem Zeitpunkt ein paar schwere Rückschläge und Enttäuschungen im

Job einstecken müssen, und eine gute Freundschaft am Arbeitsplatz war in die Brüche gegangen. Da sie alleinstehend war, fühlte sie sich auch auf emotionaler Ebene isoliert. Ihre Stresswerte waren also stets erhöht, weshalb sie unter Schlaflosigkeit litt, sich antriebslos fühlte und ihr nur wenig Selbstvertrauen geblieben war. Sie war am Tiefpunkt angelangt, obwohl sie doch jede Menge Kraft gebraucht hätte, um ihren Arbeitsalltag meistern zu können. Daher probierte sie schon seit Jahren neue Mittel und Wege aus, um ihr Wohlbefinden zu verbessern. Bei einem gemeinsamen Frühstück schilderte ich ihr die Erkenntnis, über die Bethany und ich zufällig gestolpert waren und die wir für eine Instantversion unserer Liebende-Güte-Übung hielten: eine kondensierte, minutenlange Gedankenübung, die durchaus zu vergleichbaren Ergebnissen führen konnte.

Donna hatte schon verschiedene andere Methoden der positiven Psychologie ausprobiert und war sofort neugierig. Sie stellte mir eine Reihe von Fragen zu dieser Technik. Ich erklärte ihr, dass die Aufgabe außerordentlich einfach war – die Probanden hatten lediglich die beiden bewussten Fragen über ihre drei längsten sozialen Interaktionen an dem betreffenden Tag beantworten müssen. Donna lauschte mir voller Interesse und fragte sich, inwieweit es ihr eigenes Leben verändern konnte, wenn sie die drei längsten täglichen Interaktionen eher als Bereicherung ihres Lebens und nicht als Belastung empfände, als Quell der Stärke und nicht als Quell der Enttäuschung. Sie machte sich unsere zufällige Erkenntnis zu eigen und formte daraus ihre eigene, persönliche Übung zur Förderung von Wohlbefinden. Sie setzte sich selbst das neue Ziel, täglich mindestens drei Interaktionen zu finden, die von Positivitätsresonanz erfüllt waren. Zwar konnte sie Unsicherheiten und Rückschläge in ihrem Alltag nicht verhindern, aber es lag durchaus in ihrer Macht, täglich mehr liebevolle Verbindungen zu schaffen und zu pflegen.

Da Donna allein lebte, war ihr neues Ziel nicht so einfach zu erreichen. Aber sie blieb am Ball, da sie von Anfang an eine positive

Veränderung an sich wahrnahm, die sie motivierte. Sie hatte die Übung[174] aus der positiven Psychologie, bei der am Ende des Tages über »drei gute Dinge« reflektiert wird und man sich fragt, warum sie sich zutrugen, niemals durchgehalten. Aber ihre Übung zu den »drei liebevollen Verbindungen« hielt sie durch. Wenige Wochen später schrieb sie mir, dass diese Übung eine riesige Veränderung in ihrem Leben bewirkt habe. Sie stellte fest, dass Liebe Zuversicht und Stärke hervorbringt. Je liebevoller ihre sozialen Interaktionen waren, umso besser war sie auf die Schwierigkeiten am Arbeitsplatz vorbereitet.

Donna beobachtete, dass ihre selbst geschaffene Übung zwei Dinge für sie leistete. Zunächst einmal hielt sie jetzt bewusst nach Menschen Ausschau, mit denen sie gern zusammen war und zu denen sie ihre Beziehung vertiefen wollte. Sie berichtete mir beispielsweise, dass sie nach einem besonders stressigen Tag jetzt häufig ihre Nichte anruft, die nicht viel älter als zwanzig ist, einfach um zu hören, was sie so vorhat, und mit ihr ein wenig zu lachen. Ihre Telefonate wurden immer häufiger und demzufolge die Beziehung inniger und stärker. Andere Familienmitglieder und Freunde standen ihr ebenfalls plötzlich näher, woraus sie eine Menge Kraft ziehen konnte. Die zweite Wirkung ihrer Übung bestand darin, dass sie nun nach Möglichkeiten suchte, um die Beziehungen in ihrem Leben zu verbessern. Ihre positiven und starken Beziehungen zu Familie und Freunden waren nun die neue Norm in ihrem Leben, und sie bemühte sich, selbst die schwierigen Beziehungen zu verbessern. Und sie hatte nun eine starke Grundlage aus liebevollen Beziehungen, die sie bei ihren Bemühungen unterstützte.

Fast ein Jahr später aß ich mit Donna zu Mittag. Ich fragte sie, wie es ihr ginge, und sie antwortete: »Großartig!« Ihr Verhalten bestätigte das. Sie kam mir deutlich entspannter und fröhlicher vor als bei jenem Frühstück, als ich ihr zum ersten Mal von der glücklichen Entdeckung in meinem Labor berichtet hatte. Später erfuhr ich, dass sie auch jetzt noch Rückschläge und Enttäuschungen erlebte. Als ich ihrem Bericht lauschte, fand ich, dass sie es sogar noch schwerer hatte als zuvor. Der Unterschied bestand ihren Angaben zufolge nur darin, dass sie nun in der Lage war, diese wiederkehrenden Quellen der Negativität einfach vorüberziehen zu lassen. Sie gingen ihr nicht mehr unter die Haut. Indem sie sich entschlossen darauf konzentrierte, die drei liebevollen Verbindungen täglich zu kultivieren, hatte sie ihren Geist geöffnet und ihr Herz großzügig geweitet, sodass sie sich den beständigen Schwierigkeiten mühelos stellen konnte. Obwohl sie immer noch alleinstehend war, entdeckte sie, dass Liebe in verschiedener Gestalt daherkommen kann. Sie wusste, dass sie selbst ein ganz besonderes Mitglied ihrer Familie war, auch wenn sie viele Kilometer entfernt lebte. Sie hatte sogar ein paar besondere Freundschaften mit ein paar Familien in der Nachbarschaft geknüpft. Und sie hatte herausgefunden, dass nicht alle Beziehungen am Arbeitsplatz problematisch waren, sondern hatte auch hier ein paar gute Freunde entdeckt.

Übung für Mikromomente

LIEBEVOLLE VERBINDUNGEN SCHAFFEN

Erinnern Sie sich daran, wie energiespendend und lohnend es sein kann, eine innige Verbundenheit zu einem anderen Menschen herzustellen, ganz entspannt seinen Gedankenstrom und seine Gefühle mit ihm zu teilen. Gehen Sie bewusst und mit offenem Blick durch den Alltag, um solche Mikromomente der Liebe herzustellen:

- Suchen Sie sich im Laufe Ihres Tages mindestens drei Gelegenheiten, bei denen Sie sich mit anderen auf diese Weise verbinden können – mit Warmherzigkeit, Respekt und Wohlwollen. Gelegenheiten dazu können sich zu Hause ergeben, am Arbeitsplatz, in Ihrer Nachbarschaft oder draußen in Ihrer Gemeinde.
- Wo immer Sie sich befinden: Öffnen Sie sich anderen Menschen, schenken Sie ihnen Ihre Aufmerksamkeit, schaffen Sie das Gefühl der Sicherheit, durch Augenkontakt, durch Gespräche oder, wenn es angemessen ist, durch Berührung.
- Teilen Sie den anderen Ihre eigenen fröhlichen Gedanken und Gefühle mit, und bleiben Sie anwesend, wenn Ihr Gegenüber es Ihnen gleichtut.
- Fragen Sie sich im Anschluss an diese Begegnung kurz, ob dieser Austausch Ihnen das Gefühl des Einsseins durch Positivitätsresonanz gab, und sei es auch nur in ganz geringem Maße.

Die Absicht in sich selbst zu fördern, mehr Mikromomente liebevoller Verbundenheit zu suchen und zu schaffen, kann ein wertvolles Hilfsmittel sein, um Ihre Gesundheit und Ihr Wohlbefinden zu verbessern.

Liebende-Güte-Meditation

Schon in Kapitel 1 wies ich auf die ungeheure Wirkung einer bestimmten Meditationspraxis hin, die wir als Liebende-Güte-Meditation kennen. Diese Form der Meditation wurde in verschiedenen buddhistischen Traditionen über Jahrtausende hinweg entwickelt und soll Ihr Herz liebevoller und offener machen. Obwohl sie buddhistischen Ursprungs ist, kann sie in jeder Glaubenstradition und auch ohne spirituellen Hintergrund angewandt werden. Nun möchte ich Ihnen zeigen, wie Sie diese Meditationspraxis selbst erlernen können. In jedem Kapitel stelle ich Ihnen eine oder mehrere Facetten vor, die Ihrem Wohlwollen allesamt eine neue Richtung geben sollen. Bevor ich mich aber der ersten Meditationspraxis widme, möchte ich Sie mit ein paar Grundgedanken vertraut machen, damit Sie aus der Liebende-Güte-Meditation den größtmöglichen Nutzen ziehen. Das ist umso wichtiger, wenn Sie auf diesem Gebiet ein Neuling sind. Als vorbereitendes Hilfsmittel, um Positivitätsresonanz zu schaffen, sollten Sie diese Meditationsform unbedingt ausprobieren. Meine Studien bestätigen, dass sie Ihnen viele neue Möglichkeiten eröffnen kann.

Das kann Liebende Güte

Zuerst einmal hilft sie Ihnen, Ihre gewohnten Reaktionsmuster – wie Sie sich anderen gegenüber verhalten – zu durchbrechen. Wahrscheinlich verbringen Sie einen Großteil des Tages eingewickelt in einen Kokon der Egozentrik, dicht verwoben mit all Ihren Wünschen, Plänen und momentanen Zielen. Sie denken darüber nach, was Sie anziehen, essen und tun sollen und wo Sie hingehen wollen. Sie ordnen Ihre Aufgaben nach Priorität. Sie überlegen sich, was Sie in einem bevorstehenden Gespräch, das mutmaßlich schwierig wird, sagen sollen. Immerhin sind Sie der Hauptdarsteller in dem Stück Ihres Alltags. Den anderen fällt lediglich eine Nebenrolle zu, die sich nicht sonderlich weiterentwickelt; die Nebendarsteller sind nicht wirklich wichtig für die Gesamthandlung. Manchmal behandeln Sie sie nur wie bloße Requisiten, wie unbelebte Objekte, die die Bühne füllen, aber eigentlich keinerlei Bedeutung für Ihren Tag haben. Warum ist das wohl so? In diesem Stück geht es nur um Sie selbst.

Sie sehen, worauf das Bild abzielt. Jeder Mensch ist nun einmal der Star in seinem eigenen Stück und an seinem Tag. Wenn Sie das Drehbuch Ihres Tages beiseitelegen würden und das eines anderen Menschen in die Hand nähmen, würde dieser andere Mensch sich charakterlich erheblich weiterentwickeln. Sie würden seine Wünsche, Pläne und Ziele schätzen lernen. Sie würden verstehen, dass dieser Mensch nicht ein kleines Teilchen oder ein Requisit ist, sondern dass er vielmehr ganz und gar menschlich ist, genau wie Sie selbst. Genau wie Sie ist dieser Mensch voller Sehnsüchte und Ziele, Hoffnungen und Unsicherheiten. Das trifft auf jeden Menschen zu – sowohl auf die, deren Wege sich mit den Ihren kreuzen, als auch auf die, die Sie niemals kennen lernen, nicht einmal flüchtig.

Die Liebende-Güte-Meditation öffnet die Pforten der Wahrnehmung weit, um Sie aus Ihrem egoistischen Kokon zu befreien und Ihnen den Blick auf die wahre Menschlichkeit der anderen freizugeben. Sie hinterfragt Ihre naturgegebene Neigung, andere wie Requisiten oder schwach ausgeprägte Charaktere zu behandeln, die in Ihrem selbstzentrierten Stück nur Nebenrollen spielen. Die Liebende-Güte-Meditation erweitert Ihr Bewusstsein, öffnet Ihnen die Augen, den Geist und das Herz, sodass Sie andere vollständiger wahrnehmen, mit Warmherzigkeit, Freundlichkeit und dem liebevollen Wunsch, dass es ihnen gut gehen möge. Die Übung erweitert Ihre Perspektive auf eine Weise, die dazu beiträgt, zwischen Ihnen und einem anderen Menschen Sicherheit und Verbundenheit zu schaffen, und bereitet den Boden, aus dem Positivitätsresonanz erwachsen kann.

Tipps zur Vorbereitung

Wie bei anderen Meditationsübungen sollte auch diese Meditation im Sitzen praktiziert werden. Bei geschlossenen Augen konzentrieren Sie sich zunächst auf den Atem und die Herzregion. Am Anfang können Sie sich einen leisen Wecker stellen, der nach etwa zehn Minuten klingelt, damit Sie experimentieren können, ohne sich über die Zeit Gedanken zu machen. Wenn Ihnen die Praxis vertrauter ist und Sie sich damit wohlfühlen, können Sie auch längere Meditationsphasen einplanen. Ziel ist es, sich täglich etwa 20 bis 25 Minuten dieser Übung zu widmen, wann immer es Ihnen möglich ist. Ich schlage Ihnen damit keineswegs eine mönchische Lebensweise vor. Denken Sie daran, dass meine randomisiert kontrollierten Gruppen aus dem Labor eine Vielzahl von Vorteilen schon nach wenigen Monaten praktizierter Liebende-Güte-Meditation verzeichnen konnten.[175] Sie meditierten dabei durchschnittlich nicht mehr als sechzig Minuten die Woche, was etwa drei bis vier Sitzungen à 15 bis 20 Minuten entspricht.

Die Liebende-Güte-Meditation gleicht einer angeleiteten Reise in die Bilderwelt, obwohl die Übung eigentlich liebevolle Gefühle und nicht visuelle Vorstellungen per se anstrebt. Sie ermutigen die Entstehung solcher warmer Gefühle, indem Sie ein paar Sätze immer wieder wiederholen – schweigend, nur für sich. Mit jedem Satz wünschen Sie einem anderen Wesen etwas Gutes. Manche finden das vielleicht auf den ersten Blick künstlich, wie Süßstoff, oder unrealistisch, gezwungen, wie Ihr Lächeln auf dem Passfoto. Derlei Fehleinschätzungen sind durchaus verständlich. Das Ziel der Liebende-Güte-Meditation mag oberflächlich betrachtet darin bestehen, Positivität zu erzeugen, aber in Wahrheit ist das nicht möglich. Sie können ein Gefühl nicht einfach so heraufbeschwören, genauso wenig wie Sie jetzt so, wie Sie dasitzen, einen Schmerz im linken Schienbein entstehen lassen können. Aber Sie können den Weg für Positivität bereiten. Das tun Sie, indem Sie bestimmte Gedanken und Wünsche überdenken und sich den positiven Empfindungen öffnen, die daraus entstehen mögen. Sie konzentrieren sich auf Ihre Absichten und warten ab, was daraus entsteht.

Öffnen Sie sich

Manche Menschen, die von der Wissenschaft positiver Emotionen erfahren, glauben, dass sie nun den Leitsatz »Sei positiv!« zu ihrem Lebensmotto machen sollten. Davon kann ich nur ganz stark abraten. Wenn Sie nach diesem Motto handeln, und sei es mit den besten Absichten, schaffen Sie womöglich unbeabsichtigt eine giftige Unaufrichtigkeit, die sich auf Sie und andere schädlich auswirkt. Es ist, als ob Sie die schmutzige Realität des Menschseins mit einem einfachen gelben Smiley übertapezieren wollten. Studien haben ergeben, dass ein übertriebenes Streben nach Glück gern nach hinten losgeht.[176] Statt also »Sei positiv!« zu Ihrem Lebensmotto zu machen, sollten Sie leichten Herzens versuchen, sich die Denkweise der Positivität zu eigen zu machen. Ich bevorzuge »Sei offen!« als Motto. Dadurch können Sie Ihre Einstellung in fast allen Lebensumständen immer wieder überprüfen.

Offenheit ist auch bei der Praxis dieser Meditationsform unabdingbar. Obwohl Sie eine Sitzung vielleicht mit der Absicht beginnen, warme und zärtliche Gefühle der Fürsorge in sich hervorzurufen, ist es wichtig, sich nicht zu sehr an dieses Gefühl zu klammern. Der Grundgedanke besteht vielmehr darin, offen für alles zu sein, was zutage tritt. Manchmal fühlt es sich vielleicht tatsächlich so an, als ob Ihr Herz sich in Ihrer Brust weitet, als ob es vor Zärtlichkeit und Sorge um andere förmlich überfließt. Aber ein anderes Mal fühlen Sie vielleicht fast nichts. Beide Reaktionen sind vollkommen normal. Die beste Methode, um die schädlichen Auswirkungen unaufrichtiger Positivität oder einer bedrückenden Süßstoff-Meditation zu vermeiden, besteht darin, jegliche Gefühle zu akzeptieren, die authentisch in Ihnen entstehen. Dabei sollten Sie den Gefühlen, die aus den Tiefen Ihres Körpers an die Oberfläche dringen, besondere Aufmerksamkeit schenken. Ihr Geist gerät nämlich nur allzu gern in die Falle des Wunschdenkens. Vielleicht wünschen Sie sich so intensiv, liebevolle Gefühle zu empfinden, dass Ihr Geist Ihnen diese sogar vormacht. Ihr Körper aber lässt sich nicht so leicht überlisten. Wenn Sie die Liebende-Güte-Meditation praktizieren, sollten Sie lernen, den Empfindungen Ihres Körpers mehr zu vertrauen als Ihren Gedanken.

Manchmal empfinden Neulinge auf dem Gebiet der Liebende-Güte-Meditation Misstrauen im Hinblick auf die Absicht der Übung. Sie kommt ihnen naiv vor, wie magisches Denken. Sie fragen sich: »Glauben diese Leute wirklich, dass sie sämtliche Sorgen los sind, indem sie einfach nur über ihre Wünsche nachdenken? Ist das Ganze nicht eine rein metaphysische Veranstaltung? Wenn ja, warum soll ich meine Zeit damit verschwenden?« Aus der Perspektive der Wissenschaft der Emotionen ist die Liebende-Güte-Meditation alles andere als übernatürlich. Auf der Basis solider empirischer Daten kann ich Ihnen versichern, dass jegliche positiven Gefühle, die Sie durch die Liebende-Güte-Meditation hervorrufen, auch Ihren restlichen Tag mit mehr Positivität erfüllen.[177] Diese gesteigerte Positivität kann sich durch eine offenere Körperhaltung, eine freiere Atmung, freiere Bewegungen und eine Offenheit im Gesichtsausdruck manifestieren und ist für jedermann, mit dem Sie interagieren oder mit dem sich Ihre Wege kreuzen, sichtbar.[178] Da nonverbale Gesten ansteckend sind, gestattet Ihre Offenheit es auch anderen, offener und entspannter zu werden.[179] Wenn Sie einander dergestalt mit Offenheit begegnen, steigert das die Chancen, dass Sie beide eine gewisse Synchronie entwickeln. Liebende-Güte-Meditation zeigt sich auch in dem *Sinn,* den Sie jedem neuen Lebensumstand zuweisen. Wahrscheinlich betrachten Sie die Dinge dann eher in einem guten Licht, entscheiden im Zweifel für den Angeklagten und sind im Hinblick auf die Zukunft und das Potenzial der anderen optimistisch.[180] Ihr Tonfall wird fröhlicher und einladender.[181] Kurz nachdem Sie begonnen haben, Liebende-Güte-Meditation zu praktizieren, wird Ihr verbales und nonverbales Verhalten sich dauerhaft verändern, sodass andere sich in Ihrer Gegenwart sicher fühlen, sich bereitwilliger öffnen und Verbundenheit zu Ihnen herstellen. Die Pfade, über die die Liebende-Güte-Meditation immer weitere Augenblicke der Positivitätsresonanz schafft, sind ausschließlich physischer Natur. Magisches Denken oder Metaphysik sind gar nicht notwendig, um ihre langfristige Wirkung zu erklären.

Eine ausgewogene Perspektive

Eine weitere Methode, um bei dieser Meditationsform Unehrlichkeit oder scheinbare Naivität abzuwehren, besteht darin, sie mit Gelassenheit zu kombinieren: der Weisheit, die der Betrachtung des großen Ganzen entspringt. Wenn Sie einen Schritt zurücktreten und versuchen, sich ein ausgewogenes Bild des Ganzen zu verschaffen, erkennen Sie leichter, dass alle Menschen auf den wichtigsten Gebieten gleich sind. Alle haben Wünsche, Gefühle und Sehnsüchte, möchten sich sicher und glücklich fühlen und ihren Tag in innerer Ruhe erleben. Aus dieser Perspektive können

Sie sich sanft ins Gedächtnis rufen, wie Sie mit jedem anderen Menschen, der auf dieser Erde lebt, verbunden sind: Ihr Bedürfnis nach Sicherheit, Glück und innerer Ruhe ist mit dem gleichartigen Bedürfnis anderer Menschen verwoben und sogar davon abhängig.

Außerdem können Sie sich die Wahrheit des Leidens ins Gedächtnis rufen. Leiden existiert. Egal, was für warme Wünsche Sie hegen, es ist nun einmal in unserer Welt so, dass die Menschen, denen Sie liebende Güte entgegenbringen, unweigerlich von Zeit zu Zeit leiden. Es ist hilfreich, diese Erkenntnis auch einmal an die Oberfläche gelangen zu lassen, sich aber gleichzeitig ins Gedächtnis zu rufen, dass es auf dieser Welt auch jede Menge Sicherheit gibt. Sich das Bewusstsein für Leiden und Sicherheit gleichzeitig zu bewahren, trägt dazu bei, die eigene Resilienz angesichts von Leiden zu stärken, sodass Sie davon nicht vollkommen überwältigt werden. In diesem größeren Kontext der Akzeptanz – Akzeptanz von Ähnlichkeit, gegenseitiger Verbundenheit, Sicherheit und Leiden – können Sie Ihre Wünsche um Glück und Wohlbefinden, die die zentralen Bestandteile der Liebende-Güte-Meditation sind, frei äußern.

Die Liebende-Güte-Praxis mit einer ausgewogenen Perspektive zu untermauern, schützt Ihre Aufrichtigkeit und erdet sie. Ohne den Hintergrund dieser Weisheit ertappen Sie sich vielleicht dabei, dass Sie sich allzu sehr an den Gedanken hängen, dass Ihre Wünsche wahr werden. Sie entwickeln vielleicht die Vorstellung, dass die Menschen, über die Sie nachdenken, sich *tatsächlich* sicher, glücklich, gesund und innerlich ausgeglichen fühlen. Oder Sie denken, dass diese Wünsche einfach wahr werden *müssen*, dass Ihr eigenes Glück davon abhängt. Derlei Sehnsüchte bringen uns nicht weiter. Sie binden sich an ein bestimmtes Ergebnis oder eine bestimmte Lebensweise und verhindern, dass wir offen sind für alles, was kommt. Machen Sie sich bewusst, dass eine fixe Idee, an der Sie festhalten, nicht der Zustand ist, nach dem Sie suchen. Derlei Vorstellungen tarnen sich vielleicht als erstrebenswert, schießen aber vollkommen am Ziel vorbei.

Viel wichtiger aber, als über die Liebende-Güte-Meditation zu reden oder zu lesen, ist die Zeit und Energie, die Sie der Übung selbst widmen. Wenn Sie bereit sind, sich darauf einzulassen, dann lesen Sie die folgenden Abschnitte. Mehrfach. Legen Sie das Buch anschließend beiseite und erleben Sie es selbst.

Meditationsübung

LIEBENDE GÜTE

Ihre Position

Suchen Sie sich ein ruhiges Plätzchen, an dem Sie niemand stört. Setzen Sie sich auf einem Stuhl so hin, dass Sie sich anlehnen können und Ihre Wirbelsäule gerade ist, sich quasi dem Himmel entgegenreckt. Beugen Sie sich nun ein klein wenig nach vorn. Entspannen Sie die Schultern und ziehen Sie sie ein wenig nach hinten. Durch diese Position erweitern Sie Ihren Brustkorb beim Atmen in alle Richtungen, wodurch Sie Ihrem Herzen mehr Raum geben. Stellen Sie Ihre Füße flach auf den Boden, sodass Ihre Fersen und Fußballen gleichzeitig Bodenhaftung haben. Legen Sie die Handflächen locker auf Ihre Oberschenkel. Wenn Ihnen diese Sitzhaltung nicht zusagt, dann suchen Sie sich eine andere Position, in der Sie gleichzeitig wach und entspannt sein können und die Ihren Brustkorb weitet. Sobald Sie sich körperlich wohlfühlen, schließen Sie langsam die Augen. Ist Ihnen das nicht angenehm, dann fixieren Sie einfach einen Punkt vor sich auf dem Boden oder richten den Blick auf ein einfaches, friedvolles Objekt.

Ihre Atmung

Richten Sie Ihr Bewusstsein auf das eigene Herz. Atmen Sie aus dem Herzen ein und aus. Spüren Sie, wie jeder Atemzug Ihrem Herzen neue Energie zuführt und Ihren Körper mit lebensspendendem Sauerstoff versorgt. Verharren Sie einige Atemzüge lang in diesem Bewusstsein.

Visualisieren Sie

In diesem Augenblick der Ruhe stellen Sie sich nun einen Menschen vor, dem Sie bereits warme, zärtliche und mitfühlende Empfindungen entgegenbringen. Das können Ihr Kind, Ihr Partner, ja sogar ein Haustier sein – Sie müssen unwillkürlich lächeln, wenn Sie sich den Betreffenden vorstellen. Sein oder ihr lächelndes Gesicht sollte nun vor

Ihrem geistigen Auge erscheinen. Nehmen Sie das Bild in sich auf und rufen Sie sich nun kurz und sehr entspannt die guten Eigenschaften dieses geliebten Menschen ins Gedächtnis. Das muss keine lange Liste sein – ein oder zwei Eigenschaften, die Sie an diesem Menschen besonders schätzen, können schon ausreichen. Ihr Ziel besteht darin, warme und zärtliche Gefühle auf natürlichem Wege hervorzurufen, indem Sie sich vorstellen, welche Gefühle die Verbundenheit zu diesem geliebten Menschen hervorruft.

Ihr Wunsch für den anderen

Sobald diese zärtlichen Gefühle in Ihnen verwurzelt sind und echte Wärme und Güte in Ihnen hervorgerufen haben, sollten Sie leise die traditionellen Formeln der Liebende-Güte-Meditation in irgendeiner Variante vor sich hin sprechen. Es gibt die verschiedensten Varianten.

Die Kernformeln lauten wie folgt:

- Möge dieser Mensch (oder ich, er oder sie; wir oder sie) sich sicher fühlen.
- Möge dieser Mensch glücklich sein.
- Möge dieser Mensch gesund sein.
- Möge dieser Mensch die Leichtigkeit des Wohlbefindens erfahren.

Die Worte selbst sind nicht so ausschlaggebend wie die Gefühle, die sie hervorrufen sollen. Sie können auch andere Formulierungen benutzen, Hauptsache, die Formeln rühren Ihr Herz. Vielleicht möchten Sie die Aussagen auch weiter ausführen, um die Absicht eines jeden Wunsches detaillierter zum Ausdruck zu bringen.

- Möge dieser Mensch sich sicher und beschützt fühlen wie ein Kind in den Armen der Mutter.
- Möge dieser Mensch glücklich und friedvoll sein.
- Möge dieser Mensch gesund und stark sein.
- Möge dieser Mensch die Leichtigkeit des Wohlbefindens erfahren und Glück erleben.

Ihr Geist möchte vielleicht voranpreschen, aber versuchen Sie, ihn zu bremsen. Denken Sie langsam, im Rhythmus Ihres Herzens über die einzelnen Fragen nach. Sprechen Sie im Stillen nicht mehr als eine Formel mit jedem Atemzyklus. Stellen Sie sich bildlich vor, wie die Erfüllung eines jeden Wunsches aussehen könnte. Wie sähen das Gesicht und die Körperhaltung des geliebten Menschen aus? Welche Energie würde daraus entstehen? Zwischen den Atemzügen halten Sie einen Augenblick lang inne, um Ihr Herz und Ihren Körper zu spüren. Nehmen Sie sie voll und ganz wahr. Entdecken Sie, welche Empfindungen in Ihnen hochkommen. Wenn Sie die Formeln für diesen geliebten Menschen wiederholen, können Sie sich vielleicht vorstellen, wie Ihre guten Wünsche von Ihrer Herzregion zu seiner hinüberwandern, vielleicht als Welle, als Lichtstrahl oder als sich langsam ausbreitendes goldenes Band.

Loslassen – und neu beginnen

Nachdem Sie langsam und gleichmäßig minutenlang immer wieder diese Formeln für den geliebten Menschen wiederholt haben, lassen Sie sein Bild langsam los und halten Sie einfach nur an den warmen und zärtlichen Gefühlen in Ihrer Herzregion fest.

Anschließend lassen Sie Ihre warmen und zärtlichen Gefühle einer anderen Person zufließen, vielleicht wieder jemandem, den Sie gut kennen. Stellen Sie sich das Gesicht dieser Person vor und rufen Sie sich sanft und kurz ihre guten Eigenschaften ins Gedächtnis. Erneut sollten Sie mit diesem neuen Menschen vor dem geistigen Auge die klassischen Liebende-Güte-Formeln oder Ihre eigenen Varianten davon wiederholen. Stellen Sie sich vor, wie dieser Mensch aussehen würde, wenn jeder Wunsch für ihn oder sie wahr werden würde. Halten Sie einen Augenblick lang zwischen jeder Formel inne, um darauf achten zu können, wie Ihr Körper reagiert.

Erweitern Sie Ihren Fokus

Im weiteren Verlauf der Übung sollten Sie sich nach und nach alle Freunde und Ihre Familie als Gruppe ins Gedächtnis rufen. Lassen Sie ihren Körper die klassischen Liebende-Güte-Formeln spüren und wünschen Sie den Menschen dadurch nur das Beste. Schließen Sie dann alle Menschen in Ihre Meditation ein, mit denen Sie auch nur lose verbunden sind, sogar den Mitarbeiter im Callcenter, der ihnen vor Kurzem bei technischen Problemen geholfen hat. Nutzen Sie diese Formeln, um Ihr Wohlwollen so weit Sie können auszudehnen.

Abschluss

Am Ende der Meditation rufen Sie sich ins Gedächtnis, dass Sie diese Gefühle der Güte und Wärme jederzeit wieder hervorrufen können. Indem Sie sich Zeit für diese Aktivität genommen haben, haben Sie begonnen, Ihre Emotionen zu konditionieren und genau das zu tun. Sie sind nun besser darauf vorbereitet, wahre Verbundenheit mit anderen zu empfinden.

Eine Meditation ist etwas sehr Persönliches. Jeder braucht eine andere äußere Quelle der Unterstützung, um damit anzufangen und bei der Stange zu bleiben. Der wichtigste Schritt besteht darin, einen bestimmten, regelmäßigen Zeitpunkt für diese Übung zu schaffen. Halten Sie sich dabei vor Augen, dass unseren Forschungen zufolge nur sechzig Minuten wöchentlich einen eklatanten Unterschied in Ihrem Leben bewirken können. Vielleicht stellen Sie sich jeden Morgen den Wecker zehn Minuten früher, um bei Ihrer Liebende-Güte-Meditation auch wirklich ganz allein zu sein. Wenn Sie Schwierigkeiten haben, sich zu konzentrieren, können Sie jederzeit auf geleitete Meditationen zurückgreifen, bis Ihr Fokus und Antrieb stärker sind. Schauen Sie beispielsweise auf Youtube danach, oder werfen Sie, wenn Sie möchten und sich auch in der englischen Sprache zu Hause fühlen, einen Blick auf meine Website www.PositivityResonance.com. Dort finden Sie ebenfalls geleitete Meditationen zum Download. Aber es gibt auch noch viele andere großartige Meditationshilfen. Einige meiner Lieblingstexte finden Sie in den Lektüreempfehlungen am Ende dieses Buches. Auch den Besuch eines Meditationskurses möchte ich Ihnen dringend ans Herz legen. Fragen Sie bei Ihrer Krankenkasse, einer Volkshochschule, im Sportverein oder im Wellnesscenter nach.

Die weiteren Aussichten

Die Liebe ist nichts, worüber man einfach so stolpert. Natürlich kann sie einen überraschend treffen, wie ein plötzlich einsetzender Regen. Aber im Gegensatz zum Wetter lässt sie sich auch säen und kultivieren. Dafür müssen Sie lediglich den Blick und Ihre Sensibilität für die Liebe schärfen und für die Zusammenhänge, in denen Sie sie säen. Verlangsamen Sie Ihren Schritt und bereiten Sie Ihr Herz und Ihren Geist darauf vor, sich anderen wahrhaft zu öffnen. Lassen Sie Augenblicke wahrer Verbundenheit Revue passieren, suchen Sie diese Momente aktiv, konditionieren Sie Ihr Herz mit den altbewährten guten Wünschen der Liebende-Güte-Meditation. Probieren Sie diese Übungen aus und beobachten Sie, was sich zwischen Ihnen und Ihren Mitmenschen entwickelt. Benutzen Sie Ihren Körper als Wünschelrute, um die Anwesenheit der Liebe aufzuspüren. Mit jeder der Übungen, die ich Ihnen in diesem Kapitel vorgestellt habe, können Sie Ihre Aufmerksamkeit von sich selbst weg und anderen zuwenden, eine Verlagerung, die wiederum an sich schon wieder unzählige Gelegenheiten zur Liebe eröffnet.

Achten Sie darauf, wie diese Veränderung sich in Ihrem Körper anfühlt. Registrieren Sie, wie viel Energie Ihnen ein echter Augenblick positiver Resonanz geben kann. Unterhaltungen werden tiefer und bedeutsamer, Verbindungen stärker. Plötzlich betrachten Sie jede neue Interaktion als Gelegenheit, nicht als Verpflichtung oder Hindernis. Ihre offenere Haltung wird weiterhin durch die positiven Gefühle verstärkt, die Sie in den lichten Momenten mit anderen Menschen teilen.

Sie kennen nun die Wirkstoffe und die Wirkmächtigkeit der Positivitätsresonanz und haben eine neue Brille aufgesetzt, durch die Sie jedes noch so kleine Zusammenspiel mit anderen Menschen neu bewerten. Natürlich können Sie wahrscheinlich nicht sämtliche sozialen Interaktionen in Augenblicke der Positivitätsresonanz verwandeln. Schließlich können Sie nur Ihre eigene Sichtweise auf zwischenmenschlichen Austausch verändern. Legen Sie also keine unrealistisch hohen Maßstäbe an sich an. Konzentrieren Sie sich vielmehr darauf, ob es Ihnen gelungen ist, einen, zwei oder sogar drei normale soziale Kontakte am Tag in Akte der Liebe zu verwandeln. Diese kleinen Veränderungen bewirken die großen Verbesserungen in Ihrer Gesundheit und machen Sie glücklicher.

6

LIEBENDES SELBST

Ich existiere so, wie ich bin, das ist genug.
Dann, wenn niemand sonst auf der Welt es weiß, sitze ich hier zufrieden.
Und auch dann, wenn die ganze Welt es weiß, sitze ich hier zufrieden.[182]

Walt Whitman

Eine alte Redensart sagt uns, dass wir andere nicht lieben können, wenn wir uns selbst nicht lieben. Das stimmt. Zwar definieren wir Liebe in diesem Buch als Augenblicke der zwischenmenschlichen Positivität, dennoch ist die Positivität, die ich mit mir selbst teile, eine wichtige Grundlage für alle anderen Formen der Liebe. Zuerst müssen wir uns selbst voll und ganz als würdige Partner der Positivität akzeptieren, bevor wir die Früchte der Positivitätsresonanz genießen können, die wir mit anderen teilen.

Hindernisse der Selbstliebe überwinden

Wie alle anderen Formen der Positivitätsresonanz auch erfordert Selbstliebe sowohl Sicherheit als auch Verbundenheit. Doch es gibt zwei Hindernisse, die einem dabei im Weg stehen können. Für manche Menschen wachsen beide Hindernisse zu einem unüberwindlichen Berg zusammen. Das erste ist die Selbstherabsetzung, bei der wir nicht glauben, dass wir es wert sind, geliebt oder akzeptiert zu werden. Auf einer impliziten, unausgesprochenen Ebene tun wir unsere guten Eigenschaften als unwichtig ab und bleiben unseren Unzulänglichkeiten verhaftet. Vielleicht glauben wir, unsere Defizite erst ausmerzen zu müssen, bevor wir uns selbst vollkommen lieben und akzeptieren können. Vielleicht denken wir: »Wäre ich doch nur …« Die drei Pünktchen lassen sich mit den üblichen Verdächtigen füllen, mit jenen Idealen, an denen wir uns messen: dünner, netter, wohlhabender, klüger, energischer, produktiver, organisierter, erfolgreicher, gedankenvoller und so weiter. Doch dabei bleibt es. Wir warten ab und enthalten uns die Liebe so lange vor, bis wir diese unausgesprochenen Bedingungen erfüllen. Aber das Warten endet nie, und die Selbstliebe fließt ebenso wenig.

Das zweite Hindernis, das uns von der Selbstliebe abhält, ist die Selbstverherrlichung. Wir sind überzeugt, dass wir im Vergleich mit anderen deutlich besser abschneiden, dass wir selbst etwas Besonderes sind und mehr verdienen als alle anderen. Oder wir verfügen über ein dermaßen ausgeprägtes Selbstwertgefühl, dass wir uns gar nicht erst mit anderen vergleichen, sondern uns grundsätzlich für besonders fähig und erfolgreich halten. Dieses Hindernis ist deshalb besonders hinterhältig, weil es sich als Selbstliebe tarnt, denn schließlich sehen wir uns ja in einem positiven Licht. Doch es gibt ein verräterisches Signal dafür, dass diese positiven Selbstbeschreibungen nichts mit Selbstliebe zu tun haben: Sie werden streng bewacht. Indem wir unser positives Selbstbild vor Widerspruch schützen, öffnen wir einem etwas brüchigen Narzissmus Tür und Tor. Dieser wird normalerweise als übertriebene Selbstliebe betrachtet, ist aber in Wahrheit etwas ganz anderes. Wenn wir uns selbst für besonders verdienstvoll, weitblickend oder attraktiv halten – und sei es auch nur auf einer tiefen, unausgesprochenen Ebene –, erhalten die Fehler und Unzulänglichkeiten, die uns allen zu schaffen machen, überdimensionales Gewicht, sodass sie als Bedrohungen oder Beleidigungen wahrgenommen werden. Wenn das das größte Hindernis ist, dann hängt unser Glück davon ab, dass unsere Umgebung uns richtig behandelt, uns den angemessenen Respekt entgegenbringt und im Hinblick auf unsere Defizite ein Auge zudrückt. Selbstverherrlichung ist häufig eine Verteidigungsstrategie – eine Schutzrüstung, die angelegt wird, um eine erheblich negativere Selbstsicht zu kaschieren. Doch oft ist sie nichts weiter als maskierte Selbstherabsetzung.

Selbstherabsetzung und Selbstverherrlichung verleugnen, dass wir Menschen gleich und eins sind. Auf einer grundlegenden, spirituellen Ebene gibt es keine soziale Topographie, keine Hierarchie, die Menschen als mehr oder weniger verdienstvoll einordnet. Die Wahrheit ist, dass man selbst anderen weder über- noch unterlegen ist. Im Prinzip sind alle Menschen gleich: Wir alle können denken und fühlen und sehnen uns nach Liebe. (Von Menschen mit schweren Hirnerkrankungen vielleicht einmal abgesehen – doch auch für sie gilt dann das Folgende.) Alle haben die gleiche Akzeptanz, den gleichen Respekt und die gleiche Liebe verdient, auch wenn sie viele Unzulänglichkeiten haben. Sie selbst sind da keine Ausnahme. Genau wie alle anderen Menschen haben Sie Ihre eigene Liebe verdient.

Was passiert also, wenn Sie sich selbst akzeptieren, genau in diesem Augenblick, so wie Sie sind, bedingungslos? Können Sie, wie Walt Whitman es vorschlägt, mit sich zufrieden sein, einfach so, wie Sie sind, ob Sie in völliger Isolation leben oder im Fokus Millionen anderer Menschen stehen? In diesem Kapitel möchte ich Ihnen einige Übungen vorstellen, die diese größere Offenheit für Ihr wahres Ich fördern und die damit Freundlichkeit und Selbstliebe hervorrufen. Die Übungen reden Ihnen gut zu, sich selbst vollkommen zu akzeptieren, das schätzen zu lernen, was Sie im Augenblick sind, inklusive aller Fehler und Unzulänglichkeiten. Ich beschreibe sowohl die formale Übung der Liebende-Güte-Meditation als auch informellere Übungen, durch die Sie mit Selbstliebe experimentieren können. Dabei handelt es sich aber nicht um eine hemmungslose Selbstbeweihräucherung, durch die Sie vor der Realität fliehen. Echte Selbstliebe bildet die

Grundlage für Ihre Gesundheit und Ihr Wohlbefinden. Studien zeigen, dass auf sich selbst bezogene und mit dem Selbst mitfühlende Liebe viel wichtiger für Ihre Gesundheit und Ihr Glück ist als das hochgelobte Selbstwertgefühl.[183]

Selbstliebe als Hindernis

Obwohl Menschen der Liebe allesamt gleich würdig sind, unterscheidet sich ihre Fähigkeit, sie zu schenken, doch beträchtlich. Vielen Menschen – und Sie selbst gehören vielleicht auch dazu – kommt es seltsam vor, sich selbst Wärme und Zärtlichkeit zu schenken. Aus welchem Grund auch immer sind Sie vielleicht einfach nur nicht daran gewöhnt, Sich selbst so zu akzeptieren, wie Sie sind, und mit der gebotenen Fürsorge zu behandeln.

Dieses Hindernis ist möglicherweise besonders in jenen Kulturen verbreitet, die zerstörerische Selbstkritik oder eingebildete Selbstverherrlichung oder gar beides fördern. Erste Forschungsergebnisse untermauern diese These. Kristin Neff, eine Entwicklungspsychologin an der University of Texas in Austin, die als Pionierin auf dem Gebiet der wissenschaftlichen Begutachtung von *Selbst-Mitgefühl* – einer Form von Selbstliebe – gilt, konnte dies bestätigen.[184] Ihre Forschungen zeigen, dass Menschen in Kulturen, in denen Selbstironie und ein hohes Selbstwertgefühl gleichermaßen vorherrschen, weniger Selbstliebe aufweisen – und das ist in Deutschland, Österreich, der Schweiz und vielen anderen Ländern leider genauso der Fall wie in den Vereinigten Staaten. Damit geht eine höhere Rate an Depressionen und Unzufriedenheit mit dem Leben einher. Im Gegensatz dazu zeigen Menschen in östlichen Kulturkreisen – wie zum Beispiel in Thailand –, in denen der Buddhismus mehr Selbstakzeptanz ins Alltagsleben integriert, ein höheres Maß an Selbstliebe, sodass sie seltener an Depressionen und Unzufriedenheit leiden.

Diejenigen, die die Liebende-Güte-Meditation lehren, wissen, dass die Barrieren, die uns an der Selbstliebe hindern, gerade unter Angehörigen der westlichen Zivilisation sehr hoch sind. Sharon Salzberg, Mitbegründerin der Insight Meditation Society in Barre, Massachusetts, ist eine Koryphäe auf diesem Gebiet.[185] Sie kam in den Siebzigern in Indien mit dieser Meditationsform in Berührung und studierte sie in den Achtzigerjahren intensiv in Burma. Auf Sharons große Fachkenntnis konnte ich zurückgreifen, als ich meine Experimente zur Wirkung der Liebende-Güte-Meditation entwarf, da sie mir bei meinem Forschungsstipendium als Beraterin zur Seite stand.

Sharon zufolge stoßen westliche Lernende häufig auf Schwierigkeiten oder inneren Widerstand, wenn sie ermutigt werden, die Liebende Güte auf sich selbst zu richten. Einige schlafen in diesem Stadium einfach ein. Andere geben ganz auf, weil sie der Ansicht sind, nicht dazu in der Lage zu sein. Das größte Problem daran ist: Bevor man dazu übergehen kann, anderen mit liebender Güte zu begegnen, sollte man nach traditioneller Vorstellung liebende Güte zunächst sich selbst zukommen lassen. Für viele gerät dies zu einem scheinbar unüberwindlichen Hindernis.

Zur Verdeutlichung erzählte mir Sharon von ihrem ersten Treffen mit Seiner Heiligkeit, dem Vierzehnten Dalai Lama. Es war im Jahre 1979, auf seiner ersten Reise in den Westen. Er besuchte damals auch ihr Zentrum in Barre und unterhielt sich mit einer Gruppe von Studenten, die sich dort zur Meditation zurückgezogen hatten. Ein Student bekannte, dass er nun schon mehrere Wochen lang Liebende-Güte-Meditation praktizierte, sich aber für unfähig hielt, sich selbst Liebe entgegenzubringen. Sharon erinnerte sich, wie verblüfft und verwirrt Seine Heiligkeit war. »Sie irren sich!«, sagte er zu dem Studenten, wenn auch in dem für ihn charakteristischen leichten und liebevollen Ton. »Sie besitzen die Natur Buddhas!« Damit meinte er die Möglichkeit des Erwachens, die in allen Menschen allgegenwärtig ist. Die Fähigkeit, Wärme und Zärtlichkeit auf das eigene Selbst zu richten, war offenbar kein Problem für ihn oder für die Menschen, die er normalerweise unterrichtete.

Sharon erläuterte zudem, dass der Grund dafür, dass die traditionelle buddhistische Praxis der Liebende-Güte-Meditation deshalb mit dem Selbst beginnt, weil man davon ausgeht, dass dies das leichteste Ziel für die Liebe sei. Sich selbst Gutes zu wünschen wird als ebenso natürlich betrachtet wie das Atmen, wie die Nahrungssuche bei Hunger oder das Trinken von Wasser gegen den Durst. Zu Beginn konzentrieren die Lernenden ihre liebende Güte auf leichte Ziele wie einen geschätzten Lehrer oder Mentor, einen guten Freund oder auf sich selbst. Dadurch entwickeln sie die Schlüsselfähigkeiten, die sie benötigen, um sich auch schwierigeren Zielen zu widmen, beispielsweise Unbekannten oder »Feinden«. Neulinge werden auf diese Weise nicht gleich mit den schwierigsten Aufgaben konfrontiert, sondern können ihre Fähigkeiten Schritt für Schritt aufbauen. Sie beginnen mit leichten Übungen und arbeiten sich langsam zu den schwierigeren vor.

Wenn es Ihnen also besonders schwerfällt, sich selbst Liebe entgegenzubringen, ist es vielleicht sinnvoll, sich zunächst leichtere Ziele zu suchen. Beginnen Sie mit einem Lehrer oder Mentor, dem Sie besonders dankbar sind. Oder wählen Sie einen Freund, der Ihnen schon bei dem bloßen Gedanken an ihn ein Lächeln auf die Lippen zaubert. Nachdem Sie einige Zeit – vielleicht sogar Wochen – geübt haben, für diese Menschen warme und zärtliche Gefühle zu kultivieren, können Sie versuchen, derlei Gefühle auch sich selbst entgegenzubringen. Unter Umständen sind Sie selbst Ihre »schwierigste« Person, auf die Sie sich erst im nächsten Stadium ihrer Übungen konzentrieren sollten. Damit befinden Sie sich in guter Gesellschaft, denn diese Erfahrung ist gar nicht so selten. Aber seien Sie beruhigt, die Reihenfolge der Ziele, auf die Sie Ihre warmen Wünsche konzentrieren, ist kaum von Bedeutung. Wichtig sind die Zeit und die Energie, die Sie investieren, um diese Gewohnheit und Fähigkeit zu entwickeln: Ihr Ziel besteht darin, Ihr Herz mit warmen und zärtlichen Gefühlen vertraut zu machen, sodass es sich damit wohlfühlt.

Wechseln Sie die Perspektive

Als ich Ihnen im vorangegangenen Kapitel die Praxis der Liebende-Güte-Meditation vorstellte, schlug ich vor, dass Sie entspannt über die guten Eigenschaften des Menschen nachdenken, auf den Sie Ihre guten Wünsche ausdehnen möchten. Die Logik dieser Vorgehensweise möchte ich Ihnen an dieser Stelle näher erläutern. Während Sie sich einen bestimmten Menschen vorstellen, zählen Sie leise auf, was an ihm gut ist: »Großzügig.« »Freundlich.« »Tolerant.« »Aufrichtig.« »Geerdet.« »Inspirierend.« Wie gesagt: Sie brauchen keine lange Liste. Ein oder zwei Eigenschaften sind vollkommen ausreichend. Versuchen Sie, diese ein bis zwei Charakterzüge nicht nur als Etiketten zu betrachten, die Sie dem Betreffenden oberflächlich verpasst haben, sondern als tiefen Ausdruck dessen, was sie in dieser Welt sind und was sie für Sie sind. An dieser Stelle können Sie ebenfalls ganz entspannt konkrete Handlungsweisen dieser Person visualisieren, die exemplarisch für jeden Charakterzug stehen. Behalten Sie dabei im Gedächtnis, dass Sie, wenn Sie sich die guten Eigenschaften einer Person vor Augen führen, keineswegs die Augen vor seinen schlechten Eigenschaften oder Unzulänglichkeiten verschließen müssen. Vielmehr handelt es sich um eine Einladung, in diesem Augenblick das Augenmerk auf das Positive zu richten und dafür offen zu sein. Stellen Sie sich vor, dass Sie sich dem Licht entgegenrecken, genau wie eine Sonnenblume dem Lauf der Sonne folgt. Es ist keineswegs so, dass der Sonnenblume die Dunkelheit nicht bewusst ist, vielmehr findet sie bei Tageslicht buchstäblich mehr Energie im Licht. Das können Sie ebenfalls.

Auch wenn Sie üben, die liebende Güte auf sich selbst zu richten, können Sie diesen Schritten folgen. Betrachten Sie sich im Geiste aus der Perspektive eines wohlwollenden Beobachters. Es geht jetzt nicht darum, dass Sie sich vorstellen, wie Sie auf dem letzten Portraitfoto aussahen, ob förmlich posierend oder in inszenierter Lässigkeit. Sehen Sie sich so, wie Sie sind, ganzheitlich, ohne jegliche Pose und ohne irgendeinen Eindruck hinterlassen zu wollen. Stellen Sie sich vor, wie Sie momentan aussehen, wie Sie jetzt angezogen sind und dasitzen. Vielleicht können Sie ja auch ein mentales Selbstbild schaffen, das auf einem natürlichen Schnappschuss basiert, den jemand von Ihnen gemacht hat, während Sie einer Beschäftigung nachgingen und sich der Kamera nicht bewusst waren. Sobald Sie dieses geistige Bild von sich selbst geschaffen haben, listen Sie entspannt ein paar Ihrer guten Eigenschaften auf. »Fürsorglich.« »Neugierig.« »Hoffnungsvoll.« »Kreativ.« »Geduldig.« Zählen Sie auf, was Ihnen gerade einfällt. Das hier muss keine abschließende, verbindliche Beschreibung Ihres Charakters sein. Nutzen Sie die guten Qualitäten, die Ihnen in den Sinn kommen, einfach nur als Sprungbrett für Ihre Zärtlichkeit und Wärme, als Möglichkeit, um sich selbst Ihre Stärken ins Gedächtnis zu rufen, die Sie bislang vernachlässigt haben.

Was ist, wenn Ihnen keine guten Eigenschaften einfallen? Kein Grund zur Sorge, das passiert schon einmal und ist vollkommen normal. In ihrem ersten Buch, das im Deutschen unter dem Titel *Metta Meditation. Buddhas revolutionärer Weg zum Glück* erschienen ist, spricht Sharon Salzberg davon, dass man »Liebenswürdigkeit neu erlangen« kann. Die Formulierung geht zurück auf das beliebte Gedicht von Galway Kinnell mit dem Titel »Saint Francis and the Sow« – Der heilige Franziskus und die Sau. Darin beschreibt der amerikanische Dichter, wie der heilige Franziskus sanft seine Hand auf die Stirn einer Sau legt, um sie »mit Worten und Berührungen« an ihren Wert zu erinnern.[186] Manchmal vergisst man, wie liebenswürdig man wirklich ist. Man vergisst, aus wie vielen unzähligen Gründen man Liebe verdient hat. Bei Liebenswürdigkeit dieser Art geht es nicht um äußere Schönheit. Kinnells Gedicht erinnert uns daran, dass ein Schwein wohl kaum das Erste ist, was einem in den Sinn kommt, wenn man sich etwas Liebenswürdiges vorstellt. Und doch *ist* die Sau durch ihre Handlungen – durch ihre Großzügigkeit, durch die einfache Geste, dass sie ihren Nachwuchs füttert – liebenswert, und zwar ganz und gar, vom Rüssel bis zum Ringelschwanz. Wenn wir erkennen, inwieweit unsere eigene Handlungsweise zu einem größeren Guten beigetragen hat, können wir unsere eigene Liebenswürdigkeit neu erlangen. Und wenn Sie Ihren eigenen Wert und Mehrwert erkennen, wie Kinnell es formuliert, dann öffnen Sie sich wie eine Blume »aus sich selbst«.[187]

Wenn es Ihnen schwerfällt, Ihre guten Eigenschaften heraufzubeschwören, dann führen Sie sich vor Augen, wie die Menschen, denen Sie am Herzen liegen, Sie sehen. Seien Sie wie der heilige Franziskus zu der Sau. Stellen Sie sich einen Augenblick lang vor, wie Sie dem geschäftigen Treiben Ihres Alltagslebens Einhalt gebieten. Sehen Sie, wie Sie mitten im Schritt innehalten, quasi in ihren Alltagsaufgaben erstarren. In diesem erstarrten Zustand nähert sich Ihnen ein Mensch, der Sie liebt, der Sie irgendwann einmal ins Herz geschlossen hat und Ihnen seine Wärme gegeben hat. Das kann ein Mentor oder ein guter Freund gewesen sein, Ihr Partner, ein Elternteil oder ein anderer liebevoller Verwandter, der vielleicht auch schon nicht mehr unter uns weilt. Stellen Sie sich vor, dass dieser Mensch die Absicht hat, Sie an Ihre seit langem in Vergessenheit geratene Liebenswürdigkeit zu erinnern. Vielleicht legt er Ihnen wie der heilige Franziskus die Hand auf die Stirn und erinnert Sie durch Worte und Berührung an Ihre guten Eigenschaften. Was würde der Betreffende zu Ihnen sagen? Woran würden Sie sich erinnern? Welches Bild würde sich aufdrängen?

Meditationsübung

LIEBENDE BEOBACHTER

Sie können das, was Sie an der Selbstliebe hindert, umgehen, indem Sie sich vorstellen, dass die Menschen, die Ihnen im Leben wichtig sind, Ihnen Gutes wünschen, und zwar so, wie die Liebende-Güte-Meditation es vorsieht. Dabei ist es vollkommen unerheblich, ob Sie diese Technik vorher formal geübt haben oder nicht.

Visualisieren Sie

Stellen Sie sich vor, dass all Ihre geliebten Mentoren und Freunde, sämtliche Familienmitglieder im Kreis um Sie herumstehen. Sie sind nun im Mittelpunkt der Aufmerksamkeit und liebevollen Fürsorge eines jeden Einzelnen, sind das Zentrum dieser imaginären sozialen Versammlung.

Ihr Wunsch für andere und Sie selbst

Im Rahmen der Liebende-Güte-Meditation erweitern Sie Ihre eigenen Wünsche für jeden Einzelnen von Ihnen. Sie möchten, dass diese Menschen sicher, glücklich, gesund und entspannt sind. Aber dieses Gefühl ist häufig wechselseitig. Diese anderen Menschen wünschen sich für Sie das Gleiche: dass Sie sicher, glücklich, gesund und entspannt sind. Stellen Sie sich vor, wie Sie in den Herzen und im Geist eines jeden Einzelnen von ihnen wohnen. Welche Ihrer guten Eigenschaften würden sie besonders hervorheben? Halten Sie die Beschreibungen, die nun in Ihrem Geist an die Oberfläche dringen, sanft fest und nehmen Sie sie in sich auf. Rufen Sie sich ins Gedächtnis, dass viele Ihrer Verhaltensweisen dieser Charakterisierung unterliegen. Schöpfen Sie Kraft aus der positiven Zuwendung, die Ihnen durch die jeweilig anderen zuteilwird. Entspannen Sie sich und geben Sie sich dem warmen Gefühl hin, spüren Sie die Sicherheit und Geborgenheit, die sich daraus ergibt.

Jetzt stellen Sie sich vor, wie sich lauter gute Wünsche aus dem Herzen der anderen zu dem Ihrem hin bewegen. Wie Radspeichen verbinden diese Wünsche den äußeren Ring der Menschen, die Sie unterstützen, mit Ihnen, dem Kern. An dieser Stelle können Sie sich nun vorstellen, wie alle Versammelten die klassischen Formeln der Liebende-Güte-Meditation im Chor sprechen, wobei sie Ihren Namen einsetzen:

- Mögest Du, (Ihr Name), dich sicher und beschützt fühlen.
- Mögest Du, (Ihr Name), glücklich und in Frieden leben.
- Mögest Du, (Ihr Name), gesund und stark sein.
- Mögest Du, (Ihr Name), Leichtigkeit und Wohlbefinden erfahren.

Durch die Perspektive des liebenden Betrachters trifft uns die Wertschätzung wie ein Paukenschlag. Wir erkennen – und empfinden vor allem –, auf welche Weise wir das Leben unserer Mitmenschen bereichern können.[188] Aus diesem Blickwinkel erkennen Sie Ihre guten Eigenschaften deutlicher. Natürlich haben Sie immer noch Ihren ganz eigenen Satz an weniger guten Eigenschaften. Wenn Ihr Geist sich darauf konzentrieren will, stellen Sie diese Defizite zunächst einmal bewusst zurück. Die können Sie sich immer noch genauer ansehen. Dies ist einer der seltenen Augenblicke, in dem Sie sich auf das Gute in Ihnen konzentrieren können, und den wollen Sie unter keinen Umständen verpassen.

Liebende Güte in Gesellschaft

Eine weitere Methode, um Ihre Hindernisse zur Selbstliebe zu umgehen, besteht darin, sich die Gesellschaft all dieser Menschen vorzustellen und die Liebende-Güte-Formel in der »Wir«-Form zu sprechen.

- Mögen wir uns sicher fühlen.
- Mögen wir glücklich sein.
- Mögen wir gesund sein.
- Mögen wir Leichtigkeit und Wohlbefinden erfahren.

Denken Sie nun an alle guten Eigenschaften, die Sie und dieser andere Mensch (oder die anderen Menschen) miteinander teilen, und stellen Sie sich vor, wie die guten Wünsche von Ihrem Herzen aufsteigen und Sie beide (oder mehrere) umfangen und durchdringen. Vielleicht erkennen Sie dann, dass die Vorstellung, mit diesen geliebten Menschen zusammen zu sein, Ihnen den Weg zur direkten Liebe zu sich selbst weist.

Erweitern Sie Ihren Fokus

Fällt es Ihnen schwer, den Kreis mit Menschen zu bevölkern, denen Sie nachweislich etwas bedeuten, dann können Sie ihn auch aus all denen besetzen, die auf unserer Erde jemals die altehrwürdige Technik der Liebende-Güte-Meditation praktiziert haben. Jeder dieser Menschen – ob eine alte Witwe in Bangkok, ein etwa dreißigjähriger Gefängnisinsasse in Texas oder Seine Heiligkeit, der Dalai Lama selbst – hat sich damit befasst, die Wünsche liebender Güte an alle Menschen weiterzugeben, denn alle Menschen sehnen sich danach, sicher, glücklich und gesund zu sein und leicht und entspannt zu leben. Vielleicht hilft es Ihnen, sich als Teil der großen Gesamtheit aller Menschen zu empfinden, denen andere ihre aufrichtige Liebe geschenkt haben.

Liebende Güte für Sie selbst

Wenn Sie bereit sind – indem Sie sich den Weg gebahnt haben und die Hindernisse durch eine oder mehrere der bislang beschriebenen Strategien erfolgreich umschifft haben –, versuchen Sie, die Liebende Güte hundertprozentig auf sich selbst zu richten, indem Sie der alten Tradition dieser Meditationspraxis folgen. Wieder geraten Sie vielleicht in die Versuchung, diese Übungen auszulassen oder nur teilweise zu absolvieren, und zwar aus den bereits geschilderten Gründen. Überwinden Sie sie. Der Grundgedanke besteht darin, mit der Selbstliebe zu experimentieren und sie zu erforschen, wobei Sie Ihre persönlichen Erfahrungen als Grundlage nehmen. Erkennen Sie dabei Ihre inneren Widerstände und lassen Sie sich voller Neugier auf sie ein. Eigentlich verleiten uns derlei Widerstände dazu, uns abzuwenden. Beschließen Sie also im Voraus, sich mit ihnen zu befassen. Schauen Sie genau hin und wenden Sie sich Ihren Widerständen zu. Ich garantiere Ihnen, dass Sie dadurch deutlich mehr lernen werden als durch Flucht. Experimentieren Sie damit und entwickeln Sie dadurch ein höheres Bewusstsein und Verständnis – sowohl für Sie selbst als auch für die Liebe.

Jetzt zählen nur Sie

Natürlich können Sie auch im Vorhinein beschließen, sich einige Wochen lang bei der Liebende-Güte-Meditation *ausschließlich* auf sich zu konzentrieren, weil Sie befürchten, dass Sie Ihr Selbst sonst außer Acht lassen. Ich empfehle sogar eine Notiz im Kalender. So wird den Teilnehmern an meinen Forschungsstudien die Liebende-Güte-Meditation nahegebracht. Die allererste geführte Meditation unserer Probanden befasst sich ausschließlich mit dem Selbst. Sie bekommen die Anweisung, mit dieser speziellen Meditation in den ersten zwei Wochen täglich zu arbeiten. Damit konzentrieren sie sich keineswegs zu stark auf ihr Ego. Im Gegenteil. Viele Meditationslehrer stellen fest, dass die Erforschung der Selbstliebe eine solide Basis ist, von der aus man die Reichweite der Liebe später ausdehnen kann. So können Sie argumentieren, wenn Sie sich vor sich selbst rechtfertigen müssen. Der Fokus auf sich selbst ist schon seit Jahrtausenden Bestandteil der Liebende-Güte-Meditation und hilft Ihnen, Ihre Fähigkeiten zu erweitern und das Erlebnis der Liebe auf viele, viele andere auszuweiten.

Fangen Sie klein an, indem Sie sich – nicht nur während der Meditation, sondern auch im Alltag – beispielsweise Ihres Körpers bewusst werden. Er folgt seinem eigenen Rhythmus, während Ihr Geist wieder einen anderen Takt hat. Dadurch werden Sie automatisch langsamer. Sie entwickeln vielleicht plötzlich das Bedürfnis, sich zu bewegen, ihre Position zu verlagern, sich zu strecken oder sich eine minutenlange Massage zu gönnen. Dies ist eine Form der Selbstliebe, die auf der Stelle für mehr Wohlbehagen und Entspannung sorgt. So wie der Augenkontakt ein wichtiges Instrument ist, um die Verbundenheit zu einem anderen Menschen herzustellen, ist das Bewusstsein für Ihre körperlichen Empfindungen ein wichtiges Instrument zur Selbstliebe. Dies ist die Plattform, von der aus Sie sich selbst mitfühlende Aufmerksamkeit schenken können.

Meditationsübung

SELBSTLIEBE

Ihre Position

Suchen Sie sich ein bequemes Plätzchen, wo Sie sich ungestört hinsetzen können. Lehnen Sie sich so an die Rückenlehne des Stuhles an, dass Ihr Kreuz gestützt ist. Stellen Sie beide Füße flach auf den Boden. Setzen Sie sich aufrecht hin, sodass Ihre Wirbelsäule, Ihr Nacken und Ihr Scheitel zum Himmel zeigen. Ziehen Sie die Schulterblätter sanft nach hinten und nach unten, sodass sie Ihren Brustkorb leicht anheben. Durch diese Verlagerungen öffnen Sie Ihr Herz, eine Offenheit, die mit den positiven Emotionen einhergeht, die Sie ja kultivieren möchten. Senken Sie jetzt langsam den Blick, um optische Ablenkungen zu reduzieren. Wenn Sie sich in dieser Position wohlfühlen, schließen Sie die Augen.

Ihre Atmung

Fangen Sie mit zwei oder drei tiefen Atemzügen an und richten Sie Ihre Aufmerksamkeit auf Ihr Herz. Stellen Sie sich konkret vor, wie jedes Einatmen Ihr Herz auf physischer Ebene beeinflusst.

- Rufen Sie sich ins Gedächtnis, dass Ihr Herz zwischen Ihren Lungenflügeln ruht. Denken Sie daran, wie jedes Einatmen Ihr Herz sanft massiert, wie in einer zärtlichen, wiegenden Umarmung.
- Atmen Sie nun ganz normal ein und aus, ohne Ihren Atem in irgendeiner Form zu manipulieren. Achten Sie weiterhin bewusst auf Ihr Herz.
- Denken Sie daran, wie jedes Einatmen Sie nährt, weil es Ihr Herz mit kostbarem Sauerstoff versorgt. Der stetige Fluss des Sauerstoffs – aus der Luft, durch Ihre Lungen und dann in Ihr pochendes Herz und den Blutkreislauf hinein – ist die grundlegendste und beständigste Verbindung zwischen Ihnen und der Welt,

die Sie umgibt. Die einfache Atmung verwebt Ihr Innerstes mit der äußeren Welt. Jeder Atemzug schafft somit die Einheit des Lebens und eine Gemeinschaft mit der Welt, da die Atmosphäre der Erde allen Menschen gleichermaßen Nahrung spendet. Alle Menschen trinken aus der gleichen Quelle. Schauen Sie sich nun einfach dabei zu, wie Sie Sauerstoff aus dem Quell des Lebens trinken, der Sie umgibt.

Beobachten und akzeptieren

Sobald Sie bereit sind, konzentrieren Sie sich darauf, wie Ihr Körper sich heute und in diesem Augenblick fühlt. Haben Sie Schmerzen? Sind Sie besorgt oder angespannt? Oder sind Sie aufgeregt und voller Vorfreude auf etwas Neues?

Was Sie auch empfinden, Sie sollten es nicht verdrängen. Ob angenehm oder nicht, lassen Sie das Gefühl zu. Akzeptieren Sie es als Teil dessen, was Sie im Augenblick sind. Stellen Sie sich diesem Gefühl mit Neugier und Offenheit. Erforschen Sie es. Registrieren Sie, wie das Gefühl sich in Ihrem Körper bemerkbar macht und wie die Körpergefühle sich – ganz subtil – von einem Augenblick zum anderen verändern.

Ob Ihre momentane Erfahrung nun angenehm oder unangenehm ist, beobachten Sie sie einfach nur und akzeptieren Sie sie. Ob die Ereignisse in Ihrem Leben Ihnen nun Glück oder Pech bringen, beobachten Sie sie nur und akzeptieren Sie sie. Betrachten Sie sie als Teil des unvermeidlichen Auf und Ab, das alle Menschen erleben, egal von welchem Teil dieser Erde sie stammen. Und so sicher, wie alle Menschen Glück und Pech und angenehme und unangenehme Gefühle haben, so sehnen sich auch alle Menschen – auf der ganzen Welt – danach, sich gut, sicher, friedvoll und gesund zu fühlen.

Neben diesem Bewusstsein, dass Leiden unvermeidlich und alle Menschen auf fundamentaler Ebene gleich sind, können Sie sich entschließen, sich selbst nur das Beste zu wünschen. Sie haben diese Freundlichkeit genauso sehr verdient wie alle anderen.

Ihr Wunsch für Sie selbst

Fassen Sie nun Ihre Absicht – welche es auch sein mag – für diese bestimmte Meditationssitzung in Worte. Dies wird den Pfad, den Sie wählen, näher beleuchten und Ihnen helfen, zu ihm zurückzukehren, wenn Ihr Geist sich wieder einmal – unweigerlich – verirrt.

Rufen Sie sich zunächst Ihre eigenen guten Eigenschaften ins Gedächtnis. Wenn es Ihnen hilft, dann stellen Sie sich kurz ein Ereignis vor, anhand dessen diese guten Eigenschaften offenbar wurden. Seien Sie dabei ganz entspannt und brechen Sie nichts übers Knie. Akzeptieren Sie, welche gute Eigenschaft oder welches Ereignis Ihnen als Erstes in den Sinn kommt. Sie müssen es nicht bewerten oder beurteilen. Erinnern Sie sich einfach nur, was gut an Ihnen ist und was Ihr Herz berührt.

Dann äußern Sie die klassischen Wünsche der Liebende-Güte-Meditation für sich selbst. Wählen Sie dabei diejenigen Formulierungen, die Sie am ehesten ansprechen.

- Möge ich mich sicher und beschützt fühlen.
- Möge ich mich glücklich und friedvoll fühlen.
- Möge ich mich gesund und stark fühlen.
- Möge ich mit der Leichtigkeit des Wohlbefindens leben.

Betrachten Sie sich selbst als guten Freund. Vielleicht hilft es Ihnen, die warmen und zärtlichen Gefühle heraufzubeschwören, die Sie einem kleinen Kind oder einem Kätzchen gegenüber empfinden, weil diese kleinen Wesen so unschuldig sind. Erleben Sie, wie Ihre Züge weich werden und Ihr Herz sich in ihrer Gegenwart weitet.

Stellen Sie sich jetzt vor, wie Sie die gleichen Gefühle der Wärme und Zärtlichkeit auf sich selbst richten.

- Möge ich mich sicher fühlen.
- Möge ich mich glücklich fühlen.
- Möge ich mich gesund fühlen.
- Möge ich die Leichtigkeit des Wohlbefindens erfahren.

Nach jedem Satz sollten Sie einen Augenblick lang innehalten und Ihre Aufmerksamkeit auf Ihren Körper richten, insbeson dere auf Ihr Herz. Registrieren und akzeptieren Sie jegliches Gefühl, das dort entsteht.

Rufen Sie sich ins Gedächtnis, dass diese Meditationsübung mehr ist als nur eine Wiederholung ewig gleicher Formeln. Diese Formeln dienen lediglich dazu, Ihr Herz zu öffnen, sich selbst anzunehmen und freundlicher zu sein. Indem Sie Ihr Augenmerk auf Ihre Herzregion richten, werden Sie Zeuge dieser Konditionierung Ihres Herzens.

Sanft fokussieren

Irgendwann werden Sie unweigerlich immer mal wieder feststellen, dass Ihre Aufmerksamkeit abgelenkt wird. Das kann sogar recht oft passieren. Machen Sie sich keine Gedanken. Das ist ganz normal. Fangen Sie einfach nur wieder an, indem Sie Ihre Aufmerksamkeit sanft wieder auf die Formeln richten. Es besteht kein Anlass, sich selbst zu tadeln, weil Sie sich nicht konzentriert haben.

Tatsächlich gibt uns jeder Augenblick des Neubeginns eine weitere Gelegenheit, um mit dem Geist der Liebenden Güte zu experimentieren. Sind Sie in der Lage, Ihr Abweichen vom beabsichtigten Pfad zu akzeptieren und gleichzeitig dorthin zurückzukehren? Wie viel Mühe würde es Sie kosten, das mit einem freundlichen und liebevollen Gefühl sich selbst gegenüber zu tun? Können Sie sich von Ihrer Strenge freimachen?

Abschluss

Am Ende dieser Übungssitzung sollte Ihnen bewusst sein, dass es für Sie vollkommen natürlich ist, sich selbst freundlich zu behandeln und Gutes zu wünschen, auch wenn Sie das häufig vergessen.

Denken Sie daran, dass Sie diese zärtliche und liebevolle Haltung sich selbst gegenüber jederzeit wieder hervorrufen können, und zwar einfach nur, indem Sie sich daran erinnern, dass diese Grundhaltung existiert und wie viel Wohlbefinden sie Ihnen gibt.

Ganz bestimmt werden Ihrem Glück auch weiterhin Schwierigkeiten und Hindernisse im Weg stehen. Leiden lässt sich nun einmal nicht verhindern. Aber jetzt wissen Sie, dass Sie dieses Leiden nicht noch dadurch verstärken müssen, dass Sie sich streng behandeln. Tatsächlich können Sie Ihr Leiden jederzeit beträchtlich vermindern, indem Sie sich an die uralten und alterslosen Wünsche der Liebende-Güte-Meditation erinnern.

Halten Sie Ihre Gedanken fest

Ihre Liebende-Güte-Praxis wendet sich also nach innen, Ihnen selbst zu. Dies ist eine gute Gelegenheit, um (mal wieder) Tagebuch zu führen. Wann immer es Ihnen möglich ist, sollten Sie sich nach einer Meditationsübung noch fünf bis zehn Minuten gestatten, um Ihren Bewusstseinsstrom festzuhalten. Dadurch schaffen Sie sich Zeit und Raum, um über jegliche Assoziationen oder Einsichten nachzudenken, die in Ihnen aufkommen, während Sie sich diese neue, gütige Aufmerksamkeit schenken. Wie fühlt es sich an, sich selbst diese wärmeren, offeneren Gefühle entgegenzubringen? Welche Gefühle werden in Ihrem Körper freigesetzt? Welche Widerstände können Sie erkennen? Was passiert, wenn Sie diesen Bereichen versuchsweise Ihre Aufmerksamkeit schenken – wenn Sie Ihren Atem dorthin lenken? Wie reagieren sie? Verspannen diese Regionen sich dann noch mehr? Oder entspannen sie sich? Beobachten Sie einfach nur, wie Ihre inneren Erfahrungen für Sie heute sind. Welche Geschmacksrichtungen können Sie ausmachen? Sind Sie voller Gefühl? Oder sind Sie taub? Sind Sie voller Energie oder erschöpft? Rufen Sie sich ins Gedächtnis, dass all diese Reaktionen normal sind, und beschreiben Sie einfach nur Ihre Gefühle. Schauen Sie zu, wohin Ihre Erkenntnisse Sie führen.

Wenn Sie bei Ihren Meditationsexperimenten zusätzliche Struktur haben wollen, können Sie auf geleitete Meditationen zur Selbstliebe zurückgreifen, die Sie beispielsweise im Internet – zum Beispiel auf Youtube – oder auch auf Meditations-CDs finden. Fragen Sie doch einmal in Ihrer Bücherei danach! Auch die Hilfe eines Lehrers vor Ort möchte ich Ihnen sehr ans Herz legen. Es geht nichts über einen Menschen mit mehr Erfahrung, der Ihnen seine Sichtweise vermittelt und mit dem Sie über Ihre Reise sprechen können, während Sie noch auf dem Weg sind. Wie bei allen anderen Lehren auch gilt: Nehmen Sie an, was Sie anspricht, machen Sie es sich zu eigen, und lassen Sie den Rest einfach links liegen. Wie jeder Mensch – und ich nehme mich selbst nicht aus – sind Sie der Hüter oder die Hüterin des eklektischen Wissens, das Sie von zahllosen Lehrern – mit oder ohne formale Ausbildung – vermittelt bekamen.

Selbstakzeptanz

»Neinn!«

Wenn Sie Homer Simpson kennen, die Figur aus der Zeichentrickserie *Die Simpsons*, werden Sie diesen Ausruf (im englischen Original »D'oh!«) kennen, mit dem er sich so gerne selbst herabsetzt. Er benutzt ihn immer, wenn er sich bei einer Dummheit ertappt. Versuchen Sie, Homer jetzt einmal so gut wie möglich zu imitieren.[189] Wenn Sie gut darin sind, dann spüren Sie die Spannung und die Enge, die diese einfache Silbe in Ihrem Körper und Ihrem Geist hervorruft. Es ist, als ob Ihr Herz und Ihr ganzes Inneres sich zu einer Faust zusammenballen. Durch die drangvolle Enge steigern sich gewiss auch Ihr Blutdruck und Ihre Herzfrequenz. Natürlich ist dies nur ein vorübergehender Zustand. Doch stellen Sie sich vor, was für einen Schaden eine solche Selbstbehandlung im Laufe eines ganzen Lebens anrichten kann. Homer hat Glück, dass er nur eine Zeichentrickfigur ist. Er muss die physischen Verschleißerscheinungen nicht in Kauf nehmen, die mit dieser für ihn typischen emotionalen Gewohnheit einhergehen.

Ihr innerer Kritiker

Fast jeder Mensch hört Stimmen in Form von Selbstgesprächen. Was sagen Sie – entweder laut oder leise zu sich selbst –, wenn etwas schiefläuft? Machen Sie sich Selbstvorwürfe, sprechen Sie zu sich mit strenger, scheltender Stimme? Hat Ihr innerer Kritiker, wie Homer, seinen ganz individuellen, kritischen Slogan? Ihr eigener härtester Kritiker zu sein ist nur eine Form des negativen Selbstgesprächs. Es gibt jede Menge andere Varianten. Vielleicht sind Ihre eigenen Selbstgespräche auch ängstlicher Natur. Vielleicht machen Sie sich zu viele Sorgen und überdenken jede einzelne Aktion, erwarten an jeder Weggabelung das Schlimmste. Oder vielleicht lassen Ihre inneren Stimmen Ihren Geist im Kreis laufen und immer wieder danach fragen, warum die Dinge Ihnen so und nicht anders passiert sind. Vielleicht grübeln Sie über jede unangenehme Episode Ihres Lebens nach.

Wie oft am Tag belasten Sie sich mit nutzloser Negativität in der einen oder anderen Form? Die Antwort auf diese Frage ist besonders erhellend. Um sie zu entdecken, besorgen Sie sich am besten so einen altmodischen Zahlenklicker und tragen ihn einen Tag lang bei sich. Jedes Mal, wenn Ihr innerer Kritiker (oder der innere Schwarzseher oder Grübler) spricht, klicken Sie eine Zahl weiter. Wenn Sie einen solchen Klicker nicht haben, können Sie auch einen Zettel und einen Stift bei sich tragen und eine kleine Strichliste führen. Am Ende des Tages sehen Sie, wie häufig Ihr Körper und Ihr Geist eine defensive, verschlossene Haltung eingenommen haben. Es ist richtig, dass ein Teil dieser inneren Negativität unvermeidlich ist. Kein Leben ist frei von negativen Empfindungen. Doch genau wie die Wiederholungen beim Gewichtheben Ihre Muskeln härter machen, so verhärten die Wiederholungen des negativen Selbstgesprächs auch Ihr Inneres.

Selbstliebe oder Selbstbetrug?

Vielleicht neigen Sie ja gar nicht dazu, streng oder pessimistisch mit sich selbst zu reden. Vielleicht loben Sie sich sogar übermäßig, klopfen sich für jede Leistung auf die Schulter – stehen dafür aber Ihren Schwächen blind gegenüber. Während andere Menschen die Gewohnheit der Selbstgeißelung nicht ablegen können und sich zu sehr auf das Negative konzentrieren, kommt Ihre liebesbegrenzende Gewohnheit in Form exzessiven Selbstlobes und Selbstverherrlichung daher. Sie konzentrieren sich ausschließlich auf das Positive.

Wie bitte? Was soll denn so gefährlich daran sein? Ist es nicht das, was die positive Psychologie uns immer wieder nahelegt? Nun, eine wissenschaftliche Besonderheit dieses Psychologiezweiges ist, dass sie vollkommen harmlos zu sein scheint. Doch wenn die positive Psychologie nur auf oberflächlicher Ebene übernommen wird, kann sie ebenso zerstörerisch auf die Liebe wirken wie beständige Selbstkritik oder Selbstzweifel. Diese Gefahr im Auge zu behalten bedeutet, den feinen Unterschied zwischen wahrer Positivität und Scheuklappen-Positivität zu erkennen.

Wahre Positivität entspringt der vollkommenen Verkörperung positiver Emotionen. Sie hat ihren Ursprung in einem tiefen Gefühl der Sicherheit – einem naturgegebenen Grundbedürfnis. Ihr Körper entspannt sich. Ihr Oberkörper weitet sich. Muskelverspannungen verschwinden. Mit erweitertem Oberkörper und dem Kopf in der Höhe sehen Sie mehr von dem, was Sie umgibt. Ihre periphere Sicht weitet sich ebenfalls und erlaubt es Ihnen, mehr Details aufzunehmen, als dies typischerweise der Fall ist. Ihr Geist folgt diesem Kurs und weitet sich ebenfalls. Vorstellungsgrenzen, vorher scharf umrissen und bewacht, werden plötzlich fließend. Objekte und Ideen, die vorher vollkommen voneinander getrennt zu sein schienen, verschmelzen in einem einzigen See des Einsseins. Wenn Positivität echt ist – wahrhaft Körper und Herz umfasst –, dann ist sie buchstäblich untrennbar verbunden mit dieser Art von physischer, sinnlicher und begrifflicher – und tatsächlich sogar spiritueller – Offenheit. Das bezeichne ich als *wahre Positivität*. Wenn Positivität echt ist, dann öffnen sich Ihre Augen, Ihr Geist, Ihr Körper und Ihr Herz weit.

Dann gibt es jedoch auch eine vollkommen andere Form der Positivität, nämlich jene, die Sie überstreifen wie eine kunstvoll verzierte Maske. Auch diese Form der Positivität kann sicherlich gut gemeint sein. Menschen entwickeln sie oft, nachdem sie etwas über die Wissenschaft der positiven Psychologie gelernt haben, genug, um den Entschluss zu fassen, selbst positiver werden zu wollen. Trotz der guten Absichten kann diese Form der Positivität eine Variante des Selbstbetrugs sein, in die man nur allzu leicht hineingerät. Manchmal sehnt man sich so sehr danach, glücklich zu sein, dass man sich selbst zum Narren hält und schließlich glaubt, tatsächlich glücklich zu sein – und das kann ziemlich nach hinten losgehen.

Ein deutliches und nach außen hin sichtbares Signal für Scheuklappen-Positivität ist, dass sie nur vom Scheitel bis zum Hals reicht. Sie zeigt sich nur in jenen Kommunikationskanälen, die man am besten kontrollieren kann – in Ihren Worten, Ihrem Gesichtsausdruck, Ihren Selbstgesprächen. Aber sie ist nicht in Ihrem Körper oder in Ihrem Herzen verwurzelt, und so kann sie niemals zu wahrer, offener Positivität erblühen. Eine physische, sinnliche, begriffliche und spirituelle Offenheit ist schlicht und ergreifend nicht vorhanden. Ich bezeichne das als *Scheuklappen-*

Positivität, denn ihr Blick auf die Welt strebt danach, sich vor ihr zu schützen, und nicht, sie zu durchdringen. Tatsächlich kann diese Haltung recht eng und starr sein. Obwohl sie Ihrer aufrichtigen Sehnsucht nach positiven Gefühlen entspringt, enthält sie Ihnen die ganzheitliche Erfahrung wahrer Positivität vor.

Die Sache wird noch komplizierter dadurch, dass Scheuklappen-Positivität ein zweischneidiges Schwert ist, denn manchmal kann sie sich sogar als nützlich erweisen. Vielleicht haben Sie den Ratschlag »Durch Schein zum Sein« auch schon einmal gelesen oder gehört. Das bedeutet, dass Sie so lange »so tun als ob«, bis Sie selbst von Ihrem Tun überzeugt sind. Und diese Strategie funktioniert ab und an sogar. Ich aber habe Vorbehalte, denn wenn Sie Ihre Positivität nur vortäuschen, können Sie von den Vorteilen echter Positivität nicht profitieren – die echte Erfahrung mit all ihren positiven Auswirkungen auf Ihr Leben wird immer fehlen.

Die andere Schneide dieses Schwertes ist stumpf und verursacht noch mehr Schaden. Scheuklappen-Positivität beraubt Sie schlicht und einfach kostbarer Gelegenheiten, um wahre Positivität zu erleben.

Werden Sie sich selbst zum Freund

Selbstlob und andere Formen positiver Selbstgespräche scheinen auf den ersten Blick vielleicht gute Strategien zu sein, um das eigene Wohlbefinden zu steigern. Ob dies aber tatsächlich der Fall ist, hängt davon ab, ob wir unseren Worten Taten folgen lassen. Die Positivität, die Sie für sich selbst hegen, muss sich in Ihrem gesamten Körper manifestieren. Tatsächlich sind all Ihre Gefühle verkörperlicht. Im Gegensatz dazu bleibt Wunschdenken-Positivität immer nur in Ihrem Geist gefangen. Und dort tut sie Ihnen nicht allzu viel Gutes, denn sie bleibt nur leeres Gerede.

Die verkörperlichte positive Aufmerksamkeit öffnet Sie, trägt zu Ihrer Entspannung bei und dazu, dass Sie das größere Muster des Lebens erkennen, in das Sie eingebettet sind. Sie führt Sie nicht in Versuchung, negatives Feedback oder Rückschläge zu meiden. Vielmehr unterstützt sie Sie – wie ein Vorratsquell an Ressourcen –, wenn Sie die harten Fakten Ihres Lebens einer näheren Betrachtung unterziehen müssen. Und das müssen wir alle ab und an. Vor allem aber ist echte, von Herzen kommende Selbstliebe flexibel und realitätsbezogen.

Folgende wichtige Zutaten fehlen in den »positiven« Selbstgesprächen, die die Selbsthilfeindustrie Ihnen verschreibt: Flexibilität, Offenheit und Realismus.[190] Ohne diese Attribute können diese Selbstgespräche sich in kaltblütigen Narzissmus verwandeln. Sie werden zu innerem Geplapper, das Sie von der heilenden Verbindung zu anderen abschottet. Es verleitet Sie zu der Überzeugung, dass Sie – im Gegensatz zu anderen – Ihr Leben durchaus im Griff haben, weshalb Ihre Mitmenschen es nicht wert sind, dass Sie Ihre Zeit mit ihnen verschwenden. Selbstgefälligkeit kann Sie daran hindern, sich selbst ein wahrer Freund zu sein.

Ob Ihr Maß an Selbstkorrektur oder Selbstlob in Ordnung ist, können Sie am ehesten feststellen, wenn Sie sich fragen, ob beides Ihren momentanen Lebensumständen angemessen ist. An dieser Stelle können die klassischen Tools der kognitiven Verhaltenstherapie Wunder wirken. Welche Beweise können Ihre Selbstgespräche stützen? Sind Sie dabei, bestimmte Hinweise zu ignorieren oder zu verzerren? Gibt es Teile des Gesamtbildes, die Sie der Einfachheit halber ausblenden, egal ob sie negativ oder positiv sind? Der Grundgedanke hinter diesen Fragen ist, dass Sie so unparteiisch wie möglich abwägen sollten, ob Ihre Selbstgespräche tatsächlich Ihrer Lebenswirklichkeit entsprechen.

Kommen wir nun noch einmal auf die Zählung zurück, wie oft Ihr innerer Kritiker sich täglich zu Wort meldet: Diese Zahl markiert, wie viele Gelegenheiten Sie täglich haben, um etwas vollkommen anderes auszuprobieren: Sanftheit statt Strenge, Offenheit statt Verschlossenheit, Flexibilität statt Starrheit, ein inneres Lächeln statt des allzu vertrauten inneren Stirnrunzelns. Das bedeutet es, wenn Sie lernen, sich selbst ein wahrer Freund zu sein.

Umarmen Sie Ihre Schwächen

Ihre innere Stimme berichtet von den zahlreichen Erfahrungen, die Sie im Laufe jedes Tages, im Laufe Ihres ganzen Lebens machen. Ihre oft negativ gefärbten Selbstgespräche erscheinen Ihnen vielleicht unwillkommen und entziehen sich Ihrer Kontrolle. Aber so ist es nicht. Wie jede andere Gewohnheit auch können Sie sie verändern: durch Aufmerksamkeit und Anstrengung.

Es verzerrt die Realität, wenn man sich in seinen Defiziten suhlt – oder sie defensiv zu verbergen versucht. Erlauben Sie Ihren Schwächen, dass sie existieren, und akzeptieren Sie sie – allein das kann schon ein radikaler Akt der Selbstliebe sein. Die Formulierung der Meditationslehrerin und klinischen Psychologin Tara Brach kann hierbei ein nützlicher Meilenstein sein. Sie spricht nämlich von »radikaler Akzeptanz«[191]. Umarmen Sie sämtliche Aspekte Ihrer selbst, besonders, wenn Sie sich eigentlich lieber abwenden oder deshalb tadeln würden. Mit anderen Worten: Probieren Sie, sich Ihren Schwächen zuzuwenden und aus ihnen zu lernen, mit offenen Augen und offenem Herzen. Finden Sie eine Möglichkeit, Ihre Selbstgespräche anders zu formulieren, sodass Sie sich selbst ein Freund werden. Manchmal ist es hilfreich, sich vorzustellen, wie jemand, der mehr Übung in Liebe und Mitgefühl hat, in diesem Augenblick auf Sie reagieren würde.

Mein eigener Maßstab, um Liebe und Akzeptanz einzuschätzen, ist ein Erlebnis, das ich hatte, als mir die große Ehre zuteilwurde, seine Heiligkeit den Dalai Lama zu treffen. Ich war eingeladen worden, um an einer wissenschaftlichen Diskussion mit Seiner Heiligkeit teilzunehmen, die Teil der großen Eröffnung des Richard Davidsons Center for Investigating Healthy Minds an der University of Wisconsin-Madison war. Man hatte mir die rituellen Gepflogenheiten des Events schon nahegebracht: Gemäß der tibetischen Sitte beim Abschied würde Seine Heiligkeit jeden von uns einzeln begrüßen. Wir sollten uns verbeugen, wenn er vor uns stand, und dann würde er uns die *khata*, einen zeremoniellen Schal aus weißer Seide, um den Hals legen. Ich wusste das, und ich hatte dem Ritual schon unzählige Male beigewohnt. Und doch erstarrte ich, als der Dalai Lama vor mir stand. Ich starrte ihm nur in die Augen und nahm die Wärme und Güte seiner ganzen Haltung in mich auf. Das tat ich viel zu lang. Ich bin sicher, es war nur ein paar Sekunden zu lang, aber eben zu lang. Als Nächstes folgte eine fast unmerkliche und liebevolle nonverbale Geste, eine leichte Bewegung in seinem Gesicht, womit mich Seine Heiligkeit sanft vorandrängte, als wolle er sagen: »Du absolvierst dieses Ritual falsch, aber ich liebe dich trotzdem.« Das war eine völlig neue Erfahrung für mich. Ich wurde gleichzeitig korrigiert und geliebt, und das in aller Öffentlichkeit. Was mir dabei aber am allerneuesten war, war das Schweigen meines inneren Kritikers, jenes Teils von mir, der mich normalerweise für solch einen öffentlichen Fauxpas gerügt hätte. Sanft dachte ich bei mir: Ich wette, das passiert hin und wieder. Manche Menschen erstarren vor Ehrfurcht in der Anwesenheit des Dalai Lama. Mir ist es jetzt auch passiert. Er hat das schon einmal erlebt und hat mir weitergeholfen, ohne mich zu verurteilen.

Dieser letzte Satzteil ist der Schlüssel: ohne mich zu verurteilen. So fühlt es sich an, vollkommen akzeptiert zu werden. Liebevolle Verbundenheit ohne Urteil, ohne die unerreichbaren Bedingungen perfekten Handels oder Redens. Akzeptanz – volle, radikale Akzeptanz – zielt nicht auf eine Verbesserung Ihres Charakters oder Ihrer Fähigkeiten ab. Wie immer Sie hier und jetzt sind, es reicht aus. Wie kaputt Sie sein mögen, wie unvollständig und unzulänglich Sie sich auch fühlen mögen. Egal, welche Ihrer Hoffnungen unerreichbar für Sie sind, Sie sind es wert, sich selbst

Güte und Freundlichkeit entgegenzubringen, sich selbst zu akzeptieren.

Als ich mein »erstarrtes Khata-Erlebnis« ein paar Monate später vor ein paar Zuhörern in der Environmental Protection Agency zum Besten gab, sagte eine Frau: »Ich wünschte, so wären alle Chefs!« Sie sehnte sich nach einem Vorgesetzten, der sie auf ihre Fehler hinweisen, sie aber gleichzeitig so akzeptieren konnte, wie sie war. Dieses hübsche Bild sollten wir im Hinterkopf behalten, besonders wenn wir an die Gelegenheiten denken, wo es zu unseren Aufgaben gehört, anderen ihre Fehltritte nahezubringen – sei es unserem Kind oder einem Angestellten. Doch wie behandelt Ihr innerer Chef Sie? Kommandiert er Sie in strengem Ton herum? Dann erinnern Sie sich daran, dass es eine andere, liebevollere Methode gibt, wie man sich selbst behandeln kann. Wie uns Walt Whitman erinnert: Sie existieren so, wie Sie sind, und das ist genug.

Mit wem können Sie dieses Maß an Akzeptanz besser üben als mit sich selbst? Sie kennen sich schließlich besser als jeder andere. Sie wissen alles über Ihre unerfüllten Hoffnungen und Ihre Unzulänglichkeiten.

Übung für Mikromomente

RADIKALE AKZEPTANZ

- Zunächst sollten Sie ein oder zwei Tage lang Ihre eigenen Selbstgespräche einfach nur beobachten und vielleicht die Gelegenheiten zählen, bei denen Sie innerlich streng oder allzu überschwänglich waren.
- Nehmen Sie sich am Ende eines jeden Tages die Zeit, diese Gelegenheiten zu überdenken. War Ihr innerer Kritiker, Ihr innerer Chef wirklich fair zu Ihnen?
- Treten Sie einen Schritt zurück und fragen Sie sich, ob Ihre innere Reaktion angemessen war. Was hätte Ihr bester Freund Ihnen in diesem Moment geraten? Und, noch viel erhellender: Was hätten Sie Ihrem besten Freund gesagt, wenn dieser Fauxpas nicht Ihnen selbst, sondern ihm passiert wäre?
- Erzählen Sie Ihren Tag mit Akzeptanz und Güte nach. Wenn Sie möchten, können Sie diese Erzählungen auch in einem Tagebuch festhalten. Behalten Sie Ihre unerfüllten Hoffnungen und Unzulänglichkeiten durchaus im Blick – aber erkennen Sie auch gleichzeitig Ihre guten Eigenschaften. Denn Sie sind – wie jeder andere Mensch auch – eine einzigartige Mischung aus Gut und Schlecht, aus Erfolg und Misserfolg. Wenn Sie sich selbst ein Freund sind, dann akzeptieren Sie sämtliche Teile Ihres Selbst, ohne Verurteilung oder Strenge, und ohne die weniger schönen Facetten Ihres Selbst zu verdecken.
- Versuchen Sie dann, zukünftig jeglicher unfreundlichen oder starren Regung mit einem akzeptierenden, freundlichen oder liebevollen Ton zu begegnen – und zwar sofort, wenn Ihr innerer Kritiker sich zu Wort meldet.
- Wenn Ihnen eine Schwäche auffällt, dann machen Sie sich deshalb keine Selbstvorwürfe, sondern versuchen Sie, sich sanft ins Gedächtnis zu rufen, dass andere Menschen mit den gleichen

Defiziten zu kämpfen haben. Sie sind menschlich und können noch lernen, wie alle anderen auch.

- Reden Sie sich nichts schön – wenn Sie einen Fehler gemacht haben, dann haben Sie ihn gemacht. Suchen Sie die »Schuld« nicht bei jemand anderem. Aber sehen Sie Ihren Fehler als Gelegenheit, aus ihm zu lernen. Akzeptieren Sie ihn radikal, umarmen Sie Ihre Schwäche und verurteilen Sie sich nicht dafür.

Erikas Geschichte

Eine wunderbare Geschichte darüber, inwieweit Selbstakzeptanz die Grundlage für Positivitätsresonanz bildet, erzählte mir meine Freundin Erika über ihre Erfahrungen als Amateurmusikerin. Seit einigen Jahren schon besucht sie immer wieder ein Sommercamp, um ihre musikalischen Fähigkeiten unter der Anleitung eines ihrer professionellen Lieblingsmusiker zu erweitern. Erstmals hatte sie von diesem Camp von einem Freund erfahren, mit dem sie schon seit Jahren Musik machte und der ebenfalls daran teilnahm. Genau wie er es vorausgesagt hatte, war dieses Camp-Erlebnis nicht nur besonders interessant, sondern auch eine besondere Herausforderung. Obwohl sie schon seit Jahren Gitarre spielte, war sie in Gegenwart so vieler großartiger Musiker ganz befangen. Sie war sicher, zu den unbegabtesten Teilnehmern zu gehören, zumal einige sogar ebenfalls Profimusiker waren. Sie verstärkte ihre Unsicherheit, weil sie über verschiedene Dinge immer wieder nachdachte: Sie hatte keine klassische musikalische Ausbildung; sie spielte nur ein paar Stunden in der Woche; sie hatte sich die Musiktheorie im Selbststudium angeeignet, und so weiter. Obwohl sie die wunderbaren Erfahrungen in diesem Camp genoss, machte sie sich immer wieder Sorgen darüber, ob sie in der Lage sein würde, ein Solo vor all diesen brillanten Musikern zu spielen, wenn man sie dazu aufforderte. Ich bin sicher, die Facetten dieses klassischen »Blender«-Syndroms kommen Ihnen mehr als bekannt vor. Wir alle kennen dieses Gefühl der Unzulänglichkeit, wenn wir vor der Herausforderung stehen, uns zur nächsten Ebene emporzuschwingen.

Das Camp sollte ein sicherer Hafen zur musikalischen Selbsterforschung sein. Die Teilnehmer wurden aufgefordert, anderen voll und ganz zu vertrauen und gemeinsam eine ermutigende und unterstützende Atmosphäre für alle zu schaffen. Doch für jemanden, der sich selbst häufig verurteilt, ist das leichter gesagt als getan. Jede Form der Verlegenheit kann Ihnen die Chance nehmen, mit Geist und Seele etwas Neues zu lernen, und Flow-Erlebnisse verhindern. Erika wusste, dass sie ihre Selbstzweifel und ihre Selbstverurteilung aufgeben musste, wenn sie den maximalen Nutzen aus diesem Camp ziehen wollte. Ihre langjährigen Meditationserfahrungen halfen ihr, derlei Gedanken in Schach zu halten, und erinnerten sie daran, dass ihr letztendliches Ziel – sowohl in der Musik als auch im Leben – darin bestand, immer glücklicher, leichtherziger und unbeschwerter zu werden. Ihrer Schilderung zufolge benötigte sie sowohl radikale Selbstakzeptanz als auch radikale Präsenz, um von ihren Zweifeln loszulassen und sie leichter zu nehmen.

Sie arbeitete hart daran, eine akzeptierendere und entspanntere Haltung sich selbst gegenüber einzunehmen. Am letzten Tag des Camps wurde sie dann tatsächlich aufgefordert, ein Solo zu spielen. Erika genoss es aus vollem Herzen. Sie spielte zudem noch ganz anders als tags zuvor. Sie sagte mir, sie sei in diesem Moment plötzlich wirklich offen und bereit gewesen, mit ihrer Musik die nächste Entwicklungsebene zu erklimmen, zu lernen, anderen Musikern beim Spiel konzentriert zuzuhören und mit ihnen neue Lieder zu improvisieren. Aufbauend auf diesen Erlebnissen hatte Erika, als sie im darauffolgenden Sommer das Camp erneut besuchte, eines ihrer musikalischen Schlüsselerlebnisse in einem kleinen Workshop zur »Chemie der Musik«. Der Musiker, der diesen Kurs leitete, betonte immer wieder, dass die musikalische Chemie nicht von ähnlichen musikalischen Fähigkeiten abhängig ist – sogar zwei hervorragende Musiker können seiner Ansicht nach vollkommen unharmonisch miteinander spielen. Als Erika mir das erzählte, erkannte ich darin sogleich eine weitere Variante der Positivitätsresonanz. Die körperlichen Schwingungen, die zwischen Menschen in den Mikromomenten der Liebe schwingen, können durch Musikinstrumente verstärkt und hörbar gemacht werden. Nachdem der Kursleiter kurz seine eigenen Erfahrungen und Beobachtungen zur musikalischen Chemie geschildert hatte, ergriff jeder Teilnehmer die Gelegenheit, mit ihm zusammen ein Improvisationsstück zu spielen. Zwar gab es durchaus einige musikalische Verbindungen, aber wahre Chemie stellte sich nicht ein. Dann war Erika an der Reihe. Sie begann, mit ihrer Gitarre eine musikalische Idee einzuführen, ihr Lehrer improvisierte dazu auf den Trommeln. Sie hörten einander zu, antworteten einander, und schließlich begannen sie zu spielen, spielerisch, gemeinsam, gleichzeitig. Es war ein ungeheures Vergnügen für beide, »wie ein gutes Gespräch. Wir waren auf der gleichen Wellenlänge und konnten die Gedanken des anderen beenden.« Sie spielten nur drei bis vier Minuten so zusammen, doch als sie fertig waren und einander in die Augen sahen, sagte der Lehrer zu seiner Klasse: »Okay, nun, so klingt es, wenn die Chemie stimmt.«

Volle Selbstakzeptanz erlaubte es Erika, das Beste aus dem sicheren Umfeld zu machen, das ihr durch das Camp geboten wurde. Sie stellte fest, dass eine entspanntere Haltung sich selbst gegenüber eine wesentliche Voraussetzung für die größtmögliche Freude an der Musik ist, die insbesondere dann entsteht, wenn sie mit anderen Kollegen spielt und improvisiert. Diese Lektion passt Erikas Meinung nach auch auf das restliche Leben. Niemand außer uns selbst kann uns innere Sicherheit geben. Doch wenn wir das schaffen, eröffnen wir uns unzählige Möglichkeiten, um neue Gelegenheiten für jenen schwer fassbaren, unglaublichen Zustand zu schaffen, den wir als »Chemie« bezeichnen.

Die weiteren Aussichten

Die Liebe ist eine Fähigkeit. Man muss sie üben. Wenn Sie sich das Ziel, Liebe zu lernen, selbst setzen, werden Sie überall Gelegenheit zum Üben finden, denn sie ist immer in greifbarer Nähe oder, besser gesagt, in der Nähe Ihres Herzens. Genau wie alle Formen der Positivitätsresonanz erfordert Selbstliebe Sicherheit und Verbundenheit. Wer sich selbst mit der beständigen Strenge der Selbstkritik bestraft, wird sich in der eigenen Gesellschaft kaum wohlfühlen. Ist Ihre Selbsteinschätzung aber unerschütterlich positiv und kann durch die Realität nicht erschüttert werden, stehen Sie Ihren fest eingefahrenen, schlechten Gewohnheiten blind gegenüber und können sich ebenfalls wohl kaum sicher fühlen.

Ein guter Freund ist jemand, der Ihnen die Wahrheit sagt. Er oder sie gibt Ihnen realistische und häufige Bestätigung, aber er lässt Sie auch nicht im Stich oder schweigt, wenn eine negative Einschätzung angemessen ist. Und nur, wenn Sie sich selbst Ihr bester Freund sind, werden Sie es schaffen, dass Sie sich in Ihrer Haut wohlfühlen. Um Selbstliebe richtig einzuschätzen, sollten Sie sich von jeglicher Strenge in Selbstgesprächen freimachen, aber nicht von der Realität. Bestärken Sie sich selbst in Ihren positiven Eigenschaften, aber meiden Sie Illusion und Selbsttäuschung. Seien Sie mitfühlend, aber aufrichtig.

Die zweite Voraussetzung für die Liebe ist Verbundenheit. Das ist genauso wahr in Bezug auf die Selbstliebe wie für die Positivitätsresonanz mit anderen. Sich selbst aufrichtig zu lieben erfordert zuzulassen, dass das Herz Ihres Ichs mit dem Herzen Ihrer inneren Stimme zusammenschwingt. Nehmen Sie sich Zeit, um über Ihr inneres Streben nach Güte nachzudenken. Stimmen Sie sich auf die Botschaften ein, die Ihr Körper Ihnen schickt. Sie können nicht einfach nur von einer Aktivität in die nächste eilen, immer nur nach außen agieren und dann erwarten, dass Sie sich schon irgendwann selbst lieben werden. Sie könnten sich vielmehr angewöhnen, ihre alltägliche Hetze als Signal zu erleben, dass Sie einen Gang herunterschalten müssen.

Selbstliebe ist, wie wir dargelegt haben, nicht das Gleiche wie eine überhöhte, narzisstische Sichtweise von sich selbst oder eine hohe Selbsteinschätzung. Letztere bindet sich häufig an gute Ergebnisse, weshalb man sich vor negativem Feedback ganz besonders in Acht nimmt. Sobald Sie schlechte Nachrichten erreichen, stürzen Sie im freien Fall in den Abgrund. Selbstliebe ist im Gegensatz dazu erheblich beständiger und stabiler, friedlicher. Diese der Selbstliebe innewohnende Ruhe entsteht, weil sie sich nicht an gute Ergebnisse bindet. Sie können lernen, als Freund mit sich selbst durch dick und dünn zu gehen, durch gute und schlechte Zeiten. Tatsächlich macht Mitgefühl mit sich selbst gerade in besonders harten Zeiten den größten Unterschied.[192] Üben Sie, sich in schlimmen Zeiten zur Seite zu stehen, mit Offenheit und gutem Willen, und Sie werden die stabile Sicherheit zu schätzen lernen, die die Selbstliebe Ihnen bietet. Sie hindert Sie daran, sich der Verzweiflung hinzugeben.

Durch Selbstliebe erhalten Sie sogar noch mehr. Sie sind eher in der Lage, Güte in anderen zu entdecken, deren Sehnsucht nach Verbundenheit zu erkennen und sich mit ihnen zu verbinden, egal wie die Umstände sind. Im nächsten Kapitel beschreibe ich, wie man genau das anstellt.

7

ANDERE LIEBEN

In Krankheit und Gesundheit

Was ist reich? Bist du reich genug,
um jemand anderem zu helfen?[193]
Ralph Waldo Emerson

Wenn man dem althergebrachten Verständnis von Liebe folgt, dann bevorzugt sie das Ähnliche. Das haben unzählige Studien ergeben. Menschen fühlen sich zu anderen hingezogen, die ungefähr die gleiche physische Attraktivität haben,[194] ein ähnliches finanzielles Einkommen, die gleichen körperlichen Fähigkeiten, ein ähnliches Lebensschicksal. Jeder hat deshalb ein kleines, begrenztes Grüppchen von geliebten Menschen, deren Schönheit, Wohlstand, Gesundheit und Fähigkeiten sich nicht zu sehr von der eigenen unterscheiden. Die Anziehungskraft des Ähnlichen macht das Spielfeld eben.

Gefährliche Vergleiche

Diese Art der Anziehung führt allerdings auch zur Schichtbildung. Wer ständig Ähnlichkeit unter seinen Gefährten sucht, begünstigt endlose soziale Vergleiche, weil man Menschen ständig einschätzt und zu beurteilen sucht, ob sie besser oder schlechter dran sind als man selbst. Wenn Sie befinden, dass Ihr Gegenüber es schlechter getroffen hat, sind Sie vielleicht erleichtert über das eigene Glück. Oder Sie empfinden eine Form der Aversion: Mitleid für das Schicksal der anderen, Furcht, dass ihr Unglück eines Tages auch Sie selbst treffen könnte, oder unausgesprochenen Zorn auf sie, weil sie sich ins Unglück gestürzt haben. Unabhängig von den Gefühlen, die in Ihnen entstehen, wenn Sie auf andere herabblicken, gilt: Die Unterscheidung, die Sie bereits zwischen ihnen und sich selbst gemacht haben – und die Urteile, die damit einhergehen –, lassen einen Graben zwischen Ihnen allen aufbrechen, einen Graben, der Ihr Potenzial zu authentischer Liebe aushöhlt.

Eine ähnliche Kluft entsteht, wenn Sie andere für besser halten als sich selbst. Wenn Sie Ihr Augenmerk darauf richten, dass andere mehr haben als Sie – mehr Schönheit, mehr Wohlstand, mehr Glück –, dann betrachten Sie sich selbst gleichzeitig als benachteiligt. Das schürt unter Umständen das Feuer des Neides oder des Selbstmitleides. Indem Sie sich selbst mit anderen vergleichen, unterteilen Sie Ihr soziales Umfeld in Gewinner und Verlierer. Am schlimmsten aber ist, dass Sie Ihre eigenen Gelegenheiten, die heilende Kraft der Positivitätsresonanz zu erfahren, einschränken.

Bei einigen Menschen – und vielleicht gehören Sie selbst ebenfalls dazu – gehören soziale Vergleiche dieser Art zum ständigen Alltag. Wenn Sie jemanden kennen lernen, denken Sie keinen Augenblick lang nach, sondern Sie versuchen ihn einzuschätzen und heben den Betreffenden auf eine Sprosse über oder unter Ihnen. Auf den ersten Blick scheint dies eine harmlose Gewohnheit zu sein, aber sie nährt eine häufig kaum wahrnehmbare Gier, die den Radius der Liebe einschränkt. Gier gedeiht durch die Illusion, dass Glück eine Seltenheit ist, dass der Gewinn des anderen gleichzeitig ihr Verlust ist und umgekehrt. Durch Gier nehmen wir anderen gegenüber eine wachsame Haltung an, wodurch Distanz geschaffen und verstärkt wird. Gier lässt Sie fest an Ihren eigenen guten Ergebnissen festhalten, weil Sie alles fürchten, durch das Sie den Halt auf der Sprosse der Leiter verlieren, auf der Sie sich jetzt befinden. Auf die, die unter Ihnen stehen, blicken Sie mitleidig, ängstlich oder verärgert hinab. Diejenigen, die über Ihnen stehen, betrachten Sie mit Neid oder Verzweiflung. Sie ergreifen jede Gelegenheit, mehr »Gutes« für sich selbst zu bekommen, wobei Sie kaum darauf achten, wen Sie dafür beiseitedrängen müssen oder wem Sie auf Ihrem Weg Schaden zufügen.[195] Durch den bloßen Akt der Bewertung Ihrer Mitmenschen schleicht sich die Gier ein und schafft eine falsche soziale Topographie, die die angeborene Gleichheit und Einheit aller Menschen vollkommen verleugnet.

Aber eine solche Leiter gibt es in Wirklichkeit überhaupt nicht. Bei den Dingen, die am meisten zählen, sind andere weder über noch unter Ihnen. Wiederholte Studien zeigen, dass diejenigen Menschen am glücklichsten sind, die die schädliche Angewohnheit sozialen Vergleichs abgelegt haben.[196] Wenn Sie lernen, andere durch die Brille der Gleichheit zu betrachten statt durch die Brille nach oben oder unten gerichteter Vergleiche, werden Sie erkennen, dass die Schwierigkeiten anderer Menschen gleichzeitig auch die Ihren sind, entweder im Augenblick oder an einem Punkt in der Vergangenheit oder vielleicht irgendwann in der Zukunft. Sie erkennen zudem, dass das Glück der anderen Ihr eigenes nicht reduziert und dass es Ihnen nicht schadet, wenn Sie sich mitfreuen. Tatsächlich multiplizieren Sie Ihre eigenen Reichtümer, wenn Sie das Glück Ihrer Mitmenschen feiern.

Die Liebe muss sich nicht innerhalb eng umrissener, kurzsichtiger Grenzen bewegen. Die Liebe ist sowohl offen als auch fürsorglich, braucht aber Sicherheit und Verbundenheit. Sie wird teilweise durch eine Form gemeinsamer Positivität geprägt, hängt aber keineswegs davon ab, dass Sie und ein anderer Mensch genau den gleichen emotionalen Zustand miteinander teilen. Vor dem Hintergrund der zahlreichen Faktoren, die die Gefühle eines jeden Menschen bilden, ist eine exakte Angleichung innerer Erfahrungen außerordentlich selten.

Glücklicherweise schließen Liebe einerseits und Unangenehmes oder Unglück andererseits sich nicht gegenseitig aus. Auch ist Liebe nicht von positiven Umständen oder Glück abhängig. Das Bewusstsein dieser fundamentalen Wahrheiten eröffnet uns das gesamte Spektrum menschlicher Erfahrungen als geeignete Augenblicke, um Positivitätsresonanz zu kultivieren. Ob in Krankheit oder Gesundheit, in Glück oder Pech, die Liebe bleibt möglich. In diesem Kapitel schildere ich Ihnen Techniken, um zwei Formen der Liebe einzuschätzen, die Ihnen vielleicht weniger intuitiv einleuchtend erscheinen: die Liebe durch und trotz des Leidens eines anderen und die Liebe durch und trotz eines anderen Glücks.

Mitgefühl: Leiden mit Liebe begegnen

Wir alle schrecken von Natur aus vor Schmerz zurück. Stellen Sie sich vor, Sie kochen das Abendessen mit nagelneuen Töpfen und heben irrtümlich diesen eleganten, metallenen, feuerfesten Topfdeckel ohne Topflappen hoch. Es ist nur natürlich, dass Sie den Deckel lärmend wieder fallen lassen und die Hand zurückziehen. Dieser hastige Rückzug rettet Ihnen vermutlich einige Hautschichten. So ist es scheinbar auch beim Leiden aller Art. Ihr erster Instinkt besteht häufig darin, den Blick abzuwenden, die Flucht zu ergreifen, sich zurückzuziehen oder zumindest zögerlich zu reagieren. Ihren Abstand von der Quelle des Schmerzes zu vermeiden ist in Ihren Augen vielleicht die beste Möglichkeit, sich selbst das zusätzliche Leiden zu ersparen, das eintreten würde, wenn Sie ihr zu nah sind.

Mitgefühl leistet genau das Gegenteil. Es bewegt sich dem Leiden entgegen und ergreift nicht die Flucht. Es sucht Verbundenheit und nicht Distanz. Mitgefühl lässt den Vater ohne groß nachzudenken aufspringen und zu seinem verletzten Kind eilen, nachdem es auf dem Spielplatz einen Unfall hatte, lässt ihn die Kleine in die Arme nehmen, um sie zu trösten und ihre Wunden zu versorgen. Es treibt die freiwillige Mitarbeiterin im Hospiz an, wenn sie dem Herrn, den sie letzte Woche erst kennen gelernt hat und der weiß, dass er an Darmkrebs sterben wird, Gedichte vorliest. Es lässt Sie Ihrer Kollegin die Hand auf den Arm legen, wenn sie Ihnen erzählt, mit welchen Schwierigkeiten ihre Familie momentan zu kämpfen hat. Neueste Studien mit Primaten (menschliche und nicht-menschliche) legen den Schluss nahe, dass mitfühlende Reaktionen dieser Art genauso natürlich in unseren Genen verankert und nutzbringend für unsere Spezies sind wie unser im Laufe der Jahrtausende entstandene Instinkt, vor starker Hitze oder körperlichem Schmerz zurückzuweichen.[197]

Mitgefühl *ist* Liebe. Sie erblüht, wenn Sie eine Art physischen oder emotionalen Schmerzes im anderen erkennen. Ich wage jetzt einfach einmal zu behaupten, dass keine menschliche Erfahrung hundertprozentig gut ist. Die Erfahrungen des Lebens sind fast immer eine bunte Mischung aus Gut und Schlecht. Das Leben ist wie ein farbenfroher Wandteppich, in dem die goldenen Fäden der Liebe und des Glücks mit den dunkleren Fäden aus Schmerz, Leid und Verlust verwoben sind.

Genauso behaupte ich aber auch, dass keine menschliche Erfahrung hundertprozentig schlecht ist oder sein muss. Auch die schwersten menschlichen Erfahrungen – plötzlicher Kummer, Natur- oder durch Menschen ausgelöste Katastrophen und andere Erlebnisse, die einen mit der eigenen Sterblichkeit konfrontieren – kann man beträchtlich lindern, wenn man sich auf einige einfache Wahrheiten besinnt: »Auch das hier wird vorübergehen« oder »Ich stehe damit nicht allein da«. Widrigkeiten in Liebe und Hoffnung einzubetten, destruktive mit beruhigenden Gefühlen zu verweben, das ist das Geheimnis der Resilienz. Resiliente Menschen beugen sich, ohne zu zerbrechen, und schnellen schließlich wieder zurück, um auch nach den schwierigsten Herausforderungen des Lebens wieder aufrecht dazustehen. Instinktiv sehen sie ein Licht in der sie umgebenden Dunkelheit. In zahlreichen Studien fanden meine Mitarbeiter und ich heraus, dass genau diese Dosis positiver Emotionen in negativem emotionalen Terrain dafür sorgt, dass resiliente Menschen sich nach einem Tiefschlag wieder aufrichten.[198]

Vielleicht besitzen Sie diese Art von Resilienz ja von Natur aus. Wahrscheinlich wissen Sie genau, wie wertvoll diese Eigenschaft bei schwierigen Erlebnissen sein kann, und sei es nur, weil sie es Ihnen ermöglicht, die Tiefe Ihrer inneren Stärke oder der sozialen Unterstützung durch andere auszuloten. Aber vielleicht gehören Sie ja auch nicht zu den Glücklichen, denen Resilienz von Natur aus zufliegt. Vielleicht lassen Sie sich durch Ärger und Aufregung durchaus aus der Bahn werfen und haben Schwierigkeiten, wieder festen Boden unter den Füßen zu bekommen. Seien Sie versichert, dass Menschen im Laufe der Zeit immer resilienter werden – doch das erfordert natürlich Übung. Durch wiederholte Übungen können Sie neue emotionale Gewohnheiten aufbauen, die die wohlverdiente Resilienz fördern. Auch Sie können trotz der Widrigkeiten, mit denen Sie konfrontiert werden, immer wieder aufstehen. Und sobald Sie das geschafft haben, werden Sie entdecken, dass Sie nun die Fähigkeit haben, anderen Positivitätsresonanz zu schenken, ihnen dabei zu helfen, zu heilen, zu wachsen und ebenfalls wieder aufzustehen. Beginnen können Sie nur bei Ihrem eigenen Leiden.

Ihr Leid als Schlüssel zum Mitgefühl

Wann immer Schmerz, Leiden oder andere Widrigkeiten sich in Ihren Erfahrungsschatz mischen, sollten Sie diesen Augenblick als Signal betrachten, um Mitgefühl zu praktizieren und sich Ihrer selbst auf zärtliche Weise anzunehmen. Je nach Umständen kann die Fürsorge für sich selbst ganz schnell erfolgen, so als ob sie die Hand von der brennenden Herdplatte wegziehen, oder langsam, indem Sie sich beispielsweise die Zeit nehmen, Gedichte zu lesen oder zu schreiben, weil Sie sich einsam, innerlich erstarrt oder irgendwie desorientiert fühlen. Die Güte und Aufmerksamkeit, die Sie sich selbst schenken, webt noch mehr goldene Fäden in den Wandteppich Ihres eigenen Erlebens.

Übung für Mikromomente

VERBUNDENHEIT DURCH LEID

Lassen Sie Ihr Leiden zu

Richten Sie Ihre gesamte Aufmerksamkeit auf das schmerzhafte Dilemma und legen sich eine metaphorische (oder tatsächliche) Hand auf die Schulter, während Sie sich zusehen. Es besteht kein Anlass, schwierige Gefühle zu leugnen oder zu unterdrücken. Gestatten Sie dem Guten und dem Schlechten einfach nur, Seite an Seite dazusitzen, sodass Sie einander informieren und beeinflussen können. Indem Sie das tun, säen Sie Hoffnung. Auch wenn Sie das Schlimmste befürchten, sehnen Sie sich nach dem Besseren.[199]

Sie sind nicht allein mit Ihrem Schmerz

Denken Sie daran, dass die missliche Lage, in der Sie sich jetzt befinden, auch anderen Menschen nicht fremd ist. In puncto Leiden gibt es so leicht nichts Neues unter der Sonne. Die Einzelheiten Ihrer Situation sind vielleicht einzigartig, das Hauptgerüst jedoch ist es nicht. Auf irgendeiner Ebene werden Sie erkennen, dass auch andere Ihre schwierigen Umstände kennen und teilen – ob es sich um körperlichen Schmerz handelt, soziale Ungerechtigkeit, die Sorge um die Gesundheit eines Angehörigen, eine überwältigende Fülle von Anforderungen und Aufgaben, Zurückweisung oder Desorientierung.

Treten Sie einen Schritt zurück

Treten Sie einen Schritt von Ihrem eigenen Leiden zurück und stellen Sie sich vor, dass Sie auf ähnliche Weise leiden. Das ist der erste Schritt aufs Mitgefühl zu. Egal, wer oder wo diese anderen Menschen sind, egal, ob Sie sie kennen: Sie sind mit Ihnen durch Ihr gemeinsames Erleben dieser Schwierigkeiten verbunden.[200]

Vergrößern Sie Ihr Leiden

Es ist nur natürlich, dass Sie sich nach einem Ende Ihres Schmerzes sehnen. Dieser Wunsch ist vielleicht durchaus intensiv, aber ich möchte Ihnen vorschlagen, ihn noch größer zu machen. Lassen Sie ihn sich in der Horizontalen ausbreiten, lassen Sie sich davon umfangen, ebenso wie die anderen, die ähnlich leiden.

Ihr Wunsch für Sie selbst

Dann artikulieren Sie eine Abwandlung des folgenden Wunsches für sich selbst:

- Möge ich, zusammen mit allen anderen, die (darunter) leiden, Frieden finden.

Experimentieren Sie mit dem Mitgefühl für sich selbst auf diese umfassendere Weise, und Sie werden sich aus der begrenzten Sichtweise herauslocken, die all unsere schwierigen Phasen kennzeichnet. Ihr Bewusstsein weitet sich, Sie sind nicht mehr so auf sich selbst fixiert, stehen dem Leiden der anderen offener gegenüber und sind darauf eingestimmt.

Diese erweiterte Perspektive gibt Ihnen häufig den Bezugspunkt, den Sie benötigen, um die Abwärtsspirale, die Sie in Verzweiflung und Selbstmitleid hinabzuziehen droht, umzukehren. Sie hebt Sie empor, mitten in eine Aufwärtsspirale hinein. Außerdem konditioniert sie Ihr Herz, sich stärker auf andere zu konzentrieren und sich mehr auf ihre schwierigen Lebensphasen einzustimmen.

Sie sind nicht länger allein.

Durch wiederholte Übungen lösen Sie sich aus Ihrer inneren Erstarrung. Sie nehmen das Leiden anderer Menschen schärfer und klarer wahr. Wann immer Sie merken, dass der andere Mensch, mit dem Sie eine Verbundenheit herstellen, leidet, wachsen Liebe und Mitgefühl zu ein und demselben zusammen. Da Leiden auf dieser Welt allgegenwärtig ist, ist Mitgefühl überall angebracht. Doch Sie werden auch von dem Leid anderer Menschen nicht überwältigt werden, wenn Sie auf einfache Wahrheiten wie »Auch das geht vorüber« und »Wir stehen nicht allein da« vertrauen können. Sie sind eher in der Lage, dem Leidenden eine beständige Quelle des Trostes zu bieten.

Irgendwann werden Sie das Leiden des anderen von dem Ihren lösen können. Zu wissen, dass Sie gelitten haben oder leiden könnten, kann ebenfalls ausreichen. Das ist die Weisheit, die dem Wissen um Gleichheit unseres gemeinsamen Menschseins entspringt. Möge dies die Grundlage für Ihr Mitgefühl sein. Resilienz wohnt nicht nur in einzelnen Menschen, sondern auch im riesigen Netz unserer kollektiven sozialen Beziehungen. Jedes Mal, wenn Sie einem anderen Menschen mitfühlende Aufmerksamkeit schenken, bauen Sie mehr von dieser Ressource auf, dieser Resilienz, nicht nur in diesem Augenblick für diese spezielle Person, sondern übergreifend, Ihre gesamte soziale Gemeinschaft betreffend, und das auch noch dauerhaft.

Das Ziel des Mitgefühls

Ihr Ziel dabei ist bescheiden. Sie sorgen für etwas Wärme und Licht, vielleicht nur ganz wenig, mit denen sie die kalte Dunkelheit aufbrechen können, die Ihren Gefährten zu umfangen droht. Tun Sie nicht so, als ob Sie ein Zauberer wären und seinen Wandteppich auf magische Weise in Gold verwandeln könnten – das würde wahrscheinlich sogar nach hinten losgehen und Ihren Mitmenschen zusätzlich verletzen, da Sie mit einem solchen Verhalten die schlimme Realität seiner Umstände ignorieren. Schwierige Erfahrungen kann man in aller Regel nicht einfach so vom Tisch wischen. Man kann Ihnen lediglich mit dem Respekt der Offenheit und wohlwollender Warmherzigkeit begegnen. Damit bieten Sie dem Betreffenden einen Goldfaden für seinen Wandteppich an, eine einzige warmherzige Geste.

Wenn Sie Mitgefühl praktizieren, sollten Sie sich Ihrer eigenen momentanen Ressourcen bewusst sein. Nehmen Sie nur so viel vom Schmerz des anderen in sich auf, wie Sie verantworten können. Sich dem Schmerz zu öffnen ist ein Prozess, häufig ein schwieriger. Erzwingen Sie es also nicht. Machen Sie ganz kleine Schritte. Rufen Sie sich ins Gedächtnis, dass selbst ein klein wenig mehr Offenheit für den Schmerz eines anderen Menschen sowohl Ihr eigenes Herz als auch die Situation des anderen verbessert. Wenn Sie sich dem Schmerz zu weit oder zu schnell öffnen, verpassen Sie den süßen Punkt der Positivitätsresonanz, nach dem Sie suchen. Wenn das passiert, dann verfehlen Sie das Ziel, den anderen auf seinem schweren Weg zu begleiten. Stattdessen brechen Sie unter dem Gewicht des eigenen Schmerzes zusammen, verlieren Ihre Fähigkeit, andere zu unterstützen. Obwohl »Sei offen« in vielen Situationen ein tolles Motto sein kann, kann man es – wie bei jedem Ratschlag – damit auch zu weit treiben.

Sie werden bald feststellen, dass Ihnen Fürsorge, Hilfe und Geben bald ganz natürlich vorkommen werden, wenn Sie eine Verbundenheit zu denen schaffen, die leiden, wenn Sie voller Güte und Wärme neben ihnen sitzen, mit klaren Augen und mit Akzeptanz. Die warmen und zärtlichen Gefühle in Ihrem Herzen inspirieren Sie, zu tun, was Sie können, um das Leiden des anderen Menschen zu erleichtern. Anders formuliert: Mitgefühl sitzt nicht einfach nur passiv da. Es motiviert Sie, aktiv zu werden. Derlei Aktivitäten scheinen vielleicht klein zu sein – wenn Sie beispielsweise einem anderen Menschen aufmerksam zuhören und ihm das Gefühl geben, nicht allein zu sein. Aber es gibt natürlich auch die heroischere Variante, bei der eine Wohltätigkeitsveranstaltung aus der Wiege gehoben wird oder man eine verantwortliche Position bei einem gemeinnützigen Verein übernimmt, um sich für die weniger glücklichen Menschen starkzumachen. Möge

Ihr neu gewonnenes Verständnis für die Zwangslage Ihrer Mitmenschen Ihnen die klügste Strategie aufzeigen. Und denken Sie dabei daran, dass es hier genauso ist wie in der alternativen Medizin: Die kleinsten Dosen haben oft die größte Wirkung.

Mitgefühl also begegnet der Negativität des Leidens mit der Positivität der Liebe, Akzeptanz und der Fürsorge. Wenn die Liebe dem Leiden solchermaßen entgegentritt, hebt sie den Positivitätsquotienten für alle Beteiligten. Der gesteigerte Quotient fördert den Heilungsprozess, das Wachstum und die Resilienz dort und zu dem Zeitpunkt, wo sie am meisten gebraucht wird.

Lauras Geschichte

Meine Freundin Laura arbeitet als Geburtsbegleiterin. Schwangere Frauen lassen sich von ihr während der Wehen und der Geburt sowie in den Tagen und Wochen nach der Entbindung betreuen. Während das Hauptaugenmerk des medizinischen Fachpersonals meist auf der sicheren Geburt liegt, konzentriert sich die Geburtsbegleiterin oder Doula, wie sie in Amerika heißt, darauf, die »Mutter zu bemuttern«. Sie liefert ihr ständig die in der jeweiligen Situation wichtigen Informationen, gibt ihr emotionale Unterstützung und begleitet sie auch auf körperlicher Ebene auf dieser wundersamen und häufig chaotischen Reise. Sie trägt dazu bei, dass die werdende Mutter sich sicherer fühlt, dass es ihr gut geht und sie mit Selbstvertrauen an die Situation herangeht. Studien haben ergeben, dass die ständige Unterstützung durch eine Doula sowohl die Gesundheit der Mutter als auch die des Kindes verbessern kann.[201]

Vor mehr als einem Jahrzehnt diagnostizierte man bei Lauras Mutter Brustkrebs, und ihr wurde die Brust entfernt. Damals lehnte sie die empfohlenen Therapiemethoden – Bestrahlung und Chemotherapie – ab, obwohl man sie darauf hinwies, dass sie dann unter Umständen nur noch wenige Monate zu leben hatte. Lauras Mutter trotzte den medizinischen Erwartungen, indem sie noch jahrelang lebte, aber Laura wusste nie, was auf sie zukam, und sie lernte, »vollkommen im gegenwärtigen Augenblick zu leben«. Sie wusste, dass es im Hinblick auf die Lebenserwartung ihrer Mutter keinen Zweck hatte, irgendetwas zu planen.

Als sie dann etwa zwölf Jahre nach der Mastektomie erfuhr, dass der Krebs ihrer Mutter nun Metastasen in den Knochen gebildet hatte und dass es auf das Ende zuging, fuhr Laura fort, sich mit dem Sterben ihrer Mutter weiterhin von Augenblick zu Augenblick auseinanderzusetzen. Nachdem die körperliche Situation der Mutter sich verschlechtert hatte, schuf Laura Platz für sie in ihrer eigenen kleinen Wohnung, sodass sie besser für sie sorgen konnte. Mit Unterstützung ihrer Schwester, Mitarbeitern des Hospizes und unzähligen anderen helfenden Händen organisierte Laura eine Rund-um-die-Uhr-Pflege für ihre sterbende Mutter. Das war das erste Mal, dass sie eine solche Erfahrung machte. Beruflich hatte sie Mütter auf schweren Wegen begleitet, und nun tat sie das Gleiche für ihre eigene Mutter, wenn auch auf einem ganz anderen Weg.

Gegen Ende intensivierten sich der Schmerz, die Verwirrung und die Schwäche ihrer Mutter so sehr, dass sie nachts entsetzt und halluzinierend aufwachte und nicht wusste, ob sie tot oder lebendig war. Um diese schwierige Phase der Pflege ihrer Mutter zu überstehen, griff Laura auf die gleichen Ressourcen zurück, die sie in ihrem Beruf als Geburtsbegleiterin auch anwandte. Nach eigenen Angaben sind diese Techniken »schwer zu beschreiben, denn sie haben nichts mit Worten zu tun«. Der erste Schritt besteht darin, zu akzeptieren, dass man dem anderen seinen Schmerz nicht nehmen kann, sondern dass man lediglich »ganz und gar anwesend sein kann, in vollem Bewusstsein und mit völliger Ruhe«. Laura schlief an der Seite ihrer Mutter und hielt ihr die Hand. Auf diese Weise konnte sie der Erregung ihrer

Mutter schon beim ersten Anzeichen begegnen: »Hundertprozentig anwesend und beruhigend.« Genau wie in ihrem Beruf wusste sie, wie wichtig es war, sich nicht in den Problemen der anderen zu verlieren, sondern einfach nur anwesend zu sein, dabei in sich zu ruhen und dem Betreffenden zu zeigen, dass er das nicht allein durchstehen muss. Dafür braucht man Mut, besonders wenn der andere Mensch sowohl Furcht als auch Schmerz erlebt.

Anwesend zu sein in den schwierigen Übergangszeiten der Wehen und der Entbindung erfordert von Laura ein gewisses Maß an Kühnheit. Oder, wie sie es formulierte: Sie muss der betreuten Frau »Auge in Auge« gegenüberstehen, was manchmal dazu führt, dass sie sich auf den Boden setzt, um nur wenige Zentimeter vom Gesicht der Mutter entfernt zu sein. Aus nächster Nähe besteht sie dann sanft darauf, dass die werdende Mutter die Augen öffnet. »Sieh mich an. Atme mit mir. Ich bin bei dir.«

Ähnlich mutig erwies sie sich bei der Pflege ihrer Mutter. Sie erinnerte sie mehrfach daran, dass sie »später reden« konnten. »Jetzt atme erst einmal mit mir.«

Laura übertrug ihre Erfahrungen als Doula auf die Situation mit ihrer eigenen Mutter. Sie wusste, dass sie voll anwesend sein musste, »jeden Augenblick wieder aufs Neue, was sich oft stundenlang hinziehen konnte«. Nur so konnte sie die Verbindung zu ihrer Mutter herstellen und aufrechterhalten, wenn sie gerade furchtbare emotionale oder körperliche Schmerzen durchlebte.

Wenn das Leiden schließlich nachlässt, wie es immer der Fall ist, ist die nachfolgende Ruhe ein Erfolg – im Falle der Geburt »wunderschön« und »beglückend«.

Kultivieren Sie Ihr Mitgefühl

Lauras Beschreibungen unterstreichen die Bedeutung von Verbundenheit. Wahres Mitgefühl erfordert die physische Anwesenheit beider Körper – ebenso wie die Positivitätsresonanz auf allgemeinerer Ebene. Für Laura sind Berührung, Augenkontakt und das gemeinsame Atmen eine große Hilfe. Auch Sie können darauf zurückgeifen, wenn Sie mit jemandem eine Verbindung aufbauen wollen, der leidet. Wie Laura schon sagte, Mitgefühl wie dieses hat nichts mit Worten zu tun. Vielmehr wurzelt es in physischer und emotionaler Anwesenheit, die ebenso fürsorglich wie geerdet ist. Aus dieser Haltung heraus können Sie sich dem Schmerz am ehesten zuwenden statt ihn abzuwehren. Dadurch bieten Sie einen weiteren goldenen Faden für den anderen, den er in den dunkel gefärbten Wandteppich dieser schwierigen Zeit einweben kann. Wo Mitgefühl erblüht, geben Sie sich selbst nicht einfach nur einem anderen hin, Sie erweitern auch Ihr eigenes Herz. Eine Positivitätsresonanz entsteht, die Sie beide verändert.

Am Ende der folgenden Übungen wissen Sie, dass Sie, wann immer Sie wollen, Zugang zu diesem immer größer werdenden Vorrat an Mitgefühl haben.

Meditationsübung

MITFÜHLENDE LIEBE

Ihre Position

Ziehen Sie sich an einen ruhigen Ort zurück, an dem Sie ungestört sind. Setzen Sie sich bequem hin, lassen Sie beide Füße flach auf dem Boden ruhen. Halten Sie den Rücken gerade, ziehen Sie Ihren Scheitel gen Himmel und die Schulterblätter nach unten und zusammen. Auf diese Weise schaffen Sie in Ihrem Brustkorb Raum für Ihr Herz und Ihre Lungen, sodass sie sich besser weiten können.

Ihre Atmung

Machen Sie ein paar langsame und tiefe Atemzüge. Richten Sie Ihre Aufmerksamkeit auf das subtile Wiegen Ihres Herzens mit jedem Ein- und Ausatmen.

Ihre Aufmerksamkeit

Wecken Sie Ihre Aufmerksamkeit für diese Übungssitzung. Vielleicht soll sie Ihr Tempo drosseln und Ihr Herz weicher machen, damit Sie einem anderen Menschen, der leidet, ein guter Freund sein können, ein Quell des Trostes und der Beruhigung. Seien Sie sich darüber im Klaren, dass alle Menschen von Zeit zu Zeit mit Widrigkeiten konfrontiert werden. Genauso wie alle Menschen sich danach sehnen, nicht zu leiden. In diesem Augenblick sind Sie relativ frei von Leiden, deshalb sehnen Sie sich danach, eine Ressource für andere zu sein.

Im Verlauf der ganzen Sitzung sollten Sie Ihre Aufmerksamkeit immer wieder auf Ihr Herz richten. Beobachten Sie, wie diese Praxis Ihren Körper beeinflusst. Denken Sie daran, dass Ihre Körperempfindungen genauso viel von Ihrer bewussten Wahrnehmung verdient haben wie die Sätze und Gedanken, die aus Ihrem Geist an die Oberfläche emporsprudeln.

Ihr Wunsch für den anderen

Rufen Sie sich nun sanft das Bild eines Menschen ins Gedächtnis, der momentan viel Pech hat oder anderweitig leidet. Ohne sich davon herunterziehen zu lassen, sollten Sie den Umfang ausloten. Rufen Sie sich dann entspannt die guten Eigenschaften dieses Menschen ins Gedächtnis. Denken Sie daran, wie sehr Sie es sich wünschen, seinen Schmerz zu lindern oder seine Last zu erleichtern. Sprechen Sie die folgenden klassischen Formeln oder Ihre eigenen Versionen davon langsam und aus ganzem Herzen:

- Mögest du Sicherheit finden, auch inmitten all deines Schmerzes (deines Unglücks, deiner Schwierigkeiten).
- Mögest du Frieden finden, auch inmitten all deines Schmerzes.
- Mögest du Stärke finden, auch inmitten all deines Schmerzes.
- Mögest du Leichtigkeit finden, auch inmitten all deines Schmerzes.

Wiederholen Sie diese alten Wünsche einen nach dem anderen, mit jedem Atemzug. Lassen Sie zu, dass jeder Satz Ihr Herz durchdringt und weicher macht. Stellen Sie sich vor, wie Sie neben diesem Menschen stehen. Erkennen Sie seinen Mut angesichts der Schwierigkeiten, mit denen das Leben ihn konfrontiert.

Erweitern Sie Ihren Fokus

Mit zunehmender Übung sollten Sie neue Wege ausprobieren, um die Fähigkeit Ihres Herzens, weicher zu werden und sich zu weiten, zu steigern. Richten Sie Ihren Fokus auf andere Menschen, die ebenfalls leiden, ob es nun Leute sind, die Sie gut kennen oder nicht. Dabei sollten Sie sich stets vor Augen halten, dass Ihr Ziel nicht darin besteht, dass der Schmerz oder die Widrigkeiten des Betreffenden auf magische Weise verschwinden. Ihr Ziel ist vielmehr, Ihr eigenes Herz so zu konditionieren, dass es sich auf das Leiden der Mitmenschen einlässt, wenn Sie es sehen; sich dann noch ein Stück weit mehr zu öffnen, sodass Sie den anderen Trost und Stärke bieten können, statt sich abzuwenden und selbst zu schützen.

Visualisieren Sie

Wenn Sie feststellen, dass Ihnen die Worte in dieser Übung im Wege stehen und sie deshalb nicht in der Lage sind, wahre Zärtlichkeit in Ihnen zu wecken, dann versuchen Sie, Ihren Fokus zu vereinfachen. Dabei greifen Sie am besten auf Bilder zurück. Stellen Sie sich die Schwierigkeiten vor, mit denen der andere sich konfrontiert sieht, ob es sich nun um physischen oder emotionalen Schmerz handelt oder um Unsicherheit. Stellen Sie sich vor, wie diese Schwierigkeit konkret aussehen könnte. Geben Sie ihr eine Farbe und eine Form. Wo sehen Sie sie in Bezug auf die Person, auf die Sie sich gerade konzentrieren?

Als Nächstes stellen Sie sich Ihr eigenes Herz vor, wie es sich danach sehnt, mitfühlend zu sein. Stellen Sie sich vor, dass dies Ihr persönlicher Quell heilender Positivität ist. Stellen Sie sich seine Farbe, seine Form und seine Bewegungen vor. Ist es hell, ist es golden? Wie sehr weitet es sich?

Einatmen – ausatmen

Mit diesem optischen Detail vor dem geistigen Auge stellen Sie sich vor, dass Sie mit jedem Einatmen das Unglück des anderen in sich aufnehmen und ihm damit einen Teil seiner Last von den Schultern nehmen. Lassen Sie das Unglück mit dem Einatmen hinein und lassen Sie zu, dass es durch ihr gleichförmig schlagendes, liebevolles Herz verwandelt wird.

Halten Sie einen kurzen Augenblick lang inne, bevor Sie ausatmen, um diese Veränderung zu betrachten. Beim Ausatmen stellen Sie sich vor, dass Sie einen Teil – und sei er auch noch so klein – Glücks an diesen Menschen abgeben, eine Erleichterung von seinem oder ihrem Schmerz oder Leiden.

Stellen Sie sich diesen Prozess der Verwandlung mit jedem Atemzug vor, den Sie tun. Atmen Sie den Schmerz ein. Fügen Sie Ihre eigenen mitfühlenden Wünsche hinzu und atmen Sie eine kleine Dosis Trost wieder aus. Atmen Sie Bedrohungen ein, lindern Sie sie, indem Sie Ihre Liebe hinzufügen, und atmen Sie Sicherheit aus. Atmen Sie Verzweiflung ein, atmen Sie Frieden aus. Atmen Sie das Gefühl ein, überwältigt zu sein, und atmen Sie Stärke aus. Atmen Sie die Schwierigkeiten des Leidenden ein und Leichtigkeit und Wohlbefinden aus.

Übung für Mikromomente

MITGEFÜHL IM ALLTAG

Nutzen Sie jede Gelegenheit
Sie können Mitgefühl auch auf informellem Wege praktizieren. Dazu bietet sich in der Hektik des Alltags eine Fülle von Möglichkeiten: wenn Sie vom Auto ins Büro gehen, während Sie in der Warteschlange an der Kasse stehen oder in einem Meeting sitzen. Was spricht dagegen, die Gedanken nicht ziellos umherwandern zu lassen, sondern vielmehr gezielt geistig aktiv zu werden, um die eigene Fähigkeit, mit den Mitmenschen eine mitfühlende Verbundenheit herzustellen, zu trainieren? Dazu müssen Sie lediglich emotionale Energie investieren, nicht Zeit oder Geld. Sie benötigen lediglich die Bereitschaft, Ihr Herz und Ihren Geist neu zu konditionieren, um Ihre Mitmenschen in einem anderen Licht zu sehen.

Beobachten Sie
In diesen »speziellen« Augenblicken sollten Sie zunächst die Gesichter und die Körperhaltung Ihrer Mitmenschen genau beobachten. Das müssen gar nicht die Menschen sein, mit denen Sie gerade kommunizieren. Fremde Passanten sind hervorragende »Ziele« für diese informellen Übungen. Sie fangen mit der harmlosen Beobachtung der Menschen an, wenn auch mit respektvoller Distanz und in liebevoller Absicht.

Nehmen wir beispielsweise Ihren Weg zur Arbeit. Im Zug, im Auto, auf dem Parkplatz – überall können Sie sich die Zeit nehmen, die Menschen um Sie herum wahrzunehmen, statt sich lediglich Ihren eigenen Gedanken hinzugeben. Überlegen Sie, inwieweit Ihre Mitmenschen im Augenblick vielleicht von – großen oder kleinen – Sorgen geplagt werden. Vielleicht hilft es Ihnen, sich ins Gedächtnis zu rufen, dass keine Situation hundertprozentig gut (oder schlecht) ist. Jeder Augenblick enthält für jeden Menschen auf dieser Erde eine einzigartige Mischung aus Glück und Pech.

Vor diesem Hintergrund sollten Sie sich die anderen Menschen genauer ansehen, deren Wege die Ihren kreuzen. Halten Sie nach nonverbalen Signalen für ihr Leiden Ausschau, wie klein sie auch sein mögen: eine Grimasse, gerunzelte Augenbrauen, ein schwerer Seufzer oder eine gebeugte Körperhaltung – jegliches Signal dafür, dass dieser Mensch eine Last auf seinen Schultern oder in seinem Herzen trägt.

Reflektieren Sie

Nehmen Sie dieses Leiden mit Ihrem ganzen Körper auf, nicht nur mit Ihren Augen und Ihrem Geist. Können Sie die Last, die dieser Mensch trägt, in Ihrem eigenen Körper und Ihrem eigenen Herzen wiederfinden? Alle Menschen leiden. Auf irgendeiner Ebene werden Ihnen die Schwierigkeiten des anderen vertraut vorkommen. Lassen Sie Ihren Geist und Ihr Herz entspannt über diese Quelle gemeinsamen Schmerzes reflektieren.

Ihr Wunsch für den anderen

In diesen Augenblick der Empathie entlassen Sie einen einzigen Wunsch für diesen Menschen:

- Möge er von Schmerz und Leiden befreit werden.

Versuchen Sie, diesen Wunsch zu konkretisieren, indem Sie eine oder mehrere der folgenden klassischen Formeln im Stillen aufsagen – in Ihrem eigenen Geist und Herzen –, wobei Sie all Ihre guten Wünsche diesem speziellen Menschen zusenden.

- Mögen deine Schwierigkeiten (dein Unglück, dein Schmerz) verschwinden.
- Mögest du Frieden finden (innere Leichtigkeit, Stärke).
- Möge dir die Last von den Schultern genommen werden.

Wie bei allen Übungen, die auf diesen Formeln basieren, sind es nicht Ihre Worte, die von größter Bedeutung sind, sondern die Gefühle, die diese Worte hervorrufen. Experimentieren Sie. Ersinnen Sie neue Formulierungen, bis Sie eine gefunden haben, die Ihr Herz bewegt und dort eine kaum merkliche, physische Veränderung bewirkt.

Denken Sie daran, dass dies kein magisches Denken ist. Ihren Bewusstseinsstrom auf das Mitgefühl zu verlagern, ist kein metaphysischer Trick, der dem anderen Menschen sofort sein Leiden nimmt. Ihr Ziel bei dieser informellen Übung ist deutlich bescheidener und realistischer. Es geht nur darum, Ihr Herz zu mehr Offenheit und Betroffenheit im Hinblick auf den Schmerz und die Schwierigkeiten, mit denen Ihre Mitmenschen unweigerlich zu kämpfen haben, zu bewegen. Mit anderen Worten: Sie konzentrieren sich bei dieser Übung zwar vollständig auf andere Menschen, aber die Person, die davon am allermeisten verändert wird, sind Sie selbst.

Ein Fest: Dem Glück des anderen mit Liebe begegnen

Manchmal kommt es einem geradezu überwältigend vor, sich dem Leiden anderer Menschen wahrhaft zu öffnen. Es erfordert natürlich Mut, den Menschen, die leiden, zur Seite zu stehen und mit ihnen eins zu werden; Mut, der mit der Zeit schwinden kann. Aber man kann ihn neu auffüllen, denn er ist eine erneuerbare Ressource. Glücklicherweise gibt es unzählige Gelegenheiten, um Ihre Ressourcen zum Mitgefühl erneut aufzuladen. Sie müssen lediglich die Chance ergreifen, eine weitere Variante der Liebe zu leben: die feiernde Liebe. Dadurch schaffen Sie eine Verbindung zu Menschen, die Glück haben.

Der Positivitätsquotient

Unglückliche Momente und das dazugehörige Leiden scheint es auf der Welt in Hülle und Fülle zu geben. Doch statistisch gesehen existieren erheblich mehr Augenblicke des Glücks mit den dazugehörigen Gelegenheiten für positive Emotionen. Eine gründliche Untersuchung des Alltagslebens kommt zu dem Schluss, dass gute Ereignisse die schlechten in einem Verhältnis von 3 zu 1 überwiegen.[202] Mit anderen Worten: Auf jede Unglücksepisode, mit der Sie konfrontiert werden, kommen wahrscheinlich drei oder mehr Episoden des Glücks, die das ausgleichen. Außerdem ist es die Häufigkeit, nicht die Bedeutsamkeit der positiven Ereignisse, die für Ihr Wohlbefinden verantwortlich ist.[203] Der Schlüssel liegt natürlich darin, die guten Ereignisse zu bemerken und offen für sie zu sein, und zwar genauso sehr wie für die schlechten. Stellen Sie Sorge und Grübelei hintenan. Erwachen Sie, um den gegenwärtigen Augenblick zu genießen. Dann werden Sie entdecken, dass die meisten Augenblicke im Leben immer ein wenig Glück beinhalten, das wir genießen können, ob es nun die frische Luft ist, ein gutes Essen oder ein gutes Gemeinschaftsgefühl.

Die Entdeckung, dass gute Ereignisse im Leben der Menschen viel häufiger sind als schlechte, ist besonders tröstlich. Man könnte sogar sagen, dass die Welt beschlossen hat, Ihnen genau den richtigen Positivitätsquotienten zur Verfügung zu stellen, damit es Ihnen gut geht. Meine früheren Forschungen haben einen Quotienten von 3 zu 1 als Tipping-Point im emotionalen Erleben eines Menschen identifiziert.[204] Dieses Verhältnis von positiven zu negativen Emotionen markiert die Grenze zwischen Stagnation und Erfüllung; zwischen einer Existenz, bei der man gerade so über die Runden kommt, und einem Leben, das durch Energie, Verbundenheit und Fülle gekennzeichnet ist.

Oft glaubt man unwillkürlich, dass gute Ereignisse an sich schon gute Gefühle hervorrufen. Aber das ist keineswegs immer so. Ob positive Ereignisse Augenblicke der Freude, Dankbarkeit, Heiterkeit oder Liebe schaffen, hängt davon ab, ob Menschen derlei Ereignisse überhaupt wahrnehmen und sich ihnen zuwenden oder sie stattdessen vom Tisch wischen oder gar nicht erst bemerken. In Kapitel 1 erwähnte ich die Bandbreite, innerhalb derer Menschen gute Ereignisse überhaupt wahrnehmen. Meine Doktorandin Lahnna Catalino und ich nennen diese Variation *Priorisierung von Positivität.* Je mehr Priorität Sie der eigenen Positivität einräumen, umso bereitwilliger verwandeln Sie gute Ereignisse in gute Gefühle. Lahnna und ich entdeckten sogar, dass Personen, bei denen diese Neigung ausgeprägter war, emotional stärker von einer Umarmung profitierten.[205]

Suchen Sie die Nähe zum Glück

Genauso wie Sie sich vielleicht versucht fühlen, sich vom Leid der anderen abzuwenden, um Ihr eigenes zu begrenzen, fühlen Sie sich vielleicht versucht, sich vom Glück der anderen ebenfalls fernzuhalten, weil Sie glauben, dass es – irgendwie – Ihr eigenes Glück schmälert. Diese Distanzierung kann in einer der drei folgenden Varianten daherkommen.

Feindseligkeit oder Neid Neid wird durch obsessives, kontrafaktisches Denken charakterisiert. »Warum sie und nicht ich?«, fragen Sie sich immer und immer wieder. »Warum werden sie akzeptiert und ich nicht?« Natürlich können Sie »akzeptiert« bei Ihren heimlichen Tiraden durch andere Formen des Glücks ersetzen, wie »Warum bekommt er die Gehaltserhöhung/das Lob/diese Geliebte/dieses Auto?« oder jedes andere soziale oder materielle Gut. Diese Reaktion geht stillschweigend von der irrtümlichen Überzeugung aus, dass die anderen ihr Glück im Gegensatz zu einem selbst »nicht verdient« hätten. Diese narzisstische Selbstüberhöhung unterdrückt liebevolle Verbundenheit jeder Art.

Selbstherabsetzung Sie betrachten sich selbst als Pechvogel. Sie sind des Glücks, das andere genießen, nicht würdig; eine selbstkritische Voreingenommenheit, die – genau wie der Neid – eine positive Verbindung zu anderen behindert.

Vollkommene Gleichgültigkeit Sie betrachten das Glück oder Pech anderer Menschen als vollkommen irrelevant für den eigenen, selbstzentrierten Interessensbereich. In diesem Seinsmodus sind Sie emotional vom Leben der anderen Menschen vollkommen abgeschnitten.

Wenn Sie aber im Gegensatz dazu die Einsicht entwickeln, dass jeder Mensch, genau wie Sie, sich nach Glück sehnt und dass Leiden und Glück für jeden unvermeidlich sind, dann lernen Sie, das Glück Ihrer Mitmenschen in Ehren zu halten und als Anlass zum Feiern zu betrachten. Diese Augenblicke schaffen jede Menge Gelegenheiten, um soziale Distanz zu reduzieren und offen zu sein, also um Positivitätsresonanz zu schmieden.

Diverse randomisiert kontrollierte Tests in der positiven Psychologie bestätigten, dass Menschen, die ihr Glück zu schätzen lernen – zum Beispiel, indem sie täglich mindestens drei Segnungen aufzählen –, Ihre Fähigkeit zur Dankbarkeit steigern, was wiederum Ihre sozialen Bande stärkt und für ein dauerhaftes Glücksgefühl, ja sogar physische Gesundheit sorgt.[206] Die feiernde Liebe sollten Sie sich als die großzügigere Cousine der Dankbarkeit vorstellen. Die bekannten Vorzüge der Dankbarkeit werden durch sie noch weiter gesteigert; sie umfasst nicht nur diejenigen, die etwas für *Sie* getan haben, sondern auch die, die *anderen* Menschen unter die Arme gegriffen haben. Auf arithmetischer Ebene ist die Sache ganz einfach: Wenn Sie das Glück der anderen ebenso sehr schätzen wie Ihr eigenes, multiplizieren Sie Ihre Gelegenheiten zu Liebe und Glück um ein Vielfaches. Genau wie die Happy Hour immer wieder beginnt, weil es irgendwo immer fünf Uhr nachmittags ist, können Sie fast ständig durch gemeinsame Freude, Liebe und Verbundenheit emotional aufgerichtet werden, denn Glück gibt es immer und überall. Sie müssen nur Augen und Herz offen halten.

Menschen auf der ganzen Welt brauchen andere, auf die sie sich stützen können. Soziale Unterstützung ist eine Rettungsleine. Wenn Sie sich vorstellen, jemanden zu unterstützen, dann impliziert das, dass er schwach oder leidend ist. Vor Ihrem geistigen Auge stellen Sie sich Ihren Freund im Krankenhaus vor, das Kind Ihrer Nachbarn ist gerade vom Fahrrad gefallen, und Ihre Kollegin ist vor lauter Stress den Tränen nahe. Doch die neuesten Forschungen haben ergeben, dass soziale Unterstützung in *Glücksmomenten* eine erheblich effizientere Methode ist, um Beziehungen aufzubauen, als in negativen Momenten.[207] In den Augenblicken, in denen Sie das Glück des anderen feiern, zeigen Sie ihm, dass er Ihnen wirklich am Herzen liegt, und legen den Grundstein für seine Überzeugung, dass Sie auch in schwereren Zeiten für ihn da sein werden.

Doch es erfordert wieder einmal Übung, das Glück der anderen zu erkennen und darauf in dieser gesunden, lebensspendenden und beziehungsstärkenden Weise zu reagieren. Immerhin müssen Sie vielleicht seit langem existierende Gewohnheiten des Neides, der Selbstherabsetzung oder der Gleichgültigkeit überwinden. Probieren Sie die nächste Übung aus, um Ihr Herz der feiernden Liebe zu öffnen.

Meditationsübung

FEIERNDE LIEBE

Ihre Position und Atmung

Suchen Sie sich ein Plätzchen, wo Sie sich ungestört hinsetzen können. Stellen Sie die Füße flach auf den Boden und regulieren Sie Ihre Position und Haltung, bis Ihr Körper sowohl aufmerksam als auch offen ist. Recken Sie die Wirbelsäule in die Höhe wie eine Antenne. Heben Sie Ihr Herz, als ob Sie es jemandem als Geschenk darbringen wollten.

Atmen Sie ein paarmal langsam tief ein und aus, achten Sie dabei bewusst auf das Heben und Senken der Brust.

Ihre Aufmerksamkeit

Richten Sie dann Ihre Aufmerksamkeit auf die Absicht, die Sie mit dieser Meditationsübung verfolgen. Vielleicht möchten Sie lernen, ein besserer Freund oder eine bessere Freundin zu sein. Vielleicht möchten Sie gefährlichen Neid in den Griff bekommen und stattdessen lernen, wie Sie die Erfolge anderer Menschen besser feiern können.

Denken Sie daran, dass es im Leben anderer Menschen in Hülle und Fülle positive Ereignisse – kleine und große – gibt. Manchmal muss man lediglich aus der ichbezogenen Trance erwachen, um diesen Reichtum wahrzunehmen.

Während der gesamten Sitzung sollten Sie Ihre Aufmerksamkeit von Zeit zu Zeit auf die Herzregion richten. Nehmen Sie sich die Zeit, um zu registrieren, inwieweit diese Übung Ihren Körper und sogar Ihr Gesicht beeinflusst. Wie immer sind auch hier die Gefühle und Körperempfindungen, die Sie schaffen, wichtiger als die speziellen Sätze, die Sie vor sich hin sprechen.

Sanft fokussieren

Rufen Sie sich jetzt sanft das Bild eines Menschen ins Gedächtnis, dem etwas Positives passiert ist. Das Ereignis kann groß oder klein sein. Vielleicht hat sich seine Familie vergrößert, weil ein gesundes Kind geboren wurde. Vielleicht hat er oder sie eine Gehaltserhöhung bekommen oder ein wichtiges Projekt am Arbeitsplatz erfolgreich abgeschlossen. Vielleicht fühlt sich diese Person auch einfach nur gesund und stark und genießt die Leichtigkeit des Wohlbefindens im Alltag.

Wie die näheren Umstände auch sein mögen, nehmen Sie im Geiste langsam die Bandbreite seines Glücks in sich auf. Rufen Sie sich dabei ins Gedächtnis, dass dies wie alle Ereignisse im Leben – gut oder schlecht – vorübergehen wird.

Ihr Wunsch für den anderen

Erinnern Sie sich entspannt daran, dass die Menschen in aller Welt sich danach sehnen, glücklich zu sein, und dass – in diesem speziellen Augenblick, für diesen besonderen Menschen – dieser universelle Wunsch wahr wird. In diesem Zusammenhang sprechen Sie die folgende klassische Formel oder Ihre eigene Version davon. Sprechen Sie mit ganzem Herzen:

- Mögen dein Glück und deine Glückseligkeit anhalten.

Wiederholen Sie diesen alten Wunsch mit jedem neuen Atemzug immer und immer wieder. Lassen Sie zu, dass die Formel Ihr Herz und Ihr Gesicht weich macht.

Stellen Sie sich vor, wie Sie diesen Menschen unterstützen, wie Sie sein unerwartetes Glück mit ihm feiern und dafür sorgen, dass die Güte in seinem Leben noch ein wenig länger anhält.

Erweitern Sie Ihren Fokus

Mit fortschreitender Übungspraxis können Sie neue Wege beschreiten, um Ihr Herz zu öffnen und seine Fähigkeiten zu erweitern. Beziehen Sie neue Menschen mit ein, angefangen von solchen, die Sie gut kennen, zu solchen, die Sie gar nicht kennen.

Denken Sie daran, dass Ihr Ziel nicht darin besteht, dass das Glück des Betreffenden für immer bleibt. Das ist nicht möglich. Alles ist endlich, und es hat keinen Zweck, etwas anderes zu erwarten.

Ihr Ziel sollte vielmehr darin bestehen, Ihr Herz so zu konditionieren, dass es die Segnungen im Leben Ihrer Mitmenschen wertschätzen kann, dass es sich öffnen kann, damit Sie auf liebevolle Weise mit ihnen feiern können.

Ich persönlich halte die informellen Übungen feiernder Liebe für besonders wirkmächtig. Wenn ich vom Parkplatz zu meinem Büro auf dem Campus laufe, kreuze ich den Weg vieler Menschen – Studenten, Angestellte, Fakultätsangehörige und Besucher. Auch wenn ich einmal dazu komme, außerhalb meines Büros zu Mittag zu essen oder eine kurze Pause auf den zahlreichen Parkbänken im nahegelegenen Arboretum zu machen, schaue ich mir gern andere Menschen an.

Statt den anderen gleichgültig gegenüberzustehen oder sie aus müßiger Neugierde einzuschätzen zu versuchen, versuche ich bewusst, Zeichen des Glücks wahrzunehmen. Sogar ohne etwas über das mutmaßliche Glück dieses oder jenes Menschen zu wissen, sende ich ihm im Stillen meine guten Wünsche. Oft ist das eine besonders bewegende geistige Übung, wenn ich eigentlich andere Menschen unterstützen will. Es besteht keine Notwendigkeit, diese Person zu unterbrechen oder irgendwie einzuschreiten. Ich bade nur in seinen oder ihren Segnungen und wünsche ihm oder ihr nur das Beste. Manchmal stelle ich mir vor, wie ich den Betreffenden anfeuere oder ihm triumphierend auf die Schulter klopfe. Ich bin häufig verblüfft, wie schnell diese veränderte Perspektive ein Lächeln auf mein Gesicht zaubert und meine Gefühle der Verbundenheit mit anderen weckt.

Dieses stille Feiern können Sie auch anwenden, wenn Sie leichte Verärgerung, die Sie über das Verhalten eines anderen Menschen empfinden, in einen heiteren, fröhlichen Augenblick verwandeln. Egal wie wohlwollend unsere Grundhaltung ist, wir alle können schon mal ungeduldig mit anderen sein, auch wenn ihr einziges Vergehen darin besteht, ihrem eigenen Rhythmus zu folgen. Vielleicht nervt Sie die Kassiererin, die die lange Schlange abarbeitet, in der Sie warten, weil sie etwas zu lange mit jedem Kunden schwatzt, oder die Wirtin des Restaurants am Tisch nebenan, die in ihrer Begeisterung etwas zu laut spricht, oder die Kinder, die in Ihrem Viertel mit Hula-Hoop-Reifen spielen und verhindern, dass Sie die Abkürzung nehmen können.

Mir geht das fast jeden Tag so, wenn ich in meinem Büro arbeite. Dann wird der Strom meiner Gedanken nämlich durch den »Campus-Pfeifer« unterbrochen, einen älteren Herrn, der über den Campus wandert und sich über Kopfhörer Musik anhört, während er laut vor sich hin pfeift. Er macht das eigentlich ganz fantastisch. Doch wenn man ihn ein- oder zweimal gehört hat, ist man genervt. Ich bin da nicht die einzige. Meine Kollegin berichtete mir, dass sie eines Tages an einem ungewöhnlich schönen Tag im Februar ihr Seminar nach draußen verlegte, wo die Diskussion dann aber durch den Campus-Pfeifer rigoros unterbrochen wurde. Ihre Studenten stöhnten und murrten vor sich hin. Wenn andere auf unkonventionelle Weise fröhlich sind, neigt man dazu, sie in erster Näherung zu verurteilen. Aber auf den zweiten Blick kann man deutlich nachsichtiger sein. Mein Campus-Pfeifer ist immerhin ein sehr fröhlicher Mensch. Wenn ich es mir gestatte, seine Musikalität zu genießen, und ihm auch weiterhin Vergnügen wünsche, schaffe ich mir auch selbst einen Quell der Freude.

Übung für Mikromomente

FEIERNDE LIEBE IM ALLTAG

Beobachten Sie

Wann immer sich die Gelegenheit bietet: Suchen Sie nach Signalen des Glücks Ihrer Mitmenschen. Lächelt dieser Mensch? Bewegt sich diese Person dort mit beschwingten Schritten voran? Scheint er oder sie von einem bestimmten Zweck oder einer Leidenschaft angetrieben zu sein? Läuft für ihn oder sie etwas in diesem Augenblick besonders gut?

Ihr Wunsch für den anderen

Öffnen Sie Ihr Herz. Versuchen Sie, das Glück des anderen in sich aufzunehmen, und formulieren Sie Ihren Wunsch für ihn. Das kann der folgende sein oder auch ein Wunsch, den Sie selbst formulieren:

- Möge dein Glück anhalten.

Spüren Sie das Glück

Wünschen Sie dem anderen nur das Beste – und spüren Sie, wie sein Glück in Ihnen widerhallt.

Achten Sie darauf, ob Sie einen neuen Glanz, eine neue Leichtigkeit in Ihrem Herzen oder zusätzliche Sanftheit oder Offenheit in Ihrem Gesicht entdecken.

Wenn Sie mit der feiernden Liebe experimentieren, achten Sie doch einmal darauf, wie leicht Sie die Gefühle liebender Verbundenheit an- und abschalten können, einfach nur, indem Sie sich das wahrscheinliche Glück der anderen ins Gedächtnis rufen. Bemerken Sie, wie andere auf Sie reagieren. Machen das Gesicht und die Offenheit, mit der sie der Welt begegnen, einen Unterschied?

Die weiteren Aussichten

Tatsache ist, dass alle Menschen jahrein, jahraus, wenn nicht sogar täglich, sowohl Glück als auch Pech erfahren. Wenn Sie andere ansehen, können Sie, auch ohne dass Sie mit ihnen reden oder etwas Genaueres über sie wissen, buchstäblich sicher sein, dass sie gleichzeitig mit Glück – großem oder kleinem – gesegnet und von Unglück belastet sind – wieder großem oder kleinem. Jeder Mensch, den wir treffen, verdient also gleichzeitig sowohl unsere mitfühlende als auch unsere feiernde Liebe. Liebe, die zur Positivitätsresonanz aufgewertet wurde, kommt in vielen Varianten daher. Im Leid neigt sie sich dem Mitgefühl zu, im Glück dem Feiern. Aber vor allem bedeutet Liebe Verbundenheit. Wenn Sie sich dem anderen verbunden fühlen, können Sie wahrscheinlich viel besser erkennen, was andere Menschen durchmachen. Sie können sie dort abholen, wo sie stehen, und ihnen aus ganzem Herzen nur das Beste wünschen.

Im nächsten Kapitel bitte ich Sie, die Reichweite Ihrer Liebe noch mehr auszudehnen: über die besonderen Menschen in Ihrem Leben hinaus und sogar über die hinaus, mit denen Sie regelmäßig zu tun haben. Ich möchte Sie davon überzeugen, dass die Reichweite der Liebe praktisch grenzenlos ist. Mit ungezügelter Liebe zu experimentieren ist vielleicht das Schwerste, aber auch das Lohnendste von allem.

8
LIEBE OHNE GRENZEN

Die private Liebe zu einem Einzelnen ist armselig;
die Liebe zu allen ist glorreich.[208]

Thomas Traherne

In einer Welt voller Bedrohungen, Unsicherheiten und unaufhörlicher Ablenkungen ist die Versuchung groß, nur auf sich selbst zu achten. Wer in unserem westlichen Kulturkreis aufgewachsen ist, hat unzählige Versionen dieser Botschaft in sich aufgenommen. Das gilt zumindest für mich. Die direkten und indirekten Botschaften waren eindeutig: Sei selbstgenügsam, unabhängig, bezahle dich selbst zuerst. Du kannst nicht unbedingt auf andere zählen, damit deine Bedürfnisse erfüllt werden, du musst also für dich selbst sorgen. Ganze ökonomische Systeme fußen sogar auf dieser egoistischen Prämisse. Viele Ökonomen mutmaßen, dass die Menschen ihr gesamtes rationales Denken in erster Linie der Maximierung ihres eigenen Gewinns widmen. Sicherlich ist ein gesundes Maß an Unabhängigkeit und Selbstfürsorge für den Erfolg in jedem Kulturkreis vonnöten. Trotzdem kann der ungünstige Nebeneffekt eines solch rigorosen Individualismus ein undurchdringlicher Kokon aus Egoismus sein, der uns blind macht für die Sorgen, Gaben und das Wohlergehen unserer Mitmenschen.

Die unendliche Weite Ihres Herzens

Ein gesteigertes Bewusstsein für den naturgegebenen Wert der Positivitätsresonanz kann Ihnen dabei behilflich sein, sich aus diesem lebensbegrenzenden Kokon zu befreien. Zahllose Studien haben tatsächlich bewiesen, dass positive Emotionen an und für sich dazu beitragen, andere Menschen wirklich wahrzunehmen.[209] Solange Sie sich gut fühlen, ist es erheblich wahrscheinlicher, dass Sie jeden Menschen als Gelegenheit zu Verbundenheit und Wachstum betrachten. Aus dieser Perspektive kennt die Liebe keine Grenzen. Wenn Liebe so bescheiden daherkommt wie ein gemeinsames Interesse, eine gemeinsame Beseeltheit oder Hoffnung, dann gibt es keinen Grund, sie irgendjemandem vorzuenthalten.

Erneut beziehe ich mich in diesem Kapitel auf eine alte Weisheit der Liebende-Güte-Meditation. Genau wie diese Meditationspraxis ermutige ich Sie, Ihr Herz weiter zu öffnen, als Sie es je für möglich gehalten hätten. Zuerst lade ich Sie ein, versuchsweise jedem Wärme und Wohlwollen zu schicken, den Sie kennen. Dann dehnen Sie dieses positive Gefühl noch mehr aus, damit es wirklich jeden umfasst, also sogar die Menschen, die Sie überhaupt nicht kennen. Sobald Sie Ihren Blick, Ihren Geist und Ihr Herz auf größere Ziele gerichtet halten, werden Sie unzählige Möglichkeiten finden, um zärtliche, liebevolle Verbindungen mit jedermann zu knüpfen, ohne jede Ausnahme.

Das sind nicht nur fromme Wünsche, leere Absichten oder eine nutzlose Form magischen Denkens. Wenn Sie den Menschen auf der anderen Seite des Planeten Frieden und Glück wünschen, müssen Sie nicht glauben, dass Ihre Wünsche auf irgendeine metaphysische Weise um die Welt reisen, um deren Tagesablauf zu beeinflussen. Der Punkt ist vielmehr, dass Sie Ihren *eigenen* Tag verändern, indem Sie Ihr Herz konditionieren, weich, offen und fürsorglich jedem neuen Menschen gegenüber zu sein, den

Sie treffen, egal wie die Verbindung zwischen Ihnen bislang gewesen sein mag. Dieses Kapitel enthält sowohl formale als auch informelle Übungen, die Ihnen dabei helfen sollen, die Reichweite Ihrer Liebe zu erweitern, und zwar auch angesichts von Unsicherheit und Ambivalenz.

Gelegenheiten erkennen – und nutzen

Die Liebe als jene Mikromomente der Positivitätsresonanz zu definieren, die Sie mit fast jedem teilen können, eröffnet ungeahnte Möglichkeiten.

Aber natürlich implizieren außerordentliche Möglichkeiten auch außerordentliche Herausforderungen: Man muss die Chancen zur liebevollen Verbundenheit nicht nur erkennen lernen, sondern auch bereit für sie sein. Mikromomente sind flüchtig. Wenn Sie auch nur kurz die Augen davor verschließen – oder in den egoistischen Seinsmodus verfallen –, verpassen Sie sie. Trotzdem kann es Sie sogar einsamer machen, wenn Sie die Gelegenheiten zur Verbundenheit bloß wahrnehmen, ohne auf entsprechendes Handeln vorbereitet zu sein. Um eine Gemeinschaft zu bilden und der schmerzhaften Isolation zu entkommen, müssen Sie Ihrem Herzen beibringen, bereit zu sein. Vervollkommnen Sie Ihre Fähigkeiten, um von jenen lebensspendenden Mikromomenten zu profitieren, damit Sie sofort hineinspringen können, wenn der Fluss neuer Gelegenheiten zur Liebe auf sie zufließt.

Meditationsübung

ALLE LIEBEN

Ihre Position

Ziehen Sie sich an einen Ort zurück, wo Sie ungestört sitzen können. Erden Sie sich selbst, indem Sie die Füße flach auf den Boden stellen, und nehmen Sie eine Körperhaltung ein, durch die Sie aufmerksam und offen werden. Strecken Sie die Wirbelsäule und heben Sie den Brustkorb an. Da emotionale Zustände zutiefst verkörperlicht sind, sollten Sie jene Haltung suchen, die zum Entgrenzen der Liebe passt.

Ihre Atmung

Beginnen Sie wieder einmal damit, ein paarmal langsam und tief ein- und auszuatmen. Achten Sie darauf, wie jeder einzelne Atemzug durch Ihre Lungen und durch Ihren Körper fließt.

Ihre Aufmerksamkeit

Richten Sie Ihre Aufmerksamkeit auf Ihre Absicht für diese Sitzung. Sprechen Sie diese Absicht leise aus. Vielleicht möchten Sie für das riesige Meer an Möglichkeiten der Liebe ein Bewusstsein entwickeln oder Freude finden in der Verbundenheit zu allen Menschen, die Sie heute treffen.

Während der Übungen sollten Sie daran denken, entspannt Ihre Aufmerksamkeit auf die Herzregion zu richten. Achten Sie auf jede veränderte Empfindung in Ihrem Gesicht und Ihrem Körper. Diese physischen Aspekte Ihrer Erfahrung sind deutlich wichtiger als die Meditationsformeln, die Sie vor sich hin sprechen.

Visualisieren Sie

Nun rufen Sie sich sanft das Bild einer Menschenmenge ins Gedächtnis. Das können zum Beispiel alle Menschen in Ihrem Stadtteil oder Ihrer Region sein. Dazu könnten Sie sich den Ausblick vorstellen, den

Sie hätten, wenn Sie ganz niedrig über den entsprechenden Landstrich dahinfliegen. Obwohl Sie die einzelnen Menschen nicht sehen können, ist Ihnen bewusst, dass sie da sind, unter fast jedem Dach. Sie verrichten die Aufgaben ihres Alltags, vielleicht essen sie, ruhen sich aus, arbeiten, beten oder gehen einfach nur von einem Ort zum anderen.

Erweitern Sie Ihr Bewusstsein, um diese ganze Gemeinschaft zu umfangen. Seien Sie sich im Klaren darüber, dass Menschen dazugehören, die Sie ganz gut kennen, solche, die Sie nur ein bisschen kennen, und solche, die Sie überhaupt nicht kennen. Sie können sicher sein, dass jeder Einzelne von ihnen, wie Sie selbst, sich in seinem Leben irgendwann einmal nach mehr gesehnt hat, nach mehr Glück, mehr Verbundenheit, nach dauerhaftem inneren Frieden.

Lassen Sie das Bewusstsein für diese grundlegende Ähnlichkeit zwischen Ihnen und allen andern in den Raum zwischen Ihrem Herzen und den Herzen der anderen dringen. Sie haben die gleichen Wünsche, leben auf der gleichen Erde. Sie atmen die gleiche Luft.

Ihr Wunsch für die anderen

Mit dieser Verbundenheit zu allen Menschen im Kopf sagen Sie sich leise die folgenden alten Sätze vor – oder Ihre eigenen Versionen davon. Äußern Sie diese Wünsche von ganzem Herzen.

- Möget ihr alle euch sicher und beschützt fühlen.
- Möget ihr alle euch glücklich fühlen und von innerem Frieden erfüllt.
- Möget ihr alle gesund und stark sein.
- Möget ihr alle die Leichtigkeit des Wohlbefindens erfahren.

Äußern Sie jeden Wunsch gleichzeitig mit dem Ein und Aus Ihrer langsamen Atemzüge. Das Wohlwollen, das Sie allen Menschen in Ihrer Gegend oder Stadt entgegenbringen, soll Ihr Herz erfüllen und weich machen.

Erweitern Sie Ihren Fokus
Wenn Sie fertig sind, erweitern Sie Ihren Fokus weiter. Vielleicht stellen Sie sich Ihr gesamtes Land oder sogar den Kontinent vor und schicken Ihr Wohlwollen jedem, der dort wohnt. Erneut erkennen Sie, dass Menschen dazugehören, die Sie persönlich gut kennen, aber auch unendlich viele Menschen, die Sie nicht kennen. Wiederholen Sie die Formeln nun leise in Bezug auf diese größere Menschengruppe, auf die Sie sanft Ihr Bewusstsein gerichtet haben.

Gruppieren Sie
Eine andere Möglichkeit, um mit der Liebe zu allen Menschen zu experimentieren, besteht darin, die Summe aller Menschen in zwei sich wechselseitig ausschließende, aber dennoch allumfassende Kategorien zu unterteilen. Dazu ist kein großartiges analytisches Denken erforderlich. Rufen Sie sich einfach jegliche Gruppierung ins Gedächtnis, die Ihnen sinnvoll erscheint, wie »alle Kinder« zusammen mit »allen Erwachsenen«, »alle Mädchen und Frauen« mit »allen Jungen und Männern« oder »alle, die leiden« mit »allen, die momentan frei von Leiden sind«. In diesem Stadium können Sie Ihrer Kreativität freien Lauf lassen, vielleicht indem Sie sich auf »alle Schlafenden« konzentrieren kombiniert mit »allen Wachenden« oder auf »alle, die momentan im Sonnenlicht gehen« im Vergleich zu »allen, die jetzt die Dunkelheit der Nacht erfahren«. Der Schlüssel besteht darin, keinen Menschen auszulassen, alle in die Betrachtung mit einzubeziehen. Dann wiederholen Sie die klassischen Formeln für jede Untergruppe, auf die Sie Ihren Fokus gerichtet haben, wobei Sie Ihr von Herzen kommendes Wohlwollen äußern.

- Mögen alle Kinder sich sicher fühlen.
- Mögen alle Kinder sich glücklich fühlen.
- Mögen alle Kinder gesund sein.
- Mögen alle Kinder die Leichtigkeit des Wohlbefindens erfahren.

Während Sie diese Wünsche erweitern, versuchen Sie sich sanft dazu zu bringen, das Wörtchen *alle* auch emotional nachzuvollziehen. Betonen

Sie dieses eine Wörtchen einfach nur mehr als die anderen, um Ihr Herz mit jedem geäußerten Wunsch noch ein Stückchen weiter zu öffnen.

- Mögen alle Erwachsenen sich sicher fühlen.
- Mögen alle Erwachsenen sich glücklich fühlen.
- Mögen alle Erwachsenen gesund sein.
- Mögen alle Erwachsenen die Leichtigkeit des Wohlbefindens erfahren.

Abschluss

Am Ende dieser Meditationssitzung sollten Sie sich ins Gedächtnis rufen, dass jeder Mensch, den Sie heute treffen, schon im Fokus Ihrer liebevollen Absichten stand. Nutzen Sie dieses Bewusstsein, um neue Mikromomente der Verbundenheit zu schaffen.

Erschließen Sie sich Gelegenheiten

Abseits der formalen Praxis der Liebende-Güte-Meditation kann es Ihr Herz sehr erweitern, wenn Sie einfach nur registrieren, wie viel von Ihrer täglichen Aufmerksamkeit Sie Ihren eigenen Belangen widmen. Sie sind immerhin verantwortlich dafür, sich durch den Tag zu navigieren, und manchmal erfordert das genaue Planung oder strategische Selbstpräsentation. Probleme entstehen nur dann, wenn Sie in Strudel geraten, die endlos zu sein scheinen. Manchmal sieht es so aus, als ob Sie ganz allein einen Spiegelsaal betreten hätten. Überall sehen Sie das Spiegelbild der immer gleichen Sorge um sich selbst, und Sie finden den Weg nicht hinaus. Den Fokus wieder auf andere zu richten *ist* der Ausweg.

Natürlich ist die Absicht, die Sie verfolgen, dabei besonders wichtig. Die Konzentration auf andere hat viele Formen, von denen nicht alle großzügig oder selbstlos sind. Auch sie kann ein weiterer Akt der Selbstsucht sein. Eine objektivierende Haltung stellt die Frage: »Was kannst du für mich tun?« Im Gegensatz dazu fragt ein Mensch mit dem echten Wunsch, sein Gegenüber zu verstehen und wertzuschätzen: »Wer bist du?« Er vertraut zudem darauf, dass die Schritte, die er unternimmt, um eine Antwort auf diese Frage zu bekommen, die dem anderen innewohnende Güte enthüllen wird. Aus dieser Perspektive des offenen Herzens dringen fürsorgliche und mitfühlende Gefühle mühelos an die Oberfläche.

Eine Methode, achtsamer für das Maß Ihrer Konzentration auf sich selbst und andere zu werden, besteht darin, sich einen typischen Tagesablauf – zum Beispiel des gestrigen Tages – noch einmal vor Augen zu führen und ihn Episode um Episode durchzugehen. Dadurch ermitteln Sie schon einmal die reine Anzahl verpasster Gelegenheiten, um Mikromomente der Positivitätsresonanz zu schaffen. Dieses zusätzliche Bewusstsein kann Sie inspirieren, sich derlei wiederkehrenden Gelegenheiten in Zukunft zuzuwenden, statt sie ungenutzt verstreichen zu lassen.

Ich will Ihnen in der folgenden Übung eine Bewertungsmethode vorstellen, die von einem meiner früheren Kollegen und Mentoren, dem Nobelpreisträger und Psychologen Daniel Kahneman, entwickelt wurde, der gleichzeitig Autor des Bestsellers *Schnelles Denken, langsames Denken* ist. Sie nennt sich »Day Reconstruction Method« (DRM). Dabei handelt es sich um eine Methode zur Bewertung von Tagesabläufen, mit der Sie Ihre täglichen Denkgewohnheiten und Ihre Gefühle, sowohl die tatsächlichen als auch die möglichen, Revue passieren und bewerten können.

Ich will nicht verhehlen, dass diese Aktivität zeitintensiv ist. Man benötigt bis zu einer Stunde. Aber die Einsichten, die Sie daraus gewinnen, können Sie in späteren Mikromomenten einsetzen.

Übung für Mikromomente

GELEGENHEITEN ZUR LIEBE ENTDECKEN

Am Anfang benötigen Sie entweder Ihr Tagebuch oder einen Schreibblock und einen Taschenrechner. Die Berechnung ist ein wenig kompliziert, daher können Sie auch einfach das Online-Tool »Day Reconstruction Method« ausprobieren, das Sie auf der Website zu diesem Buch finden, und zwar unter www.PositivityResonance.com. Die Seiten sind zwar auf Englisch, aber ich denke, Sie können sie trotzdem gut für Ihre Zwecke nutzen. Registrieren sie sich einfach kostenlos über den Menüpunkt »Tools«.

Unterteilen Sie Ihren Tag in Episoden

Machen Sie es sich – vor Ihrem Computer oder mit Papier und Bleistift – bequem. Ihre Aufgabe besteht nun darin, sich an alles zu erinnern, was Sie gestern getan haben. Es kann ganz schön schwierig sein, sich an die Details eines ganzen Tages zu erinnern. Deshalb wird bei DRM-Übungen dieser Prozess in Einzelschritte aufgeteilt. Zunächst legen Sie den Rahmen fest, indem Sie sich dem Morgen und dem Abend widmen. Wann hat Ihr Tag begonnen – und wann geendet?

Dann beginnen Sie am Morgen und arbeiten sich durch die Stunden bis zum Abend, indem Sie Ihren Tag in eine fortlaufende Folge von Episoden unterteilen. Geben Sie jeder Episode einen kurzen, beschreibenden Namen und notieren Sie den ungefähren Zeitrahmen mit Anfang und Ende der Episode. Vermeiden Sie größere Lücken und Überschneidungen.

	Name der Episode	**Von ... bis ...Uhr**	**Minuten**
1.	Recken und strecken	6:45–6:50	5
2.	Badbesuch und anziehen	6:50–7:05	15
3.	Kurzer Spaziergang	7:05–7:20	15
4.	Frühstück	7:20–7:40	20
5.	...	...	...

Stellen Sie sich die Episoden wie Szenen in einem Theaterstück vor. Wann immer die Figuren, die Kulisse oder der Sinn und Zweck Ihrer täglichen Aktivitäten sich verändern, beginnt eine neue Episode. Natürlich können Sie kleine Exkurse hinter die Kulisse – wie Naseputzen oder den Besuch im Bad – auslassen. Dennoch ist es wichtig, Ihren Tag in seiner Gesamtstruktur zu erfassen. Typische Episoden können zwischen zehn Minuten oder zwei Stunden dauern. Vielleicht stellen Sie fest, dass der gestrige Tag in weniger als zehn oder in fast dreißig Episoden unterteilt werden kann.

Beurteilen Sie die Episoden

Folgende Variante der DRM kann sich als nützlich erweisen, um Gelegenheiten zu schaffen, sich auf andere zu konzentrieren und das Potenzial freizusetzen, das derlei Momente für die Liebe bereithalten. Für jede einzelne Episode sollten Sie Ihre Antworten auf die folgenden Fragen so genau und ehrlich Sie können beantworten.

Name der Episode: ______________________________

Dauer der Episode (in Minuten): ______________________

	Frage	**0–100 Prozent**
1.	Für welchen verhältnismäßigen Zeitraum waren in dieser Episode andere Menschen anwesend, entweder persönlich oder am Telefon? (Schließen Sie an dieser Stelle asynchrone Kommunikation wie E-Mails, Botschaften auf dem Anrufbeantworter oder SMS aus.)	
2.	Für welchen verhältnismäßigen Zeitraum waren Sie in dieser Episode in der Lage, sich auf respektvolle und sinnhafte Weise auf den oder die anderen zu konzentrieren?	

3.	Für welchen verhältnismäßigen Zeitraum waren Sie in dieser Episode in der Lage, sich auf die Erlebnisse anderer Menschen einzustimmen und mit ihnen eine Verbundenheit herzustellen?	
4.	Für welchen verhältnismäßigen Zeitraum erfüllte Sie in dieser Episode die Gesellschaft anderer mit Energie?	
5.	Für welchen verhältnismäßigen Zeitraum teilten Sie in dieser Episode Gedanken und Gefühle mit anderen?	
6.	Für welchen verhältnismäßigen Zeitraum verliefen in dieser Episode Ihre Interaktionen mit den anderen reibungslos und ohne Koordinationsschwierigkeiten?	
7.	Für welchen verhältnismäßigen Zeitraum waren Sie in dieser Episode vom gegenseitigen Gefühl durchdrungen, am Wohlergehen des anderen Anteil zu haben?	

Bei den ersten drei der sieben Fragen zu jeder Episode wird der verhältnismäßige Zeitraum wahrscheinlich immer kürzer. Die *Fragen 1* und *2* umfassen die Voraussetzungen, um Mikromomente der Positivitätsresonanz mit anderen zu teilen; zuerst die Anwesenheit der anderen und dann die respektvolle und bedeutsame Konzentration auf andere. Während *Frage 3* das gestalterische Moment der Verbundenheit (auf das wir in *Kapitel 5* eingegangen sind) anspricht, befassen sich die übrigen Fragen jeweils mit den drei Schlüsselfaktoren der Positivitätsresonanz: geteilte positive Emotionen (*Fragen 4* und *5*), Verhaltenssynchronie (*Frage 6*) und gegenseitige Fürsorge (*Frage 7*).

Auswertung

Kommen wir zur Auswertung. Die Online-Tools nehmen Ihnen diese Aufgabe ab. Wenn Sie die Übung aber auf dem Papier absolvieren, ist ein Taschenrechner ganz praktisch.

Addieren Sie zunächst die Gesamtmenge der Minuten sämtlicher aufgezeichneter Episoden. Dieser Wert sollte ungefähr die Phase Ihrer gestrigen wach verbrachten Zeit umfassen.

Wach verbrachte Zeit gesamt	_____ Minuten

Dann rechnen Sie Ihre Antworten auf *Frage 1* bis 7 ebenfalls in Minuten um. Multiplizieren Sie dazu die Dauer der Episode in Minuten mit dem Zeitprozentsatz (mit anderen Worten: Bei 20 Prozent multiplizieren Sie mit 0,20. Bei 5 Prozent multiplizieren Sie mit 0,05).

Beispiel: *Episode Kurzer Spaziergang*
Dauer: 15 Minuten

Frage	15 Minuten multipliziert mit	Ergebnis
1	0,7	10,5
2	0,5	7,5
3	0,2	3
…	…	…
	Gesamt	_____

Anschließend addieren Sie für *jede Frage einzeln* die Gesamtminuten jeder Episode. Für *Frage 1* müssen Sie also die Gesamtminuten ermitteln, die Sie in Ihrer wachen Zeit mit anderen zusammen waren. Bei *Frage 2* brauchen Sie das Gesamtergebnis der Minuten, die Sie sich sinnhaft mit anderen befasst haben, und so weiter.

Beispiel: *Frage 1*

Episode	**Errechnete Minuten**
Recken und Strecken	4,5
Badbesuch und anziehen	3
Kurzer Spaziergang	10,5
…	…
Gesamt	____

Wahrscheinlich ist die Kluft zwischen den Zahlen beträchtlich. Ihre errechnete Minutenzahl bei *Frage 1* zeigt Ihnen, wie viel Zeit Sie tatsächlich in der Gegenwart anderer Menschen verbringen. Die Differenz, die Sie dann zu der Minutenzahl von *Frage 2* sehen, repräsentiert das nicht genutzte Potenzial eines typischen Tages, um Positivitätsresonanz zu schaffen.

Anschließend ermitteln Sie die Gesamtanzahl der Minuten während ihrer gestrigen Wachzeit, in denen Sie entweder das gestalterische Moment der Positivitätsresonanz (*Frage 3*) oder eine der drei Facetten dieses Moments (*Fragen 4* und *5*, gefolgt von *6* und *7*) spürten.

Die Diskrepanz zwischen jeder dieser Zahlen und der Gesamtanzahl von Minuten, die Sie in der Gesellschaft Ihrer Mitmenschen verbrachten (*Frage 1*), repräsentiert Ihr ungenutztes Potenzial zur Liebe, eine Zahl, die wahrscheinlich recht groß ist. Im Gegensatz dazu gibt es eine kleinere Diskrepanz zwischen jeder dieser Zahlen (für die *Fragen 3* bis *7*) und der Gesamtzahl von Minuten, die Sie im respektvollen und sinnhaften Fokus auf andere verbracht haben (*Frage 2*). Sie repräsentiert den Wert, wie leicht Sie in der Lage waren, die entsprechenden Gelegenheiten in Mikromomente der Liebe zu verwandeln.

Durch diesen kurzen Überblick wissen Sie nun, wie viele Gelegenheiten Sie verpassen, wenn Sie beispielsweise selbstgenügsam im Internet surfen. Sicherlich sind derlei Aktivitäten normal, unvermeidlich und machen manchmal sogar Spaß. Aber denken Sie doch einmal darüber nach, wie viele Erfahrungen Sie dadurch ausblenden. Was verpassen Sie dadurch? Mehr Liebe?

Jeremys Geschichte

In meinem Büro zu Hause hängen drei gerahmte Briefe – zwei von meinen eigenen Söhnen und ein dritter von ein paar Kindern, die ich vielleicht nie kennen lernen werde. Die beiden Briefe meiner Jungs sind Muttertagsgeschenke. Sie haben dort aufgeschrieben, was ich als Mom alles für sie tue: »die besten Pfannkuchen aller Zeiten backen« und »mich anfeuern« bis hin zu »gern mit mir reden« und »mir erzählen, was sie unterrichtet«. Der dritte Brief ist mit blauem Filzstift auf grünes Bastelpapier geschrieben und mit Glitzerkleber und Comicbildchen verziert. Er lautet folgendermaßen: »Liebe Dr. Fredrickson, vielen Dank, dass Sie Mr. Wills beigebracht haben, + zu sein. Mit Liebe, Tisha und Kelly.«[210] (Das »+« in diesem Brief steht für »positiv«.)

Mr. Wills heißt eigentlich Jeremy Wills und ist einer meiner früheren Studenten. Vor ein paar Jahren hatte er sich in eines meiner Doktorandenseminare über positive Psychologie eingeschrieben. Bis zu diesem Zeitpunkt hatte er an positive Emotionen keinen Gedanken verschwendet.

Als ich vor ein paar Monaten knietief in der Arbeit an diesem Buch steckte, traf ich ihn auf dem Campus der University of North Carolina in Chapel Hill zufällig wieder. Er war zwischen zwei Jobs wieder für kurze Zeit in der Stadt. Vor Jahren war er eine wirkliche Bereicherung meines Seminars gewesen, so offen und nachdenklich, und ich freue mich jedes Mal wieder aufs Neue, ihn zu treffen. Während dieser Unterhaltung auf dem Bürgersteig, die bestimmt eine halbe Stunde dauerte, berichtete Jeremy, dass er einen Brief von einigen seiner früheren Schüler bekommen habe, den er an mich weitergeben müsse. Natürlich war ich neugierig und wollte mehr erfahren. Ich fragte ihn, ob ich ihn für dieses Buch interviewen dürfe, und er willigte ein. Seine Geschichte und die seiner Schüler zeigt augenfällig, warum und inwiefern Positivitätsresonanz einen Unterschied macht, wie man sie sich zunutze machen kann, und das sogar in den schwierigsten Gruppensituationen.

Nach dem Examen hatte Jeremy eine der begehrten Stellen bei Teach For America (TFA) bekommen, einer Nonprofit-Organisation nach dem Vorbild des Friedenskorps, die Tausende von zukünftigen Führungskräften aus dem College rekrutiert, um sozial schwachen Gemeinden für zwei oder mehr Jahre neue Lehrer zu vermitteln. Jeremy hatte bei Teach For America mitarbeiten wollen, weil er sich danach sehnte, tatsächliche soziale Veränderungen zu bewirken. Wenige Jahre zuvor hatte er freiwillig ein Schulpraktikum in einer kleinen Stadtschule im benachbarten Durham County gemacht, die schwer zu kämpfen hatte. Dort war ihm aufgefallen, welche Ironie darin lag, im eigenen »Elfenbeinturm« seiner Eliteuniversität zu sitzen, wo bereits Generationen von Studenten vor ihm in abstrakten Begriffen darüber diskutiert hatten, dass soziale Ungleichheit auf gesellschaftliche Diskrepanzen in Bildung und Wohlstand zurückzuführen ist, während gleichzeitig einen Straßenzug weiter ein Schüler der Mittelstufe saß, der Schwierigkeiten hatte, einen Satz wie »Fischers Fritz fischt frische Fische« zu lesen.

Als er eines dieser unterprivilegierten Kinder selbst kennen lernte und die riesige Kluft zwischen dessen Hoffnungen (zum Beispiel »Videospiele programmieren«) einerseits und seinen akademischen Fähigkeiten andererseits wahrnahm, entdeckte Jeremy auf ganz persönlicher Ebene: »Jemand hatte diesem Jungen irgendwo irgendetwas angetan, das ihn daran hinderte zu lernen und ihm die entsprechenden Gelegenheiten vorenthielt. Und das ist einfach ungerecht.«

Teach For America bot Jeremy die Chance, die Ärmel hochzukrempeln und seinen Beitrag zur Bildungsgleichheit zu leisten, indem er direkt mit problematischen Kinder einkommensschwacher Familien arbeitete. Nach einer mehrmonatigen Ausbildung trat er seine erste Stelle in einer armen, ländlichen Gegen in North Carolina an. Schon nach kurzer Zeit registrierte seine Direktorin seine außerordentliche Geduld und seine hohen Erwartungen auch für das leistungsschwächste Kind an dieser Highschool. Also gab sie ihm seine eigene Mathematik-Klasse. Er kümmerte sich zunächst um ein Dutzend auffällige Kinder aus dem Sonderschulbereich, deren IQs weit unter dem Durchschnitt lagen oder die dermaßen verhaltensauffällig waren, dass man, »wenn man sie auch nur falsch ansah, befürchten musste, dass sie einem den Tisch umwarfen«. Er war begeistert, dass er diese neue Aufgabe zugewiesen bekommen hatte. Sein Idealismus lief auf Hochtouren. In dem Gespräch mit mir gab er zu, dass er tatsächlich davon ausgegangen war, das Problem sozialer Ungleichheit einfach so zu lösen – in einem Klassenraum nach dem nächsten.

Aber dann traf ihn die Wirklichkeit wie ein Hammerschlag. Jeremy verbrachte oft mehr als vier Stunden mit den Unterrichtsvorbereitungen, mit Arbeitsblättern, mit dem Entwurf instrumentell-taktiler Maßnahmen und jedem anderen pädagogischen Hilfsmittel, von dem er gelesen hatte. Doch schon bald wurde deutlich, dass er mit seinen Schülern nicht klarkam. Verhaltensauffälligkeiten oder Temperamentsausbrüche waren gar nicht das eigentliche Problem. Er formulierte es folgendermaßen: »Die Kinder waren niedergeschlagen.« Sie dazu zu bringen, irgendetwas zu sagen, war, »als wollte man ihnen einen Zahn ziehen«. Sie sahen ihn noch nicht einmal an. Wenn sie überhaupt sprachen, dann murmelten sie nur vor sich hin. Am schlimmsten war es, als er einen Mathetest verteilte. Viele legten einfach nur die Köpfe auf die Tischplatte. Sie sahen sich den Test noch nicht einmal an, sie versuchten es nicht einmal. »Im Klassenzimmer herrschte kein Leben.«

Jeremy beschrieb seinen Lehrauftrag als erniedrigend und stressig. Es fühlte sich überfordert, weil er »direkt für den schulischen Werdegang der Kinder verantwortlich war, der dann wiederum den Grundstein für ihre allgemeine Gesundheit, ihren materiellen Wohlstand und ihre berufliche Ausbildung legen sollte«. Obwohl dies sein Traumjob nach dem College gewesen war, begann er sich nun vor dem Klassenzimmer zu fürchten. Hinzu kam, dass er nicht besonders gut schlief. Manchmal wachte er auf und war fast atemlos. Ihm fielen sogar die Haare aus. Und er verlor seinen Sinn für Humor. Er stellte fest, dass es ihm keinen Spaß mehr machte, nach Chapel Hill zurückzufahren, um mit seinen Kumpels aus dem College abzuhängen, Tischtennis oder Darts zu spielen und bei ein paar Bierchen über die alten Zeiten zu reden. »Ich war nur noch die leere Hülle meiner selbst, weil ich all diese Sorgen hatte.«

Sich mit seinem Scheitern als Lehrer abzufinden – dem schmerzhaften Ungleichgewicht zwischen hochfliegenden Hoffnungen und den täglichen Erfahrungen mit gleichgültigen Jugendlichen –, war das Schlimmste, was er je erlebt hatte. Er wusste, dass sich etwas verändern musste. Sogar sein Körper sagte ihm deutlich, dass er so nicht mehr lange durchhalten würde. Nachdem er bereits eine Weile mit seiner Niedergeschlagenheit gekämpft hatte, begann er sich die abstrakten Ideen ins Gedächtnis zu rufen, die für das schmerzhafte Dilemma, mit dem er sich konfrontiert fühlte, von Bedeutung waren. Er dachte an die Diskussionen, die er im Rahmen seiner Ausbildung für Teach For America geführt hatte, über das Klassenraumklima und darüber, wie man Schüler dazu bringt, sich für die eigene Ausbildung einzusetzen. Außerdem erinnerte er sich an ein Interview mit mir, das bei einem unserer örtlichen Radiosender ausgestrahlt worden war, und an die Anfangsgeschichte aus meinem ersten Buch, in der beschrieben wird, wie eine Mutter, die die Positivität für sich entdeckte, ihren Tagesablauf, ihr Leben und die Leben ihrer Mitmenschen veränderte. Und dann dachte er an den Kurs zurück, den er in Carolina bei mir belegt hatte. Dort hatte er etwas über die messbare Asymmetrie zwischen negativen und positiven Emotionen erfahren. Was ihn am meisten verblüffte war, dass negative Emotionen »herumschreien und anhänglich sind«, während positive Emotionen »wie ein ruhiges Kind im Zimmer sind, dem niemand jemals Aufmerksamkeit schenkt«. Dadurch erinnerte er sich daran, dass er die ruhigen und flüchtigen positiven Emotionen nur kultivieren und genießen und seinen Schülern das Gleiche vermitteln musste, damit sie sich immer besser fühlten und ihre Ressourcen und ihre Resilienz weiter ausbauen konnten. Er bekannte, dass all meine Ideen vor diesem Tiefpunkt in seinem Leben ihm lediglich abstrakt vorgekommen waren, sicherlich interessant, aber kaum realistisch. Jetzt aber bildeten sie – zusammen mit der Unterstützung durch seine Supervisoren und TFA-Mentoren – eine Rettungsleine.

Er erkannte, dass er als Allerersten seine eigene Haltung verändern musste. »Ich hatte keinen Spaß mehr an meinem Erziehungsauftrag.« Er erkannte, dass er sich trotz aller Schwierigkeiten bemühen musste, die Situation aus einem anderen Blickwinkel zu betrachten. Immerhin hatte man ihm »die seltene Gelegenheit gegeben, das Leben der Kinder auf positive Weise zu verändern und ihre Liebe zum Lernen neu zu entfachen«. Er begann, das Unterrichten als gegenseitige Beziehung zu definieren. »Sie sind vielleicht ziemlich niedergeschlagen, aber schauen Sie doch mich an. Ich bin bestimmt auch kein Ausbund an Vitalität, wenn ich den Klassenraum betrete!«

Er beschloss, keine Mathematik mehr zu unterrichten, sondern sich zunächst einmal darum zu bemühen, eine Beziehung zu seinen Kindern aufzubauen und dafür zu sorgen, dass sie auch untereinander ein anderes Verhältnis entwickelten. »Ich sagte: ›Wir wollen einander kennen lernen.‹ Also spielten wir Spiele.« Er bat seine Schüler, etwas von sich zu berichten, wie viele Brüder und Schwestern sie hatten, was sie über ihre Stadt dachten, alles, um das Eis zu brechen. Er bat sie, Geschichten über sich selbst zu schreiben, zu berichten, »wer sie waren, was ihre schlimmsten Erlebnisse im Leben waren und was sie glücklich machte«. Nachdem ein Kind den Mut aufgebracht hatte, seine eigene Geschichte zu erzählen, folgten auch die andern. Sie waren wie Pinguine, die am Rande eines Eisbergs standen und ins Wasser hinabstarrten. »Plötzlich springt einer hinein, und wenn ihm nichts passiert, springen die anderen hinterher.« Die Kinder begannen sich zu öffnen. Sie berichteten von Vätern, die nie zu Hause waren, oder von Müttern, die die Familie mit Mühe und Not von Essensmarken ernährten. Sie sprachen über ihre Ängste, aber auch über ihre Hobbys und Hoffnungen. Ty hatte sich ein eigenes Rennauto gebaut und bei einem Rennen zweitausend Dollar gewonnen. Tisha berichtete, dass sie Krankenschwester werden wollte. Sie lernten, ihren Klassenkameraden zu vertrauen und zu respektieren, was jeder von ihnen erzählte.

Einige Unterrichtsstunden widmete Jeremy sogar ein paar grundlegenden Lektionen aus der Wissenschaft der positiven Emotionen, die er von »Dr. Fredrickson aus Carolina« gelernt hatte. Er bat sie, sich eine Zeit ins Gedächtnis zu rufen, in der sie deprimiert oder erregt waren. Sie berichteten von der Trennung ihrer Eltern oder von anderen Krisensituationen. Er ermutigte sie, darauf zu achten, dass Niedergeschlagenheit an und für sich kontraproduktiv ist, da sie Energie und Selbstvertrauen bindet. Er zeigte ihnen auch, dass gute Gefühle uns oft gar nicht zu Bewusstsein kommen, derlei Empfindungen aber eine Menge für uns leisten können. Gute Gefühle zu feiern, die sie im Klassenzimmer zu schaffen versuchten – indem sie ihren Klassenkameraden zuhörten und sie unterstützten –, konnte ihnen neue Energie geben, neues Selbstvertrauen und die Ressourcen, die sie benötigten, um sich schwierigen Matheproblemen zu stellen. Um dieser Diskussion über Emotionen besser folgen zu können, bediente sich die Klasse einiger Analogien zum Sport. So sprachen sie beispielsweise darüber, dass ein Basketballspieler, der in den letzten Spielsekunden in Ballbesitz ist und sein Team nur noch mit einem Dreipunktewurf zum Sieg führen kann, genug Selbstvertrauen aufbringen muss, um sich seinen eigenen Erfolg vorzustellen und alles zu geben. Jeremy sagte ihnen, dass es bei der Mathematik nicht anders war, dass sie sich auf ihre eigenen Ressourcen und ihr Selbstvertrauen besinnen mussten, um durchzuhalten und bei jedem einzelnen Rechenschritt alles zu geben.

Nach und nach half Jeremy seinen Schülern, diesen speziellen Mathekurs mit dem zu verbinden, was sie im Leben tun wollten. Er half Tisha dabei, zu erkennen, dass sie als Krankenschwester Mathematik benötigen würde, um den Blutdruck zu messen oder eine bestimmte Dosis an Medizin zu verabreichen. »Und sie sagte so etwas wie: ›Dafür braucht man Mathe?‹ Und ich antwortete: ›Ja! Glaubst du, du müsstest in dem Job nur Spritzen verabreichen?‹« Mit Ty sprach Jeremy über Technik, Reifendruck, Umdrehungen pro Minute und Geschwindigkeit und betonte, wie viel Mathematik diesen Dingen zugrunde lag. »Und er sagte so etwas wie ›Wirklich? Ich brauche Mathe? Das habe ich nicht gewusst …‹ Ich glaube, in diesem Augenblick hatte ich den Schlüssel gefunden … wir banden den Unterricht an etwas Positives, und wir sprachen sogar darüber, wie sie sich fühlten. Beispielsweise fragte ich: ›Macht es dich glücklich, wenn du über deinen Beruf nachdenkst und darüber, was du einmal tun möchtest?‹ Und sie antworteten allesamt: ›Ja!‹ Und dann zog ich meinen Trumpf aus der Tasche: ›Naja, dann sollte die Mathematik euch auch glücklich machen, denn sie bringt euch ja dorthin!‹«

Nach Tagen und Wochen der »Konversation«, wie sie es nannten, hatten die zwölf leistungsschwächsten Kinder in Jeremys

Matheunterricht eine tiefe Verbundenheit zueinander entwickelt. Er ermutigte sie immer wieder, einander zu feiern, indem sie einander sagten, was sie an den Geschichten der anderen interessant fanden. Außerdem ermutigte er sie, sich gegenseitig bei den Matheaufgaben zu helfen und die Erfolge eines jeden, wie klein sie auch sein mochten, zu bejubeln. Statt nur murmelnd, schweigend und ohne Augenkontakt zu reagieren, sah es nun folgendermaßen aus: »Wenn Tisha etwas richtig gemacht hatte, riefen sie alle: ›Super, Mädchen!‹, und schließlich feierten die Kinder ihre gegenseitigen Erfolge auch ganz ohne mich, und das war ein richtiger Fortschritt.« Er beschrieb das Klassenzimmer nun als äußerst lebendig: »Ich weiß, es klingt abgedroschen, aber man könnte glatt sagen, nach einem dunklen Tag ging irgendwann wieder die Sonne auf. Sie riefen die Antworten einfach in den Raum und arbeiteten bereitwillig und eifrig mit. Es war unglaublich.« Die Atmosphäre, die Jeremy und seine Schüler schufen, war fast schon feierlich und in hohem Maße interaktiv wie in einer Gospel-Kirche, in der die »Hallelujah!«-Rufe aus der Kirchenbank erklingen. Oder wie Jeremy seine Erfahrungen zusammenfasste: »Es war wie eine Party, nur mit mathematischem Vorzeichen.«

Diese große emotionale Kehrtwende zahlte sich aus: Ty bekam die Bestnote und berichtete seiner Mutter zum ersten Mal, dass er Mathematik mochte; sogar das Kind mit dem niedrigsten IQ bestand die Matheprüfung; und eine andere Schülerin steigerte ihre Leistungen ebenfalls beträchtlich und wurde ohne Probleme versetzt. »Ich erinnere mich, wie sie zu mir kam und rief: ›Mr. Wills, ich werde den Test schaffen, ich werde es schaffen!‹ Und sie schaffte es tatsächlich, was unglaublich war.« Tatsächlich bestanden 80 Prozent von Jeremys Förderschülern den staatlich standardisierten Mathetest – an der Highschool insgesamt waren es lediglich 50 Prozent. Und wenn man dann noch bedenkt, dass es sich bei den anderen Kindern um »Normalschüler« ohne Lernbehinderung oder Verhaltensauffälligkeiten handelt, erkennt man erst, wie bemerkenswert diese Verwandlung war.

Verständlicherweise war Jeremy hoch befriedigt. Tief bewegt sagte er: »Wenn ich darüber nachdenke, dass jemand irgendwann einmal etwas Schreckliches getan hat, sodass diese Kinder keinen Draht zum Lernen mehr hatten, und ich jetzt sehe, wie ihre Liebe zum Lernen wieder entfacht wurde, das ist ... ich weiß nicht ... schwer zu beschreiben ... fast unwirklich. Wenn man den Ausdruck in ihren Gesichtern sieht, weil sie wieder an sich glauben ...« Er gibt zu, dass seine Methode nicht bei allen Schülern gewirkt hat, aber immerhin bei den meisten. »Ich kann mit Bestimmtheit sagen, dass viele von ihnen deutlich selbstbewusster und fähiger aus diesem Klassenzimmer herauskamen, als sie hereingekommen waren.«

Nachdem das Klima im Klassenzimmer sich verbessert hatte, begann auch Jeremy wieder besser zu schlafen. Er hatte jetzt mehr Energie. Nicht nur sein Gesamtbefinden verbesserte sich, auch sein Haarausfall hörte auf. Er berichtete: »Ich hatte viel mehr Selbstvertrauen und Vertrauen in meine Fähigkeiten.« Dieses Erlebnis lehrte ihn, wie man optimistisch wird und warum. Er nutzte das, was er bei TFA und in meinen Seminaren gelernt hatte, um die wahrscheinlich schwierigste Herausforderung seines Lebens zu meistern, und zwar auf eine Weise, die »auch auf andere Lebensbereiche anwendbar ist.« Er sprach immer wieder davon, wie unglaublich diese Erfahrung war, und fuhr fort: »Es ist eine Sache, die Positive Psychologie theoretisch zu erlernen, und etwas ganz anderes, sie tatsächlich ins eigene Leben zu integrieren und dadurch Erfolge zu erzielen.«

Nachdem Jeremy mir die Geschichte seiner Schüler erzählt hatte, schilderte ich ihm ein paar Ideen, die ich für dieses Buch entwickelt hatte. Insbesondere ging ich auf meine Definition von Positivitätsresonanz und ihre Voraussetzungen ein. Er nickte verstehend. Ihm ging auf, was ich von unserer Unterhaltung auf dem Bürgersteig mitgenommen hatte: dass die inneren Veränderungen, die er selbst vorgenommen hatte – seine neu entfachte Hoffnung, sein Eifer, selbst den kleinsten Erfolg zu genießen und zu feiern, und ganz besonders seine Offenheit, um mit neuen Führungsstilen zu experimentieren –, neue Verbindungen und Ressourcen in seinem Klassenzimmer geschaffen hatten. Er griff auf alles zurück, was er in den Jahren zuvor über die Wissenschaft der positiven Emotionen gelernt hatte, und kombinierte das mit den Werten, die ihm bei TFA vermittelt worden waren. Rückblickend betrachtet er die abstrakte Idee des Klassenklimas als Ansammlung der vielen Mikromomente der Positivitätsresonanz, die seine Schüler schufen. Die Energie dieser Mikromomente – das Feiern und die Gefühle der Verbundenheit und Kameradschaft – brachte neue Fähigkeiten hervor und schuf Resilienz in diesen zuvor leistungsschwächsten Schülern. Jeremy gab zu, dass die Kinder es zuvor für »lahm und bescheuert« hielten, irgendetwas zu feiern. Sie mussten mit den Fakten über Emotionen erst genauso konfrontiert werden wie er selbst, bevor sie sich auf das neue Klassenklima einlassen konnten, das er zu schaffen versuchte. Trotzdem mussten alle an dem positiven Klima arbeiten. »Es ging nicht schnell ... einer allein konnte es nicht schaffen. Wir alle ließen uns auf diese Idee ein, ganz bewusst. Wir versuchten es gemeinsam und ernteten dann die Früchte unserer Arbeit. Es veränderte einfach unser Leben.«

Liebe Tisha und Kelly, möchte ich an dieser Stelle schreiben. Danke, dass ihr mir gezeigt habt, wie ihr euch und euren Klassenkameraden selbst beigebracht habt, so positiv zu sein. Meine herzlichsten Wünsche an euch beide!

Positivität am Arbeitsplatz

Obwohl Positivitätsresonanz sich vollkommen selbstständig entfalten kann, tut sie das meist nicht ohne eine bewusste Anstrengung. Eingefahrene Denkmuster und soziale Gewohnheiten verschwören sich oft und führen Sie in Versuchung, sich eher auf Ärgernisse zu konzentrieren oder über andere zu urteilen oder sich von ihnen zurückzuziehen. Das gilt insbesondere am Arbeitsplatz. Die Jobveränderungen, die Jeremy vornahm, erforderten Mut. Er musste zunächst darauf verzichten, Mathematik zu lehren, und stattdessen positive Emotionen auf den Lehrplan setzen. Hätte er sich eher auf klassische Lehrmethoden verlassen, so wäre das vielleicht nicht so zeitintensiv gewesen, hätte aber auch nicht die durchschlagende Wirkung gehabt, die er anstrebte. Also schuf er Spiele und andere Hilfsmittel, durch die seine Schüler sich öffnen und eine Verbundenheit zueinander herstellen konnten. Durch diese konnten sie sich sicher fühlen, Risiken einzugehen und alles zu geben. Nehmen Sie sich Zeit, um es Jeremy gleichzutun.

Übung für Mikromomente

LIEBE IM ARBEITSALLTAG

Betrachten Sie Ihren Job kritisch, Ihre Arbeitsroutinen, Ihre Einstellung zur Arbeit. Fragen Sie sich:

- Welche Teile Ihrer Aufgaben führen Sie mit anderen zusammen oder zumindest in ihrer Gegenwart durch?
- In welchem verhältnismäßigen Zeitraum machen Sie in diesen Augenblicken den bewussten Versuch, eine Verbindung herzustellen?
- Hören Sie aktiv zu und bemühen Sie sich um Augenkontakt?
- Erlauben Sie sich und anderen – wie Jeremy –, vom Thema abzuweichen auf eine Art, die Beziehungen, Resilienz und andere Ressourcen fördert?

Versuchen Sie, Liebe zu integrieren

Vielleicht benötigen Sie ja gar nicht mehr Zeit, ein höheres Budget oder eine bessere Technologie für Ihr Team, um Ihre hohen Ziele zu erfüllen. Vielleicht können ja auch Sie durch Positivitätsresonanz mehr individuelle und kollektive Fähigkeiten in Ihrem Team freisetzen.

- Wie können Sie mehr Energie in die Kultivierung von Verbundenheitsmomenten investieren?
- Welche neuen Rituale oder Gewohnheiten können Sie schaffen, um mehr Liebe in Ihren Arbeitsalltag zu bringen?
- Welche Kriterien würden Ihnen und Ihren Kollegen einschätzen helfen, ob diese Investition sich lohnt?

Über Liebe, Wissenschaft und Spiritualität

Ich bin Wissenschaftlerin der Emotionen, keine Theologin. Bis heute habe ich nur einen einzigen wissenschaftlichen Aufsatz geschrieben, in dessen Titel Religion vorkam, und das war lediglich ein Kommentar, in dem ich meine unbedeutende Meinung kundtat, warum religiöses Engagement gesundheitsförderlich ist.[211] Doch meine Anstrengungen und die anderer Menschen, die mystischen und letztlich unfassbaren Auswirkungen und Perspektiven durch die Liebe zu beschreiben, verleiteten mich letztlich dazu, zu erforschen, inwieweit sie mit Spiritualität verflochten ist. Als ich also vom Danielsen Institute der Boston University eingeladen wurde, eine Reihe von Vorlesungen darüber zu halten, was die Wissenschaft der Emotionen mit spiritueller Entwicklung und religiös motiviertem Wohlbefinden verbindet, war ich sofort fasziniert von der Möglichkeit, mich intensiver mit diesem Thema zu befassen. Diese Vorlesungen hielt ich Anfang 2010. Die Früchte meiner damaligen Überlegungen fließen ebenfalls in dieses Buch mit ein.

Manchmal reichen Worte nicht aus

Philosophen, Theologen und Psychologen weisen seit jeher auf die unausweichliche Diskrepanz zwischen körperlichen Erfahrungen und deren Beschreibung mithilfe von Worten hin. Emotionale Erlebnisse können unglaublich extrem sein, können Sie im freien Fall in den Abgrund der Hölle mitreißen oder emporheben zum Gipfel der Erhabenheit. Dort kann die Luft so dünn werden, dass Worte versagen und Ihnen keinen Halt mehr bieten.

Mit Worten können Sie Ihre Erlebnisse einordnen, und manchmal sind sie auch die einzige Möglichkeit, anderen zu vermitteln, was Sie durchgestanden haben. Sie bieten uns beruhigend fest umrissene Begrifflichkeiten und Kategorien, die die Basis unseres gemeinsamen Verständnisses, unserer Kulturen und Institutionen bilden. Jede Kultur hat ihren eigenen Wortschatz, um individuelle, spirituelle und emotionale Erlebnisse zu beschreiben. Durch Worte, Rituale und Anordnungen erwuchsen aus gemeinsamen Überzeugungen organisierte Religionen, kulturelle Institutionen, die für sich in Anspruch nehmen, tiefgreifende und unbeschreibliche spirituelle Erfahrungen wie Liebe zu erklären – und zu erschaffen.

Mein Augenmerk galt besonders jenen religiösen Schriften, die ein Licht auf Erfahrungen von Einheit und Verbundenheit werfen, denn sie kennzeichnen die Handschrift der Liebe. In derlei Augenblicken scheinen sich die Grenzen in Luft aufzulösen, und Sie empfinden sich als Teil von etwas Größerem, seien es Natur, Ewigkeit, die Menschheit oder das Göttliche. Dies ist jenes »ozeanische Gefühl«, das Sigmund Freud als Regression zu dem infantilen Bedürfnis abwertet, mit der Mutter zu verschmelzen. William James und viele andere jedoch halten es für die Grundlage der verkörperlichten Erlebnisse von Spiritualität. Ich folge James' Argumentation und glaube, dass es bei Spiritualität um existenzielle, emotionale Augenblicke wie diese geht. Auch James war der Ansicht, dass Worte das Wesen der Spiritualität nicht erfassen können. In seinem 1902 erschienen Klassiker *Die Vielfalt religiöser Erfahrung* schrieb er: »Gefühl ist die tiefere Quelle der Religion, und (...) philosophische und theologische Formeln sind zweitrangige Produkte, wie die Übersetzung eines Textes in eine andere Sprache.«[212]

Mehr als ein Jahrhundert, nachdem James Spiritualität mit Emotionen gleichsetzte, schrieb Karen Armstrong in ihrem Buch *Plädoyer für Gott*:

»Folglich war Religion nicht primär etwas, was die Menschen dachten, sondern etwas, was sie taten. Ihre Wahrheit wurde durch praktisches Tun erlangt – ähnlich wie Autofahren, Kochen, Tanzen oder Schwimmen, die man auch nur durch hingebungsvolles Üben lernen kann. Man lernt weder das Kochen durch das Lesen von Rezepten, noch lernt man schwimmen, wenn man am Beckenrand sitzen bleibt. Man muss den Sprung ins Wasser wagen, um zu wissen, wie es geht. Heutzutage nehmen die Menschen religiöse Wahrheit oft als etwas rein Theoretisches wahr, das sie ›glauben‹ müssen, bevor sie sich daran machen, ein religiöses Leben zu führen. Konfuzius, Buddha, die Taoisten und die Weisen der Upanischaden – und natürlich die Propheten Israels, Jesus oder Mohammed – hätten jedoch gesagt, das sei dasselbe wie den Karren vor das Pferd zu spannen. Zuerst hatte man an den Ritualen und Praktiken des religiösen Lebens teilzunehmen, und erst dann, als Ergebnis dieser spirituellen Übungen, bekamen die Glaubenssätze einen Sinn.«[213]

Für Armstrong bedeutet Religion, zu tun und nicht zu glauben. Religion ist die Bemühung, jene Grenzerfahrungen und ungezügelten Epiphanien zu fördern, die das Herz und den Geist weiten und Sie auf die grenzenlosen Möglichkeiten einstimmen.

Durch Liebe zur Spiritualität – und umgekehrt

Wie Armstrong bemerkt, ist Religion nicht der einzige Pfad zu einem erweiterten Bewusstsein. In Kapitel 4 ging ich auf die alte Metapher ein, die Pforten der Wahrnehmung zu öffnen, die zuerst von William Blake eingeführt und mehr als 160 Jahre später von Aldous Huxley wieder aufgegriffen wurde. Ihre eigenen Alltagserfahrungen mit positiven Emotionen können diese Pforten ebenfalls öffnen. Sie können Ihre Perspektive erweitern und spirituelle Erfahrungen ermöglichen.[214] Manchmal ist diese erweiterte Perspektive kaum wahrnehmbar, während sie Sie manchmal auch wieder überraschen kann wie eine kräftige Windbö, die das Laub des letzten Herbsts wegweht und es Ihnen gestattet, alles mit neuen Augen zu betrachten. Ich will dabei auf Folgendes hinaus: Ihre Erfahrungen von Liebe und Verbundenheit müssen Sie nicht unbedingt überwältigen, damit sich die Pforten Ihrer Wahrnehmung öffnen. Es ist wissenschaftlich dokumentiert, das auch solche positiven emotionalen Erfahrungen, die erheblich weniger intensiv sind, die gleichen Pforten ebenfalls verlässlich zu weiten und die Spiritualität zu steigern vermögen. Indem Sie sich regelmäßig mit den formalen und informellen Übungen, die ich Ihnen vorgestellt habe, befassen, können Sie lernen, Ihren Tag und Ihr Leben häufiger mit den erweiterten und spirituellen Bewusstseinszuständen zu durchdringen, von denen James, Armstrong, Huxley und unzählige andere schreiben.

Mit diesem Ziel vor Augen sollten Sie die spirituelle Lektion des Buddhismus nochmals überdenken. In seinem erfolgreichen Werk *Buddha und Christus heute: verbindende Elemente von Buddhismus und Christentum* schrieb der vietnamesische Mönch Thich Nhat Hanh, dass die Beschreibung eines katholischen Priesters für den Heiligen Geist ihn tief bewegt habe, denn er sprach von der gottgesandten Energie. Dies beeindruckte Nhat Hanh und steigerte seine Überzeugung, dass der verlässlichste Weg, um sich der christlichen Dreifaltigkeit zu nähern, durch das Tor des Heiligen Geistes führte. Er integrierte seine buddhistische Sichtweise und setzte den Heiligen Geist mit Achtsamkeit und ihren Früchten gleich: Verständnis, Liebe und Mitgefühl. Wer sich bewusst auf den gegenwärtigen Augenblick einlässt, so glaubt er, wer tief empfunden zuhört und zuschaut, und zwar auf offene, akzeptierende Weise, der öffnet das Tor zum göttlichen Einssein. Wie Armstrong sieht Nhat Hanh sowohl die christliche als auch die buddhistische Spiritualität im Tun. Aus dieser Perspektive verwandeln sich Liebe, Mitgefühl und andere zutiefst bewegende spirituelle Erfahrungen in heilige Zustände, die Sie durch Ihre eigenen bewussten Anstrengungen – anwesend, geerdet und auf achtsame Weise Ihrer selbst und anderer bewusst – kultivieren können.

Darauf vertrauen zu lernen, dass Ihre tiefsten Gefühle Sie schon zu einem guten Ende führen werden, bezeichnet meine Kollegin Sharon Salzberg, die selbst Buddhistin ist, in ihren 2003 auf deutsch erschienenen Memoiren *Vertrauen heißt, den nächsten Schritt zu tun. Mein spiritueller Weg* als Glauben. Glaube – oder alternativ auch: Vertrauen – ist die übliche Übersetzung des alten Pali-Wortes *saddha*, was nach Salzberg wörtlich eigentlich so viel heißt wie »das Herz hinlegen«. Wie Armstrong und Nhat Hanh betont Salzberg, dass glauben ein Verb ist, eine Tätigkeit, etwas, das man tut – nicht eine von außen empfangene Definition der Realität oder ein Glaubenssystem, das einem die Geheimnisse des Lebens erklärt. Im Buddhismus bedeutet Glauben zu haben, sein Herz den eigenen Erfahrungen zu öffnen oder, wie Salzberg es formuliert: »Mit Vertrauen bewegen wir uns ins Unbekannte, offen begegnen wir dem, was auch immer der nächste Augenblick bringt.«[215] Glauben ist eine Möglichkeit, sich den eigenen Gefühlen der Liebe und des Einsseins zuzuneigen, in dem Vertrauen, dass sie Sie – irgendwie – nähren und auf eine höhere spirituelle Ebene führen werden. Glauben beziehungsweise Vertrauen benennt nach Salzberg »einen aktiven, offenen Zustand, der uns die Bereitschaft verleiht, die Dinge zu erkunden«[216]. Er führt uns aus dem sicheren und vertrauten Terrain der Etiketten und Gedankenkonstrukte hinein in den deutlich schwierigeren und ständiger Veränderung unterlegenen Fluss unseres eigenen inneren Erlebens.

Die Vereinbarkeit von Spiritualität und Wissenschaft

Angesichts meiner bisherigen Ausführungen werden Sie nicht überrascht sein, festzustellen, dass ich besonders mit der Definition von Spiritualität übereinstimme, die mein Freund George Vaillant, Harvard-Professor, Psychiater und Experte für Erwachsenenentwicklung, gibt. In seinem 2009 in englischer Sprache erschienenen Werk *Spiritual Evolution* setzt er Spiritualität mit positiven Emotionen gleich. Er weist darauf hin, dass sie es sind, die eine Verbundenheit zu den Mitmenschen und zum Göttlichen herstellen und die Ihnen im Laufe der Zeit helfen, Weisheit und Reife zu erlangen. Seine Schlussfolgerung ist ebenso kurz wie prägnant: »Liebe ist die kürzeste Definition von Spiritualität, die ich kenne.«[217] Ich finde, besser kann man es kaum formulieren.

Sicherlich ist es nichts wirklich Neues, Spiritualität als veränderten Bewusstseinsmodus zu definieren. Beschreibungen wie diese brachten uns in der Vergangenheit jedoch kaum weiter, denn sie blieben an der Oberfläche. Sie konzentrierten sich nämlich lediglich auf den Gegensatz zwischen subjektivem und objektivem Wissen. Die Religion nahm immer die subjektive Seite für sich in Anspruch, während die Wissenschaft die andere besetzte. Ähnlich repräsentierte die Sprache der Poesie und der Gefühle die eine Seite, während Mathematik und Verstand die andere Seite markierten. Spiritualität, Poesie und Emotionen galten allesamt als weich und subjektiv, während Wissenschaft, Mathematik und der Verstand für hart und objektiv gehalten wurden. Historisch gesehen hatten die beiden Pole einander einfach nichts zu sagen.

Aber genau wie die Grenzen durch das ozeanische Gefühl verschwimmen, haben auch diese alten Gegensätze heute keinen Bestand mehr. Insbesondere die neue und außerordentlich objektive Wissenschaft der Emotionen gestattet es uns – zum ersten Mal –, systematisch transzendentale spirituelle Erfahrungen zu erklären und ihr poetisches Mysterium zu verstehen. Wir müssen die Bandbreite religiöser Erfahrungen nicht mehr als veränderte Bewusstseinszustände bezeichnen, als *ekstasis*, oder als ozeanisches Gefühl. Stattdessen können wir sie durch die Brille der Wissenschaft positiver Emotionen betrachten.

Diese neue wissenschaftliche Sichtweise ist zutiefst bewegend. Die wirkmächtigen, grenzüberschreitenden und herzerweiternden Erfahrungen der Positivitätsresonanz, die Sie mit anderen teilen, sind nicht bloß ein akademisches Konzept oder ein poetischer Schnörkel. Positivitätsresonanz verändert Ihre Biochemie auf eine Weise, die Wissenschaftler erst nach und nach zu verstehen beginnen. Integrieren Sie diese Momente immer mehr in Ihre täglichen Erfahrungen, verändern sie sogar den elementaren Rhythmus Ihres Herzens, steigern Ihren Vagotonus, was wiederum eine stärkere Synchronie zwischen Herz- und Lungenaktivität zur Folge hat. Es ist wissenschaftlich belegt, dass ein höherer Vagotonus nicht nur mit besserer sozialer Anpassung einhergeht, sondern auch eine effizientere Selbstregulierung ermöglicht und zur Verbesserung des allgemeingesundheitlichen Zustandes beiträgt. Auf diese Weise bedingen Liebe und Gesundheit einander gegenseitig. Gleichzeitig beschreitet diese reziproke, dynamische Aufwärtsspirale zwischen Mikromomenten der Liebe und einer dauerhaften Veränderung ihrer Gesundheit einen Pfad, der Sie Ihrem höheren spirituellen Gefühl des Einsseins entgegenführt. Wahrscheinlich sind es diese nährenden Momente der Positivitätsresonanz, die uns in unserem Inneren zutiefst berühren und uns für einen Augenblick über uns selbst hinausheben. Sharon Salzberg zufolge verkörpern sie den aktiven, offenen Zustand des Vertrauens, den wir benötigen, um den nächsten Schritt zu gehen.

Die weiteren Aussichten

In diesem Kapitel habe ich Sie ermutigt, den nächsten Schritt zu gehen und alle zu lieben, ohne Grenzen. Ich hoffe, ich konnte Sie überzeugen, dass dieser Schritt tatsächlich glorreich ist, wie Thomas Traherne Ihnen im Eröffnungszitat dieses Kapitels versprach. Dieser Schritt wird Sie Ihren höchsten Zielen näherbringen, Ihrer höchsten spirituellen Ebene. Er wird Sie öffnen, um mehr und bessere Gelegenheiten zu schaffen, damit Sie auf emotionaler und physischer Ebene gedeihen.

Sämtliche Wachmomente Ihres Lebens sind eine Gelegenheit, um sich in der Öffnung des Herzens zu üben. Sie selbst wählen, welches der beste Weg für Sie ist. Vielleicht ist es für Sie ja das Beste, Ihr neues Ideal, »alle Menschen zu lieben«, dadurch zu erreichen, indem Sie zunächst bescheidener nur »einen Menschen mehr lieben« und dieses erreichbarere Ziel von Zeit zu Zeit noch einmal neu definieren. Langfristig wollen Sie über die Grenzen hinausblicken, die der Liebe traditionell Fesseln anlegen, und niemanden mehr ausschließen. Von Natur aus haben Sie von genetischer und psychologischer Warte aus die Fähigkeit, Ihre Angehörigen und die Menschen, die Sie lieben, zu erkennen, zu schützen und sie zu schätzen. Genauso hat die Evolution Sie darauf vorbereitet, von gemeinsamen Mikromomenten der Liebe zu profitieren, auch wenn der Betreffende weit entfernt und Ihnen nicht besonders ähnlich ist. Verpassen Sie also auf keinen Fall diese Chance, Liebe zu geben. Und Gesundheit. Und Verbundenheit. Kostenlos für alle.

9

LIEBEVOLLES SCHLUSSWORT

Ich wusste erst, wie man betet,
als ich gelernt hatte, zu lieben.[218]

Henry Ward Beecher

Ich habe einige Monate damit verbracht, Material für dieses Buch zusammenzutragen und Argumente dafür zu sammeln, warum es sich absolut lohnt, ein neues Verständnis von Liebe zu entwickeln. Im Laufe meiner Recherchen bin ich zu der Überzeugung gelangt, dass wir erst am Anfang eines langen Forschungsprozesses stehen. Obwohl die neuesten Erkenntnisse über die Auswirkungen der Liebe auf Körper, Gehirn, Verhalten und Zukunftsaussichten Bände von Forschungsliteratur füllen und uns alle zum Staunen bringen, macht es geradezu demütig, wenn man erkennt, wie wenig man tatsächlich über die Liebe und ihre Effekte weiß. Es gibt noch viel zu entdecken! Und immer wieder werden Sie und ich unsere Auffassung von der Liebe aktualisieren und anpassen müssen. Welche Einstellung Sie zur Liebe bislang auch gehabt haben mögen, ich hoffe, dass ich Sie neugierig gemacht habe und dass Sie Liebe nun so sehen, wie Ihr Körper sie erlebt: als Positivitätsresonanz, die zwischen Ihnen und buchstäblich jedem anderem hin und her schwingen kann. Bevor diese Schwingungen nachlassen, rufen sie biochemische Kaskaden hervor, durch die Sie sich selbst neu erschaffen, sowohl körperlich als auch geistig.

Außerdem sollten Sie auf jeden Fall darüber nachdenken, ob Sie unabsichtlich Ihre eigenen Liebeserfahrungen behindern, indem Sie kulturellen Normen blind folgen. Dadurch verhindern Sie womöglich, dass Sie Ihr volles Potenzial zu Gesundheit und Glück voll ausschöpfen und einen wertvollen Beitrag zum Leben Ihrer Mitmenschen leisten. Ich wollte Ihnen in diesem Buch nicht nur die neuesten wissenschaftlichen Erkenntnisse über die Liebe vorstellen, sondern Sie auch von diesen Beschränkungen befreien. Wer seine Vorstellung von der Liebe erneuern will, kann dies nur durch Selbstreflexion und Veränderung schaffen.

Vor vielen Jahren nahm ich an einem Schweige-Meditationsseminar teil, das vom Mind and Life Institute gesponsert und in dem Meditationszentrum abgehalten wurde, das meine Freundin und Kollegin Sharon Salzberg gegründet hatte. Dort erzählte einer unserer Lehrer uns eine Anekdote: »Nachdem er erfahren hatte, dass sein Gegenüber sich neuerdings wieder mit Meditation befasste, witzelte der Beobachter: ›Üben, üben, üben! Ihr tut nichts als üben! Wofür übt ihr denn – wann ist denn endlich die Aufführung?‹« Ein leises Kichern ging durch die Reihen der Zuhörer im Meditationssaal. Da kam unser Lehrer zur Pointe: »Es gibt tatsächlich eine Aufführung«, sagte er. »Sie trägt den Titel ›Ihr Alltag‹.«

Ob Sie sich nun entschließen, Ihren Fokus durch formale Meditationsübungen oder mit den informellen Übungen für Mikromomente zu erweitern, ist unerheblich. Was zählt, ist die Regelmäßigkeit. Ich garantiere Ihnen, dass es keine großen Veränderungen bewirken wird, ein- oder zweimal vor sich hin zu meditieren. Sie wissen selbst, dass eine einzige energische Sportstunde oder ein kleines Brokkoliröschen im Monat Ihre Gesundheit ebenfalls nicht nennenswert verbessern können. Bei der physischen, emotionalen und spirituellen Vitalität ist es nicht anders. Finden Sie Aktivitäten, die Sie im Innersten ansprechen und Ihnen ein so gutes Gefühl – Mikrodosen der Positivität – geben, dass Sie den Wunsch verspüren, diese Übungen so oft wie möglich zu wiederholen. Jede Übung nämlich trägt dazu bei, dass Sie neue und lebenserweiternde Gewohnheiten entwickeln; Gewohnheiten, mit deren Hilfe Sie sich nach und nach selbst neu erschaffen, die Ihren Tagesablauf revolutionieren und Ihr ganzes Leben umkrempeln.

Ein Gefühl wird geboren?

Während ich an diesem Buch arbeitete, erschütterte eine Art wissenschaftliches Erdbeben die Grundfesten der Wissenschaft der Emotionen. Die diesen bahnbrechenden Erkenntnissen zugrundeliegende Frage ist jahrhundertealt, doch meine Kollegin, die Emotionswissenschaftlerin Lisa Feldman Barrett, stellte sie auf sehr überzeugende Weise neu dar.

Was ist eine Emotion?

Barrett und ihre Mitarbeiter (zu denen auch eine meiner neuesten Kolleginnen aus Carolina, Kristen Lindquist, gehörte) fragten einfach nur: »Was ist eine Emotion?«[219] William James selbst widmete der Frage schon im Jahre 1884 beträchtliche Aufmerksamkeit.[220]

Die heutzutage typische wissenschaftliche Antwort auf diese Frage beschreibt einen momentanen emotionalen Zustand – wie Wut, Furcht oder Freude – als organisierten Satz von Reaktionen auf neue Umstände – wie eine Beleidigung, eine offensichtliche Gefahr oder plötzliches Glück. Diese koordinierten Reaktionen zeigen sich als eigenständige und klar identifizierbare Veränderungen in unserer Mimik und kardiovaskulären Aktivität, in unserem subjektiven Erleben, unseren Handlungsimpulsen und so weiter. All das wird wahrscheinlich durch eigenständige und klar identifizierbare Veränderungen in unserem Gehirn verursacht. Man mutmaßt sogar, dass die einzigartigen Zustände von Wut, Furcht oder Freude durch den grundlegenden Aufbau unseres Körpers und unseres Gehirns, der durch die natürliche Selektion im Sinne Darwins über Jahrtausende hinweg geformt wurde, vorgegeben sind.

Barretts Antwort auf die Frage »Was ist eine Emotion?« ist durchaus kompatibel mit der Annahme, dass wir unsere grundlegende emotionale Architektur von unseren Vorfahren geerbt haben. Sie sagt allerdings, dass unsere Erfahrungen von Wut, Angst und Freude nicht biologisch vorbestimmt sind und unveränderlich von bestimmten Schaltkreisen im Gehirn vorgegeben werden. Ihre Auffassung von Emotionen ist wesentlich flexibler. Im Gegensatz zu traditionelleren wissenschaftlichen Ansätzen geht Barrett davon aus, dass unser Gehirn lediglich mit der Fähigkeit ausgestattet ist, das abzubilden, was sie den *Kernaffekt* nennt: formlose Freude oder Unbehagen auf rein körperlicher Ebene, gepaart mit einem gewissen Maß an Erregung. Die spezifische Erfahrung von Wut, Angst oder Freude entsteht ihr zufolge aber erst dadurch, dass wir diese körperlichen Empfindungen des Behagens oder Unbehagens mit unserem konzeptionellen Verständnis von dem, was uns in diesem Augenblick zustößt, verweben. Mit anderen Worten: Hochrangige mentale Prozesse – wie Erinnern, Lernen, Wissen und Sprache – sind die grundlegenden »Bestandteile des Geistes«, die in Kombination mit dem Kernaffekt die verschiedenen Rezepturen für Gefühlszustände wie Wut, Furcht oder Freude bilden. Dieser konstruktionistische Ansatz, den Barrett und ihre Kollegen damit verfolgen, geht eindeutig auf frühere Wissenschaftler zurück. Trotzdem sind sie die ersten, die diese Auffassung durch moderne, neurowissenschaftliche Beweise stützen können.

Sie haben sich bereits verändert

Was bedeutet das im Hinblick auf die Liebe? Was bedeutet es für Sie? Viel. Seit Jahrtausenden wurden unsere Vorfahren von ausgesprochen guten Gefühlen angetrieben, wenn sie mit anderen interagierten oder in Verbindung standen. In solchen Momenten hatten sie das Gefühl, Teil eines größeren Ganzen zu sein. Sie hatten mehr Energie, fühlten sich wacher und lebendiger als in alltäglicheren Momenten. Unsere Vorfahren fügten die Gemeinsamkeiten aus den vielen unterschiedlichen Situationen zusammen, die derlei wirkmächtige und energiespendende gute Gefühle auslösten, und fanden dafür Worte, Rituale und sogar ganze Religionen, die dazu geschaffen waren, jene heiß ersehnten Gefühle in ihnen selbst und in anderen darzustellen und zu kultivieren.

Worte und Rituale zu haben, die positive Emotionen beschreiben und sogar auslösen, macht einen großen Unterschied. Forschungsergebnisse von Barrett und anderen Wissenschaftlern – zu denen auch ich gehöre – zeigen,[221] dass sogar ganz spezielle Körpererfahrungen von den Etiketten und Vorstellungen abhängen, die ein Mensch von Emotionen hat. Ein gutes Beispiel sind die von Barretts Arbeit inspirierten Tests, die Lindsay Kennedy und Bethany Kok in meinem PEP-Labor durchführten. Sie gingen der Frage nach, ob die körperlichen Auswirkungen von Zorn davon abhängen, ob die betroffene Person Wut für eine Emotion hält – wie das normalerweise der Fall ist – oder ob der Betreffende Zorn eher für eine »instinktive Reaktion auf ein Ungleichgewicht von Ressourcen« hält. Die Grundeinstellung prägt in der Tat die körperliche Reaktion. Diejenigen, die Zorn für eine Emotion hielten, wiesen eine typische Steigerung der Herzfrequenz und des Blutdrucks auf, wohingegen diejenigen, die die Vorstellung von Zorn als Emotion überwunden hatten, eine erheblich gedämpftere kardiovaskuläre Reaktion zeigten.[222]

Das bedeutet, dass schon die bloße Lektüre dieses Buches Ihrem Repertoire zwischenmenschlicher Erfahrungen wahrscheinlich eine neue und wirkmächtige Emotion hinzugefügt hat. Wie Sie über die Liebe denken, wird mutmaßlich Ihr körperliches Erleben neu gestalten. Eine allgemeine Umfrage, die am Valentinstag 2012 veröffentlicht wurde, ergab, dass die meisten verheirateten Menschen oder solche, die in eheähnlichen Gemeinschaften leben, ihre bessere Hälfte als wichtigste Quelle des Glücks betrachten.[223] Desgleichen geben fast die Hälfte aller Singles an, dass sie sich danach sehnen, ihr eigenes Glück zu finden, indem sie ihren eigenen, ganz besonderen, geliebten Menschen finden. Die Zahlen variieren natürlich von einer Kultur zu anderen, sind aber meiner Auffassung nach für einen weltweiten Fantasiekollaps symptomatisch.

Wer die Liebe lediglich unter romantischen Aspekten definiert und sie als Verpflichtung einer bestimmten Person gegenüber betrachtet – was anscheinend die meisten Menschen auf diesem Planeten tun –, beschränkt die großartige Chance, Gesundheit und das Glück aus den Mikromomenten der Positivitätsresonanz zu ziehen. Dadurch verwandeln sich Überzeugungen, was Liebe tatsächlich ist, in sich selbst erfüllende Prophezeiungen. Wenn Sie beispielsweise glauben, dass Liebe auch zwischen Ihnen und dem vollkommen Fremden, mit dem Sie am Flughafen nur wenige Minuten Kontakt haben, erblühen kann, dann kann sie das tatsächlich. Wenn Sie im Gegensatz dazu aber der Meinung sind, dass Liebe nur zwischen Ihnen und einem ganz besonderen, vorbestimmten Menschen entstehen kann, beschränken Sie die Aussichten für sich und Ihr freundliches Gegenüber am Flughafen ganz beträchtlich. Stellen Sie sich die althergebrachte Ansicht von Liebe vor wie eine dicke Zementschicht, die man über einem Garten ausgebreitet hat, in dessen Erde lauter Blumenzwiebeln ruhen. Obwohl es vielleicht eine einzelne Blume schaffen kann, sich durch einen Spalt im Zement zu zwängen und trotzdem zu erblühen, stehen die Chancen für die Blumen im Allgemeinen doch sehr schlecht. Wenn Sie aber Ihr Verständnis von Liebe erneuern und ihre volle Bandbreite erkennen, brechen Sie diesen Zement auf und entfernen die Schicht, sodass ein bunter Blumenteppich entstehen kann.

Positivitätsresonanz existiert, ob Sie nun eine neue Sichtweise der Liebe annehmen oder nicht. Sie ist und bleibt jene alte lebensspendende, die Seele erweiternde Kraft, nach der Ihr Körper so dringend verlangt. Der Unterschied, den Sie durch Ihre neue Sicht erwirken, besteht darin, dass Sie nun wach für die unzähligen Möglichkeiten sind, mit denen Sie diese Sehnsucht stillen können. Öffnen Sie sich diesem neuen Verständnis des Potenzials, das Ihrem Herzen innewohnt, und eine neue, lebensverändernde Emotion wird in Ihrem Inneren geboren.

Genexpression – Marke Eigenbau?

Mein Team und ich gewannen noch weitere neue Erkenntnisse, während ich an diesem Buch arbeitete. Wir entdeckten, wie das Erleben von Liebe durch die Genexpression in unseren Zellen entweder verstärkt oder gedämpft wird. Wie in Kapitel 3 ausgeführt, hatten wir bereits entdeckt, dass Personen mit einem höheren Vagotonus einen unmittelbareren positiven Energieschub aus den Meditationsbemühungen ziehen, die ich Ihnen im zweiten Teil dieses Buches vorgestellt habe. Noch beeindruckender aber ist die Tatsache, dass wir feststellten, dass die Praxis der Liebende-Güte-Meditation ebenfalls den Vagotonus steigert, sodass positive Gefühle und hoher Vagotonus sich mit der Zeit gegenseitig befruchten.

In einem unserer neuesten Versuche entnahmen wir den Probanden Blutproben, bevor sie mit ihren ersten Meditationsversuchen begannen. Eine der randomisierten Gruppen praktizierte die Liebende-Güte-Meditation, während die andere einen anderen Meditationsstil ausprobierte, dessen Ziel nicht darin lag, liebevolle Gefühle zu kultivieren.[224] Vor und sofort nach der jeweilig praktizierten Meditationsübung baten wir sie, ihre positiven Gefühle zu bewerten. Wir verarbeiteten die Blutproben im Labor meiner Mitarbeiterin Karen Grewen in Carolina und transportierten sie später zu meinem Kollegen Steve Cole, dem Direktor des UCLA's Social Genomics Core Laboratory. Mithilfe komplizierter computertechnischer Verfahren analysierte Cole die RNA eines jeden Probanden, um festzustellen, ob eine unterschiedliche Genexpression Voraussagen im Hinblick darauf zuließ, ob Menschen besonders positiv auf die Liebende-Güte-Meditation reagierten.

Das Ergebnis war ein faszinierendes Muster aus Unterschieden. Es wäre zu früh, diesem Muster eine bestimmte Bedeutung zuzumessen, aber es geht einher mit der allgemeineren Hypothese, die mein Team überprüfte: Wir nehmen an, dass bestimmte Biomarker – wie der Kardio-/Vagotonus, Entzündungsneigung, Muster in der Genexpression und vielleicht sogar der Body-Mass-Index – die guten Gefühle, die durch die Kultivierung von Liebe entstehen, entweder verstärken oder dämpfen. Da die Liebe wiederum diese Biomarker verändert – eine Prognose, die wir im kommenden Jahr verifizieren wollen –, ist eine dynamische Aufwärtsspirale die Folge, in der Liebe und Gesundheit einander gegenseitig immer wieder neu erschaffen. Ihre Gesundheit liegt also in gewissem Maße – natürlich nicht komplett – in Ihren Händen. Indem Sie auf emotionalem Gebiet gesunde Verhaltensmuster praktizieren, können Sie für ein gesundes Muster in Ihrer Genexpression sorgen. Unzählige Male habe ich in diesem Buch darauf hingewiesen, dass Ihr Körper für die Positivitätsresonanz der Liebe geschaffen ist und heftig danach verlangt. Mein Team bemüht sich derzeit um noch genauere Aussagen darüber, welches Ihrer Gene, die sich unterschiedlich in Ihren Körperzellen abbilden, am lautesten danach ruft.

Ihr inneres Navigationssystem

Können Sie sich auf das Verlangen Ihres Körpers einstellen und seine subtilen Rufe nach Liebe hören? Klingt kaum vorstellbar. Doch sich auf die Botschaften Ihrer Zellen einzustellen, ist vielleicht einfacher, als Sie denken. Von Natur aus sind Sie mit einem gut funktionierenden Gradmesser ausgestattet, ob Sie den Bedürfnissen Ihres Körpers gerecht werden oder nicht: Wenn Sie sich gut fühlen, gibt dieser Indikator grünes Licht.[225] Hinzu kommt, dass die Biochemie Ihres Gehirns dafür sorgt, dass die Kontexte abgespeichert werden, in denen Ihre guten Gefühle entstehen, selbst wenn Sie angestrengt an etwas anderes denken. Gute Gefühle setzen nämlich eine Fülle neurochemischer Stoffe frei, durch die Sie das mögen, was sie auslöst.[226] Es ist, als ob positive Gefühle ein lokales Feuerwerk in Gang setzten, das die Menschen und Objekte in seinem Radius mit andauerndem Glitzerstaub bedeckt. Ein neues Funkeln lenkt Ihren Blick auf sich und zieht Sie an. Derlei Impulse wirken sogar außerhalb Ihrer bewussten Wahrnehmung. Stellen Sie sich vor, dies sei Ihr angeborenes und automatisches von Positivität gespeistes Navigationssystem. Wenn Sie ihm folgen, werden Sie immer wieder von Umständen, die Sie am meisten beleben, angezogen werden: von jenen lebensspendenden Mikromomenten der Positivitätsresonanz.

Natürlich müssen Sie alle fünf Sinne beisammen haben, wenn Sie sich auf das Navigationssystem der Positivität einlassen. Ganz sicher stehen immer wieder irgendwelche Krämer am Straßenrand, die Sie in Versuchung führen wollen, Ihr Heil in kommerziellen Gütern und Dienstleistungen, legaler und illegaler Natur, zu finden. Der Kommerz ist häufig so raffiniert, dass die Werbemaßnahmen ebenfalls ein emotionales Feuerwerk entfachen, wodurch von Markentreue bis hin zur Sucht alles möglich ist. Durch bewusste Anstrengung können Sie dieser Impulse Herr werden. Wenn nicht, wären Sie nur eine unglückselige Ausgeburt vergangener Konditionierung. Doch hedonistischen Impulsen zu entsagen ist auch nicht immer nur klug. Zu erkennen, welche glücksuchenden Antriebsfaktoren tatsächlich gesund sind – wie zum Beispiel der jahrtausendealte Schrei nach Verbundenheit –, ist eine wesentliche Grundlage emotionaler Intelligenz. Vielleicht müssen Sie dafür lediglich einen Schritt vom Markt zurücktreten und dann auf die Ihrem Körper innewohnende Weisheit hören, die schon dafür sorgt, dass Sie sich auf bedeutsame Weise mit anderen verbinden.

Kleinkinder und Kinder folgen ganz selbstverständlich ihren unmittelbaren Positivitätsinstinkten. Doch sobald die Impulskontrolle – die Selbstregulation, mit der Emotionen, Handlungen und Impulse bewusst oder unbewusst gesteuert werden – einsetzt, gibt es keinerlei Garantie mehr, wann und ob ein Mensch sich auf seine positiven Gefühle einstellt und ihnen Priorität einräumt. Wir können noch nicht genau sagen, wann oder warum das stattfindet, aber vieles deutet darauf hin, dass Menschen erst in mittleren Jahren und danach wahre Weisheit im Hinblick auf die leisen Signale der Positivität erlangen.[227] Diese Verzögerung spiegelt vielleicht wider, welche unterstützende Rolle die Familie und Erziehungsinstitutionen im Leben junger Menschen spielen. Viele Familien und Schulen bemühen sich darum, jungen Leuten Quellen der Positivitätsresonanz zugänglich zu machen. Eltern und Lehrer, Coaches und Hochschullehrer bieten ein Grundgerüst, positive zwischenmenschliche Beziehungen unter jungen Leuten zu ermöglichen. In Ihrer Jugend sorgten Ihre Eltern nicht nur für ein Dach über dem Kopf, regelmäßige Mahlzeiten und Kleidung, sondern sie förderten wahrscheinlich auch Gelegenheiten, bei denen Sie von Positivität geprägte Momente mit ihnen und anderen erleben konnten. Erst geschah das nur durch Kitzeln und Lächeln, später geschah es, indem sie für Spielkameraden sorgten und Familienrituale um Mahlzeiten, Schlafenszeiten, Wochenenden und Urlaube planten. Viele Schulen und Hochschulen bemühen sich mittlerweile, ebenfalls derlei strukturelle Unterstützung zu bieten. Durch Kennenlernrunden oder andere Aktivitäten, sowohl innerhalb als auch außerhalb des Unterrichts, durch sportliche und künstlerische Events schaffen pädagogische Institutionen ganze Netzwerke mit Ritualen, die Ihnen in der Jugend vielleicht zusätzliche äußere Unterstützung zur Förderung Ihrer Positivitätsresonanz boten.

Jeremy, dessen Geschichte ich in Kapitel 8 wiedergegeben habe, verglich diese strukturelle Unterstützung mit einem externen Navigationssystem. Er formulierte es folgendermaßen: »Dein Weg durch Schule und Hochschule ist einigermaßen festgelegt, doch dann wird das Navigationssystem abgeschaltet, und man muss sich selbst lotsen. Das ist dann beängstigend.« Wenn sie ins sogenannte richtige Leben entlassen werden, wo es kein Gerüst mehr gibt, das Verbundenheit fördert, fragen sich frischgebackene Schul- oder Hochschulabgänger häufig, warum ihr Leben nicht mehr so fröhlich ist, warum die Tage eher lebensfeindlich statt lebensspendend sind.

Sich an diese große Veränderung anzupassen, kann genauso schwierig sein wie zu lernen, für sich selbst zu kochen. Nachdem Sie viele Jahre daran gewöhnt waren, dass die Mahlzeiten von Ihren Eltern und später in der Mensa zubereitet wurden, müssen Sie nun lernen, sich selbst eine ausgewogene Mischung von Nährstoffen und Spurenelementen vorzusetzen. Die Wirkung einer unausgewogenen Ernährung zeigt sich oft monate- oder gar jahrelang nicht, aber Sie spüren sie trotzdem, zum Beispiel, weil sich Ihr Körpergewicht verändert oder Sie Gesundheitsprobleme haben. Stellen Sie sich Liebe als weiteren Mikronährstoff vor. Wie lange dauert es, bis Sie gelernt haben, die richtige Menge in Ihren täglichen Ernährungsplan zu integrieren? Es kann Jahre, sogar Jahrzehnte dauern, bis Menschen diese wichtige Lektion des Lebens gelernt haben. In der »wirklichen Welt« ist man dafür verantwortlich, sich selbst die empfohlene Tagesdosis Liebe zu verabreichen.

Ich selbst habe bestimmt zwei Jahrzehnte gebraucht, um diese Botschaft zu verinnerlichen, und ich habe auch heute manchmal noch Mühe, wirklich danach zu leben. Meine natürliche, eher introvertierte Neigung in Kombination mit meinem anerzogenen Workaholismus führte dazu, dass ich in eine kaum erträgliche Abwärtsspirale geriet. Als ich Anfang vierzig war, hatten nicht nur meine Beziehungen, sondern auch meine Gesundheit gelitten. Seitdem habe ich gelernt, meinen Alltag so zu planen, dass die Liebe und Gelegenheiten, mich gut zu fühlen, im Zentrum stehen. Ich bleibe auch offen für spontane Veränderungen, um bedeutsame Verbindungen zu den Menschen am Arbeitsplatz oder in meiner Gemeinde und auf Reisen sogar zu vollkommen Fremden zu knüpfen. Zwei Jahrzehnte sind eine lange Zeit. Dabei hatte ich sogar den Vorteil, mich täglich beruflich mit den Vorzügen der Positivität zu befassen! Ich wünsche Ihnen, dass Sie nicht ganz so lange benötigen.

Wir wissen jetzt, dass es viel ausmacht, ob Sie diese Lektion des Lebens tatsächlich willkommen heißen – ob Sie lernen, Ihren Quellen der Liebe täglich Priorität einzuräumen, sie zu hegen und zu pflegen. Ein erfülltes Leben ist dann viel wahrscheinlicher, was nicht nur Ihr eigenes Dasein bereichert, sondern auch das Ihrer Mitmenschen. Oder, wie Jeremy es formulierte: »Man kann so hart arbeiten, wie man will, aber wenn man keine Verbindungen eingeht, dann wird man weder erfolgreich noch glücklich sein.« Glücklicherweise haben Sie jetzt das Rüstzeug in der Hand, das notwendig ist, um sich selbst zu lotsen. Ihr angeborenes Navigationssystem, dessen Treibstoff die Positivität ist, ist immer für Sie verfügbar, sogar dann, wenn das Display gerade nur schwach leuchtet. Suchen Sie seinen Rat mit Bedacht, und Sie können sich selbst in die Richtung der Liebe, der Gesundheit und des Glücks navigieren.

Die weiteren Aussichten

Die Liebe ist, wie ich dargelegt habe, unser höchstes Gefühl. Sie bestimmt alles, was wir fühlen, denken, tun und werden. Sie hebt Sie empor in die höheren spirituellen Sphären ozeanischen Einsseins. Und von diesem neuen und höheren Aussichtspunkt können Sie nicht nur die Verbindungen zum größeren Ganzen des Lebens, sondern auch Ihren Platz und Einfluss darin besser sehen und wertschätzen.

Die Liebe ist zudem zutiefst persönlich. Sie entfaltet sich in und durch Ihren Geist und Körper wie eine Welle, gipfelt in jedem neuen Mikromoment der Verbundenheit – in jenem Lächeln, diesem Lachen oder einem wissenden und zustimmenden Blick, den Sie mit anderen teilen. Doch obwohl diese Mikromomente zutiefst persönlich und flüchtig sind, avancieren sie immer stärker zu Gegenständen wissenschaftlichen Forschens. Zum ersten Mal also können Sie die Liebe nicht nur durch eine persönliche, subjektive Brille betrachten und wertschätzen, sondern auch durch eine wissenschaftliche, objektive Brille. Dadurch können Sie besser erkennen, warum Ihr Körper und Ihr Geist für die Liebe geschaffen sind und von der Liebe nur profitieren können. Lernen Sie, Liebe häufiger zu suchen, und sie wird nicht nur Sie selbst emporheben, sondern auch Ihr Umfeld und unsere Welt – weit über das hinaus, was Sie und ich uns heute vorstellen können.

Es gibt unzählige Gelegenheiten zur Liebe. Es liegt an Ihnen, sie zu nutzen und durch sie ein erfülltes Leben zu führen.

DANKSAGUNG

Mit den Gedanken über die Liebe, die ich Ihnen hier vorgestellt habe, befassen sich mein Geist und mein Herz schon seit vielen Jahren. Treffenderweise entstanden sie durch meine Verbindung zu anderen Menschen. Einige dieser Verbindungen waren flüchtig, andere hatten Bestand. Einige waren gegenseitig und von einem regen Austausch von Ideen durch Gespräche und Zusammenarbeit geprägt, andere waren eher einseitig, weil ich allein am Schreibtisch saß und über die Worte anderer Wissenschaftler nachsann oder mich mit ihnen geistig auseinandersetzte.

Für die Initialidee, dass man die Liebe als jegliche positive Emotion im Rahmen einer sicheren, zwischenmenschlichen Verbindung betrachten kann, danke ich Carroll Izard. Sein 1977 erschienenes Buch beschreibt die Liebe als Augenblicke gemeinsamer Freude und gemeinsamer Interessen. Er überzeugte mich, dass die Liebe bei jeglichem Bericht über positive Emotionen nicht fehlen darf. Die wenigen Erkenntnisse, die ich in meinen ersten Schriften zur Broaden-and-Build-Theorie über Liebe äußerte, gehen in weiten Teilen auf Izards Einfluss zurück.

Noch mehr Einfluss auf meine Ansichten über die Liebe hatte die bahnbrechende Arbeit über qualitativ hochwertige Verbindungen, die meine Freundin und Kollegin an der University of Michigan, Jane Dutton, veröffentlichte. Ihre Art, das Verbindungsgeflecht zu betrachten und zu beschreiben, das Menschen in langjährigen Beziehungen ebenso wie in einmaligen Begegnungen aneinander bindet und ihnen Energie gibt, fand ich ungeheuer faszinierend. Abgesehen von ihrer anregenden theoretischen Arbeit ist sie auch ein sehr inspirierender Mensch, und ich bin dankbar, dass unsere Freundschaft Bestand hat, obwohl ich aus Ann Arbor wegzog.

Andere Wissenschaftler, deren Arbeit mein Denken zum Thema Liebe und verwandten Ideen stark beeinflusst hat, waren: Lisa Feldman Barrett, Kent Berridge, John Cacioppo, Laura Carstensen, Sy-Miin Chwo, Steve Cole, Michael D. Cohen, Mike Csikszentmihalyi, Richie Davidson, Paul Ekman, Ruth Feldman, Shelly Gable, Eric Garland, Karen Grewen, Melissa Gross, Uri Hasson, Julianne Holt-Lunstad, David Johnson, Danny Kahneman, Dacher Keltner, Corey Keyes, Ann Kring, Bob Levenson, Kathleen Light, Marcial Losada, Batja Mesquita, Paula Niedenthal, Susan Nolen-Hoeksema, Keith Payne, David Penn, Chris Peterson, Bob Quinn, Cliff Saron, Oliver Schultheiss, Leslie Sekerka, Marty Seligman, Erika Rosenberg, Robert Vallerand, George Vaillant und David Sloan Wilson. Mit manchen von ihnen bin ich eng befreundet, andere kenne ich nicht einmal, aber alle haben mich durch ihre theoretischen und empirischen Beiträge maßgeblich beeinflusst.

Schon im Jahre 1998 beschrieb ich Liebe als positive Emotionen, die man mit anderen Menschen teilt. Aber empirisch verfolgte ich diesen Gedanken erst, nachdem mich meine Studenten und wissenschaftlichen Mitarbeiter in meinem Positive Emotions and Psychophysiology Lab (bekannt als PEP-Labor) dazu ermuntert hatten. Christian Waugh und Kareen Johnson beispielsweise, beide frühere Doktoranden an der University of Michigan, verfolgten als erste die Theorie, dass positive Emotionen die Menschen dazu inspirieren, eher an das »Wir« als an das »Ich« zu denken. Meine erste Studentengeneration an der University of North Carolina Chapel Hill führte diesen Gedanken auf einzigartige Weise weiter. Bethany Kok beispielsweise wurde zur Expertin im Hinblick auf den Vagusnerv und erweiterte auch meine Kenntnisse diesbezüglich. Lahnna Catalino entdeckte, dass einige Menschen sich intensiver als andere auf Augenblicke der Positivität und Positivitätsresonanz einlassen und deshalb stärker davon profitieren. Tanya Vacharkulksemsuk entwickelte ein faszinierendes Forschungsprogramm zu nonverbaler Verhaltenssynchronie und half mir zu verstehen, inwiefern und warum es von Bedeutung ist, wenn zwei oder mehr Menschen sich »wie einer« bewegen.

Meine Überlegungen zur Positivitätsresonanz wurden entscheidend von zwei brillanten wissenschaftlichen Mitarbeitern meines PEP-Labors beeinflusst, mit denen ich unzählige Male darüber diskutierte, was gegenseitige Faszination ausmacht. Stephanie Brown, die in Michigan promovierte und dort zunächst auch als Postdoktorandin arbeitete (nun ist sie Fakultätsmitglied an der SUNY Stony Brook), entwickelte (zusammen mit ihrem Vater) eine der überzeugendsten Arbeiten zur Evolutionsgeschichte sozialer Bindungen, die ich bis heute gelesen habe. Sie war die Erste, die mich mit dem Gedanken konfrontierte, dass der menschliche Körper zwei grundlegende Modi Operandi kennt. Der eine konzentriert sich auf das *Überleben des Selbst* und ist häufig von negativen Emotionen gekennzeichnet. Charakteristisch hierfür ist die Fight-or-Flight-Reaktion. Der zweite Modus fokussiert sich auf das *Überleben der Spezies* und verdankt seine Wirksamkeit zu einem großen Teil den positiven Emotionen und dem Wirken des Calm-and-Connect-Systems. Auch Sara Algoe, eine frühere Postdoktorandin (und mittlerweile Fakultätskollegin) in Carolina, brachte dem PEP-Labor einige bahnbrechende Erkenntnisse im Hinblick auf die Wissenschaft der Beziehungen. Durch sie erkannte ich die tiefgreifende Wirkung, die gegenseitige Fürsorge (beziehungsweise gegenseitige, wahrgenommene Reaktionsbereitschaft) innerhalb eines positiven Bezugsrahmens hat. Ich bewundere sie häufig für ihre Fähigkeit, komplexe dyadische Prozesse zu entwirren, und ich hoffe, noch viel aus ihrer mustergültigen Arbeit zu lernen.

Zu weiteren früheren und heutigen Mitarbeitern des PEP-Labors, die meine Forschung maßgeblich beeinflusst haben, gehören Carrie Adair, Christine Branigan, Daryl Cameron, Lisa Cavanaugh, Michael Cohn, Anne Conway, Zan Isgett, Keenan Jenkins, Matt Keller, Lindsay Kennedy, Laura Kurtz, Greg Larkin, Yi-Chen Lee, Janna Lembke, Aly Light, Roberta Mancuso, Paul Miceli, Joe Mikels, Keiko Otake, Elise Rice, Tori Schenker, Kandace Thomas, Eddie Tong, Michele Tugade, Patty Van Cappellen und Tor Wagner. Eine besondere Erwähnung gebührt Dr. Kimberly Coffey, denn ihre einzigartigen Fähigkeiten auf dem Gebiet der quantitativen Analyse gaben unseren Entdeckungen im PEP-Labor noch zusätzliches Gewicht. Besonderer, von Herzen kommender Dank gilt auch Ann Firestine, weil sie mit unglaublicher Energie und Talent alles Menschenmögliche tut, um unsere verschiedenen Projekte im PEP-Labor perfekt zu organisieren. Seit ihrem ersten Arbeitstag bei uns hat sie die Produktivität des Labors im Alleingang beträchtlich gesteigert.

Natürlich wären die Forschungsergebnisse des PEP-Labors nicht möglich ohne die vielen Menschen, die als Probanden und Teilnehmer an unseren Studien ihre Zeit und ihre Gedanken der Wissenschaft widmen. Ich möchte an dieser Stelle jedem Einzelnen von ihnen dafür danken, dass sie das Fundament für dieses Buch bilden. Diese Arbeit wäre auch nicht möglich gewesen ohne die Verantwortlichen der U.S. National Institutes of Health, die meine Hypothesen interessant genug fanden, um für entsprechende Tests Forschungsgelder zur Verfügung zu stellen. Im Laufe der Jahre wurden meinem Labor glücklicherweise Gelder vom National Institute of Mental Health und vom National Institute of Nursing Research bewilligt, und seit Neuestem hat sich auch das National Cancer Institute hinzugesellt. Außerdem wurde meine

Arbeit von der James Graham Kenan Foundation for Distinguished Professors at the University of North Carolina at Chapel Hill gefördert. Ich bin unendlich dankbar für die Unterstützung, die ich durch Kollegen, Verwaltungsangestellte und die Belegschaft an der UNC-CH erfuhr. Diese Menschen tragen dazu bei, dass Carolina ein erstaunlich angenehmer und produktiver Ort zum Arbeiten ist. Macht weiter so! (Go, Heels!)

Die Idee, meine neuen Gedanken zum Thema Liebe auch anderen Menschen nahezubringen, geht auf Brian McCorkle zurück, der mich einlud, als Templeton Research Fellow an einer Forschungsreihe über religiöses und psychologisches Wohlbefinden am Danielsen Institute der Boston University mitzuwirken. Finanziell unterstützt vom Metanexus Institute und der John Templeton Foundation sollte ich Anfang 2010 im Auftrag des Danielsen Institute sechs Vorlesungen an der Boston University halten. Ich bin Brian und meinen Gastgebern am Danielsen Institute sehr dankbar, denn sie legten damit nicht nur den Grundstein für dieses Buch, sondern unterstützten mich auch beim Schreiben.

Richard Pine von Inkwell Management ist nicht nur mein Agent – er ist viel mehr. Er war mein erster Lektor und half mir, akademische Theorie und Fachsprache zusammenzustreichen. Ohne ihn würde dieses Buch nicht existieren. Ich danke auch Lyndsey Blessing und Charlie Olsen, beide Mitarbeiter von Inkwell, die dazu beitragen, dass meine Ideen auch in andere Sprachen übersetzt werden.

Caroline Sutton von Hudson Street Press und der Penguin Group war ebenfalls eine ganz fantastische Lektorin. Mit traumwandlerischer Sicherheit entdeckte sie meine Stärken und Schwächen als Autorin und arbeitete daran mit respektvoller Gelassenheit. Ich danke zudem den anderen Mitarbeitern von Hudson Street Press und der Penguin Group, namentlich John Fagan, Liz Keenan, Courtney Nobile, Ashley Pattison und Brittney Ross, weil sie zur Gestaltung und Vermarktung von *Die Macht der Liebe* in vielfältiger Weise beitrugen.

Es ist eine Sache, die Liebe zu studieren, und eine ganz andere, sie in der Gegenwart, von ganzem Herzen zu leben. Ich bekenne voller Bescheidenheit, dass ich eher Novizin als Expertin bin, wenn es darum geht, diese Ideen in die Tat umzusetzen. Doch ich hatte das Glück, viele wunderbare Lehrer zu treffen, die mich formell oder informell geführt und inspiriert haben, sodass ich mit jedem Tag mehr mit dem Herzen dabei bin. Zu meinen formellen Lehrern gehören insbesondere Sharon Salzberg, Guy Armstrong, Mark Coleman und Sally Armstrong. Sie unterrichteten mich während eines einwöchigen Schweigeseminars zur Liebende-Güte-Meditation, an dem ich im Januar 2010 bei der Insight Meditation Society in Barre, Massachusetts, teilnahm. Dieses Erlebnis war im wahrsten Sinne des Wortes seelenbewegend. Außerdem danke ich Rita Benn, Jeff Brantlex, Mary Brantley, Jon Kabat-Zinne, Yun Lu, Sandra Finkel, Libby Outlaw, Jaime Powell und Sharon Salzberg (noch einmal), weil sie mir – sowohl als Wissenschaftlerin als auch als Mensch – die Praxis der Meditation nähergebracht haben. Durch meine lebenslange Freundschaft zu meiner Schwester, Jeanne Gallaher, habe ich außerdem ungeheuer viel über Liebe, Mitgefühl, Vergebung – und über Farben – gelernt. Außerdem danke ich allen, die mir auf anrührende Weise schilderten, wie sie schwierige Zeiten durch Liebe überstanden: Donna, Erika, Laura und Jeremy. Ich hoffe, dass ihre Geschichten, die ich in Teil II wiedergegeben habe, Sie genauso sehr bewegen und inspirieren werden wie mich.

Mein innigster Dank gebührt meinen wertvollsten Lehrern – meinen beiden Söhnen, Crosby und Garrett, und meinem Mann und Seelenverwandten, Jeff Chappell. Wir vier haben nun Gesellschaft durch die beiden Katzen meiner Jungs – die »Kitty Boys« Zeus und Apollo – erhalten, die schon ziemlich viel über Positivitätsresonanz zu wissen scheinen. Jeden Tag lerne ich aufs Neue von meiner Familie, wie ich mein Herz weiter für die Liebe öffnen kann.

Auf einzigartige Weise inspirierend und am wichtigsten von allen ist Jeff, der mir von jenem ersten Tag an, an dem wir uns auf dem Erdbeerfeld kennen lernten, beibrachte, wie Liebe tatsächlich funktioniert, und der mir die Augen öffnete für die schmerzlich spürbaren Grenzen meiner eingefahrenen Elfenbeinturm-Gewohnheiten. Seine natürliche Gabe, die Welt aus dem Herzen wahrzunehmen und danach zu handeln – in Kombination mit seiner mutigen Ehrlichkeit –, lehrte mich Jahr um Jahr aufs Neue, seinen Instinkten und seiner Weisheit zu vertrauen. Deshalb war er immer mein erster Leser und Kritiker jedes einzelnen Wortes und jedes Kapitels dieses Buches. Meine Liebe zu ihm ist wie das Meer, sie wogt und erneuert sich endlos und stärkt dadurch unser lebenslanges Band.

LEKTÜRE-EMPFEHLUNGEN

Brach, Tara, *Mit dem Herzen eines Buddha. Heilende Wege zu Selbstakzeptanz und Lebensfreude.* München, 2005.

Cacioppo, John T. und Patrick, William, *Einsamkeit. Woher sie kommt, was sie bewirkt, wie man ihr entrinnt.* Heidelberg, 2011.

Dalai Lama, *Mitgefühl. Öffne dein Herz.* Freiburg im Breisgau, 2008.

De Waal, Frans, *Das Prinzip Empathie. Was wir von der Natur für eine bessere Gesellschaft lernen können.* München, 2011.

Ehrenreich, Barbara, *Smile or die. Wie die Ideologie des positiven Denkens die Welt verdummt.* München, 2010.

Fredrickson, Barbara L., *Die Macht der guten Gefühle. Wie eine positive Haltung Ihr Leben dauerhaft verändert.* Frankfurt am Main, 2011.

Germer, Christopher K. (Hrsg.), *Achtsamkeit in der Psychotherapie.* Freiamt im Schwarzwald, 2009.

Lyubomirsky, Sonja, *Glücklich sein. Warum Sie es in der Hand haben, zufrieden zu leben.* Frankfurt am Main, 2008.

Neff, Kristin, *Selbstmitgefühl. Wie wir uns mit unseren Schwächen versöhnen und uns selbst der beste Freund werden.* München, 2012.

Nhat Hanh, Thich, *Buddha und Christus heute. Verbindende Elemente von Buddhismus und Christentum.* München, 1999.

Salzberg, Sharon, *Vertrauen heißt, den nächsten Schritt zu tun. Mein spiritueller Weg.* Freiburg im Breisgau, 2003.

Salzberg, Sharon, *Entdecke die Kraft der Meditation.* München, 2011.

Salzberg, Sharon, *Metta Meditation. Buddhas revolutionärer Weg zum Glück.* Freiburg im Breisgau, 2003.

INDEX DER ÜBUNGEN

Übungen für Mikromomente

Meditationsübungen

ANMERKUNGEN

1 Atwood, M., *Der lange Traum*. Frankfurt am Main, 1990, S. 137.

2 House, J. S.; Landis, K. R. und Umberson, D., »Social relationships and health.« in: *Science* (1988) 241 (4863): 540–545. Siehe auch: Diener, E. und Seligman, M. E. P., »Very happy people.« in: *Psychological Science* (2002), 13 (19): 81–84.

3 *Die Macht der guten Gefühle. Wie eine positive Haltung Ihr Leben dauerhaft verändert*. Frankfurt am Main, 2011.

4 Meine Broaden-and-Build-Theorie stellte ich der wissenschaftlichen Welt zum ersten Mal im Jahre 1998 vor. Seitdem gilt sie als eine der am häufigsten zitierten wissenschaftlichen Erklärungen, warum wir Menschen überhaupt positive Emotionen haben. Siehe hierzu: Fredrickson, B. L., »What good are positive emotions?« in: *Review of General Psychology* (1998): 300–309. Siehe auch: Fredrickson, B. L., »The role of positive emotions in positive psychology: The broaden-and-build theory.« in: *American Psychologist* (2001), 56, 218–226.

5 Ich wurde durch die Arbeit meiner Kollegin, Jane Dutton, inspiriert, mich auf die Verbundenheit zu konzentrieren. Sie stellte sehr überzeugend die Bedeutung »qualitativ hochwertiger Beziehungen« innerhalb von Firmen dar. Wir teilen die Ansicht, dass gute zwischenmenschliche Verbindungen wichtige körperliche Entsprechungen haben, die ausgesprochen gesundheitsförderlich sind. Trotzdem sind wir nicht einer Meinung bezüglich der Frage, ob es sinnvoll ist, derlei Augenblicke als Momente der Liebe zu identifizieren. Siehe hierzu ihr Buch, das leider nur in englischer Sprache erschienen ist: Dutton, J. E., *Energize Your Workplace*. San Francisco, 2003.

Siehe auch: Heaphy, E. D. und Dutton, J. E., »Positive social interactions and the human body at work: Linking organizations and physiology«. in: *Academy of Management Review* (2008), 22 (1): 137–162.

6 In *Die Macht der guten Gefühle* behandelte ich die Liebe nur oberflächlich, indem ich sie als positive Emotion wie jede andere auch darstellte, die man im Rahmen einer sicheren zwischenmenschlichen Beziehung mit einem anderen Menschen teilt.

7 Aus der Wissenschaft der Emotionen habe ich die Erkenntnis gewonnen, dass Liebe, wie alle anderen Emotionen auch, flüchtig ist, eine bio-verhaltenswissenschaftliche Reaktion auf sich verändernde Umstände, ob sie nun real oder eingebildet sind. Mit anderen Worten: Die Liebe ist nicht dauerhaft. Trotzdem wende ich mich von der traditionellen Emotionswissenschaft ab, indem ich die Liebe über die anderen Gefühle erhebe, sie als unser »höchstes Gefühl« bezeichne. Das ist in der Emotionswissenschaft einzigartig, denn sie weist spezifischen, deutlich erkennbaren Emotionen – Furcht, Wut, Freude, Stolz – ungefähr den gleichen Status zu, da jede einzelne für das menschliche Überleben auf ihre einzigartige Weise wertvoll ist. Folgen wir dieser demokratischen Argumentationsweise, so besitzt keine Emotion höhere Bedeutung als die anderen, auch die Liebe nicht. Den Grundgedanken entnahm ich der Wissenschaft, in der Beziehungen näher untersucht werden und die, ohne mit der Wimper zu zucken, Liebesbeziehungen als bedeutsamer einstuft als normale Beziehungen. Doch ich habe ja bereits angedeutet, dass ich mich traditionellen Beziehungsforschern ebenso wenig gemein mache, da ich die Liebe weder im Rahmen dauerhafter oder intimer Beziehungen definiere noch sie darauf beschränke.

8 Hegi, K. E. und Bergner, R. M., »What is love? An empirically-based essentialist account«, in: *Journal of Social and Personal Relationships* (2010), 17 (5): 620–636. Nicht alle Aufmerksamkeit, die man seinen Mitmenschen widmet, ist so wohlwollend. In einer früheren Phase meiner Forschungsarbeit befasste ich mich mit dem Schaden, der durch eine vollkommen andere Form der Fokussierung auf andere entsteht. Sie betrachte ich mittlerweile als das genaue Gegenteil der Liebe. Hierbei handelt es sich um sexuelle Verdinglichung, die man als Interesse an der *physischen Erscheinung und Sexualität* des anderen um *der eigenen Person* und der eigenen Lustbefriedigung willen verstehen kann. Siehe hierzu Fredrickson, B. L. und Roberts, T., »Objectification theory: Toward understanding women's lived experiences and mental health risks«, in: *Psychology of Women Quaterly* (1997), 21

(2): 173–206. Siehe auch: Fredrickson, B. L.; Meyerhoff Hendler, L.; Nilson, S.; Fox O'Barr, J. und Roberts, T., »Bringing back the body: A retrospective on the development of objectification theory«, in: *Psychology of Women Quaterly* (2011), 35 (4): 689–696.

9 Dieses Seminar wurde von Dr. Rita Benn geleitet, der Leiterin des pädagogischen Seminars am University of Michigan's Integrative Medicine Program. Ermutigt durch meine Freundin und Kollegin, Professor Jane Dutton, nahm ich am Integrative Medicine Faculty Scholars Program in den Jahren 2004 und 2005 teil. Durch dieses Programm lernte ich die Arbeit von Sandra Finkel kennen, einer erfahrenen Meditationstrainerin, die meine Forschungen seither maßgeblich unterstützt.

10 Fredrickson, B. L.; Cohn, M. A.; Coffey, K. A.; Pek, J. und Finkel, S., »Open hearts build lives: Positive emotions, induced through loving-kindness meditation, build consequential personal resources«, in: *Journal of Personality and Social Psychology* (2008), 95 (5): 1045–1062.

11 Kok, B. E. und Fredrickson, B. L., »Upward spirals of the heart. Autonomic flexibility, as indexed by vagal tone, reciprocally and prospectively predicts positive emotions and social connectedness«, in: *Biological Psychology* (2010), 85: 432–436. Siehe auch: Kok, B. E.; Coffey, K. A.; Cohn, M. A.; Catalino, L. I.; Vacharkulksemsuk, T.; Algoe, S. B.; Brantley, M. und Fredrickson, B. L., »How positive emotions build physical health: Perceived positive social connections account for the upward spiral between positive emotions and vagal tone«, in: *Psychological Science* (2013), 24 (7): 1123–1132.

12 Siehe den randomisiert kontrollierten Test, den meine Kollegen und ich in Fredrickson et al. (2008) vorstellen.

13 Catalino, L. I. und Fredrickson, B. L., »A Tuesday in the life of a flourisher: The role of positive emotional reactivity in optimal mental health«, in: *Emotion* (2011), 11 (4): 938–950. Bei Interesse lesen Sie Lahnna Catalinos demnächst erscheinende Dissertation über die Priorisierung von Positivität.

14 Siehe die Arbeit von Baltes, P. B. und Staudinger, U. M., »Wisdom: A metaheuristic (pragmatic) to orchestrate mind and virtue toward excellence«, in: *American Psychologist* (2000), 55 (1): 122–136.

15 de La Rochefoucauld, F., *Maximen und Reflexionen*. Stuttgart, 2012.

16 Rimé, B., »Emotion elicits the social sharing of emotion: Theory and empirical review«, in: *Emotion Review* (2009), 1 (1): 60–85.

17 Einige Wissenschaftler heben Erfahrungen der Masseneuphorie besonders hervor. Jonathan Haidt und seine Kollegen beispielsweise legen nahe,

dass derlei Erfahrungen zeigen, dass Menschen ähnlich wie Schwärme, beispielsweise von Bienen, einer »Bienenstock-Psychologie« folgen, in der sie davon profitieren, sich selbst in einem größeren sozialen Organismus zu verlieren. Das können die Fans eines Fußballspiels sein, Zuschauer bei einem Musikfestival oder die Teilnehmer an einer religiösen Veranstaltung. Ich stimme mit Haidts Ansicht insofern überein, dass in der »Gruppenliebe«, die in großen oder kleinen Menschenmengen entstehen kann, der Einzelne sein Selbst transzendiert. Im Gegensatz zu Haidt betrachte ich diesen Mechanismus aber als Ausweitung des Einsseins, das auch in Mikromomenten positiver Verbundenheit beispielsweise zwischen Paaren auftritt. Weitere Ausführung zur »Gruppenliebe« finden Sie bei Ehrenreich, B., *Dancing in the Streets: A History of Collective Joy*, New York, 2007.

18 Diese Äußerung bezieht sich ausschließlich auf Angehörige des westlichen Kulturkreises, denn Wissenschaftler, die Emotionen über kulturelle Grenzen hinweg studiert haben, sind nicht dieser Ansicht. Sie stellen fest, dass Menschen aus anderen Kulturkreisen nicht der Ansicht sind, dass Emotionen individuell sind. In fernöstlichen Kulturen findet man beispielsweise Formulierungen wie »Wir sind wütend« statt »Ich bin wütend«. Siehe hierzu die Arbeit von Mesquita, B., »Emotions in collectivist and individualist contexts«, in: *Journal of Personality and Social Psychology* (2001), 80 (1): 68–74. Rimé stimmt ihr zu, dass »eine individualistische Sicht von Emotion und Regulation auf die Dauer nicht zu vertreten ist« (2009, S. 60).

19 Der von mir geprägte Begriff der Positivitätsresonanz weist Parallelen zum Gedanken des »nachhallenden Führungsstils« auf, der von Richard Boyatzis und Annie McKee geprägt wurde. (Siehe *Resonant Leadership*, Boston, 2005.) Ich bin jedoch anderer Ansicht als sie im Hinblick auf den Sitz der Resonanz. Boyatzis und McKee glauben, dass die Resonanz in Führungspersönlichkeiten erfolgt, und gehen davon aus, dass deren Gefolge davon abhängig ist, dass erstere sie bewegen und inspirieren. Im Gegensatz dazu betrachte ich Resonanz als Eigenschaft des Paares oder der gesamten Gruppe. Eine ähnliche Perspektive finden Sie in Wilfred Draths Kritik zu Resonant Leadership in *Personnel Psychology* (2006), 59 (2), 467–471.

20 Siehe dazu James H. Fowler und Nicholas A. Christakis, »Dynamic spread of happiness in a large social network: Longitudinal analysis over 20 years in the Framingham Heart Study«, in: *British Medical Journal* (2009), 338 (7685): 1–13. Siehe ebenfalls das von den Autoren verfasste populärwissenschaftliche Werk: Christakis, N. A. und Fowler, J. H., *Die Macht sozialer*

Netzwerke. Wer uns wirklich beeinflusst und warum Glück ansteckend ist. Frankfurt am Main, 2011.

21 Siehe hierzu LeDoux, J., *Das Netz der Gefühle. Wie Emotionen entstehen.* München, 2001.

22 Neugeborene bevorzugen den unmittelbaren Augenkontakt. Sie verfügen über die angeborene Fähigkeit, ihn mit Erwachsenen herzustellen, die in ihr Sichtfeld kommen, weshalb führende Wissenschaftler Augenkontakt als »den Hauptmodus, um kommunikative Zusammenhänge zwischen Menschen herzustellen« beschreiben. Dieses Zitat stammt aus einem Aufsatz von Farroni, T.; Csibra, G.; Simion, F. und Johnson, M. H., »Eye contact detection in humans from birth«, in: *Proceedings of the National Academy of Science* (USA) (2002), 99 (14): 9602–9605, S. 9602. Von dieser Arbeit erfuhr ich durch einen faszinierenden Artikel von Paula Niedenthal und ihren Kollegen, die argumentierten, dass Augenkontakt automatisch körperlich spürbare, emotionale Simulationen auslöst. Deshalb nahm man an, dass die vorausschauenden Fähigkeiten des Kindes zum Herstellen von Augenkontakt als weiterentwickelte Anpassungsmaßnahmen verstanden werden können, die dazu beitragen, das das Kind ohne Worte – dafür aber umso genauer – seine stets veränderlichen emotionalen Bedürfnisse an den engagierten Betreuer übermitteln kann. Siehe hierzu Niedenthal, P. M.; Mermillod, M.; Maringer, M. und Hess, U., »The Simulation of Smiles (SIMS) model: Embodied simulation and the meaning of facial expressions«, in: Behavioral and Brain Sciences (2010), 33 (6), 417–480.

23 Nur die Stimme, beispielsweise über das Telefon, scheint einen weiteren Zugang für Positivitätsresonanz zu eröffnen. Im Gegensatz zu anderen mittelbaren Kommunikationsformen transportieren Gespräche, die ausschließlich über die Stimme geführt werden, ebenfalls körperliche Informationen durch die akustischen Kanäle. Siehe hierzu: Scherer, K. R; Johnstone, T. und Klasmeyer, G., »Vocal expression of emotion«, in: Davidson, J. R.; Scherer, K. R. und Goldsmith, H. H. (Hrsg.), *Handbook of Affective Sciences.* New York, (2009), S. 433–456. Siehe auch: Bachorowski, J. und Owren, M. J., »Vocal expression of emotion«, in: Lewis, M.; Haviland-Jones, J. M. und Feldman Barrett, L., *Handbook of Emotions* (2008) 3. Auflage, S. 196–210. Klassische Experimente mit Affen, die die Bedeutung von Hautkontakt oder tröstenden Berührungen für Liebe und gesunde Entwicklung herausarbeiten, können Sie nachlesen bei Harlow, H. F., »The nature of love«, in: *American Psychologist* (1958), 13 (12): 673–685.

24 Siehe hierzu: Becker, D.V.; Anderson, U.S.; Mortensen, C.R.; Neufeld S.L. und Neel, R., »The face in the crowd effect unconfounded: Happy faces, not angry faces, are more efficiently detected in single- and multiple-target visual search tasks«, in: *Journal of Experimental Psychology*: General (2011), 140 (4): 637–659.

25 Siehe hierzu: Ekman, P., *Ich weiß, dass du lügst. Was Gesichter verraten.* Reinbek, 2011. Anfang der Neunzigerjahre leitete Paul Ekman (zusammen mit dem verstorbenen Richard Lazarus) das von NIMH finanzierte Postdoktoranden-Programm, in dem auch ich als Wissenschaftlerin der Emotionen ausgebildet wurde. Mittlerweile ist er einer der einflussreichsten Psychologen aller Zeiten. Siehe hierzu: www.paulekman.com.

26 Siehe hierzu: Niedenthal et al. (2010).

27 Schrammel, F.; Pannasch, S.; Graupner, S.; Mojzisch, A. und Velichkovsky, B.M., »Virtual friend or threat? The effects of facial expression and gaze interaction on psychophysiological responses and emotional experience«, in: *Psychophysiology* (2009), 46 (5): 922–931.

28 Maringer, M.; Krumhuber, E.G., Fischer, A.H.; und Niedenthal, P.M., »Beyond smile dynamics: Mimicry and beliefs in judgements of smiles«, in *Emotion* (2011), 11 (1): 181–187.

29 Ekman, P.; Friesen, W.V. und Ancoli, S., »Facial Signs of emotional experience«, in: *Journal of Personality and Social Psychology* (1980), 39 (6): 1125–1134. Siehe auch: Ekman, P.; Friesen, W.V. und Ellsworth, P., *Gesichtssprache. Wege zur Objektivierung menschlicher Emotionen.* Wien, Köln, Graz, 1974.

30 Owren, M.J. und Bachorowski, J., »Reconsidering the evolution of nonlinguistic communication: The case of laughter«, in: *Journal of Nonverbal Behavior* (2003), 27 (3): 183–200. Siehe auch Schrammel et al. (2009).

31 Niedenthal et al. (2010)

32 Gervais, M. und Wilson, D.S., »The evolution and functions of laughter and humor: A synthetic approach«, in: *Quaterly Review of Biology* (2005), 80 (4): 395–430.

33 Siehe hierzu ein spezieller Bericht, veröffentlicht im Januar 2012 von der American Psychological Association mit dem Titel: »Stress in America: Our Health at Risk.« Eine dynamische und sehr ernüchternde graphische Darstellung der Neigung zur Fettleibigkeit in den Vereinigten Staaten, die auch für Europäer interessant sein dürfte, finden Sie unter www.cdc.gov/obesity/data/trends.html. Eine Übersicht über weltweite Tendenzen (Stand 2012) finden Sie unter: www.ifb-adipositas.de/presse/adipositas-zahlen.

34 Olshansky, S. J.; Passaro, D. J.; Hershow, R. C.; Layden, J.; Carnes, B. A.; Brody, J.; Hayflick, L.; Butler, R. N.; Allison, D. B. und Ludwig, D. S., »A potential decline in life expectancy in the United States in the 21st century«, in: *New England Journal von Medicine* (2005), 352 (11): 1138–1145.

35 Meine Sichtweise der Evolution von Positivitätsresonanz und den positiven Sozialverhaltensweisen, die sie hervorruft, ist in hohem Maße kompatibel mit der vielschichtigen Selektionstheorie von Wilson, D. S. und Wilson, E. O., »Rethinking the theoretical foundation of sociobiology«, in: *Quaterly Review of Biology* (2007), 82 (4): 327–348.

36 Brown, S. und Brown, R. M., »Selective Investment Theory: Recasting the funcional significance of close relationships«, in: *Psychological Inquiry* (2006), 17 (1): 1–29.

37 Berridge, K. C. »The debate over dopamine's role in reward: The case for incentive salience«, in: *Psychopharmacology* (2007), 191 (3): 391–431.

38 Mueller, B. R. und Bale, T. L., »Sex-specific programming of offspring emotionality after stress early in pregnancy«, in: *Journal of Neuroscience* (2008), 28 (36): 9055–9065. Siehe auch eine Arbeit von Champagne, F. A. »Epigenetic influences of social experiences across the lifespan«, in: *Developmental Psychobiology* (2009), 52 (4): 299–311. Siehe auch Davis, E. P.; Glynn, L. M.; Waffarn, F. und Sandman, C. A., »Prenatal maternal stress programs infant stress regulation«, in: *Journal of Child Psychology and Psychiatry* (2011), 52 (2): 119–129.

39 Feldman, R.; Gordon, I. und Zagoory-Sharon, O., »The cross-generational transmission of oxytocin in humans«, in: *Hormones and Behavior* (2010), 58: 669–676.

40 Le Mare, L.; Audet, K. und Kurytnik, K., »A longitudinal study of service use in families of children adopted from Romanian orphanages«, in: *International Journal of Behavioral Development* (2007), 31 (3) 242–251.

41 Burt, V. K. und Stein, K., »Epidemiology of depression throughout the female life cycle«, in: *Journal of Clinical Psychiatry* (2002), 63 (7): 9–15.

42 Heller, A. S.; Johnstone, T.; Shackman, A. J.; Light, S. N.; Peterson, M. J.; Kolden, G. G.; Kalin, N. H. und Davidson, R. J., »Reduced capacity to sustain positive emotion in major depression reflects diminished maintenance of fronto-striatal brain activation«, in: *Proceedings of the National Academy of Sciences* (USA) (2009), 106 (52): 22445–22450.

43 Zlochower, A. J. und Cohn, J. F., »Vocal timing in face-to-face interaction of clinically depressed and nondepressed mothers and their 4-months-old infants«, in: *Infant Behavior and Development* (1996), 19 (3): 371–374.

44 Feldman, R., »Parent-infant synchrony and the construction of shared timing: Physiological precursors, developmental outcomes, and risk conditions«, in: *Journal of Child Psychology and Psychiatry* (2007), 48 (3/4): 329–354.

45 Murray, L.; Arteche, A.; Fearon, P.; Halligan, S.; Croudace, T. und Cooper, P., »The effects of maternal postnatal depression and child sex on academic performance at age 16 years. A developmental approach«, in: *Journal of Child Psychology and Psychiatry* (2010), 51 (10): 1150–1159.

46 Feldman (2007).

47 Aron, A.; Norman, C. C.; Aron, E. N.; McKenna, C. und Heyman, R. E., »Couples' shared participation in novel and arousing activities and experienced relationship quality«, in: *Journal of Personality and Social Psychology* (2000), 78 (2): 273–284.

48 Emily Dickinson, Gedichte (frei zitiert von der Übersetzerin).

49 Porges, S. W., »Social engagement and attachment: A phylogenetic perspective«, in: *Annals of the New York Academy of Sciences* (2003), 1008: 31–47.

50 Stephens, G. J.; Silbert, L. J. und Hasson, U., »Speaker-listener neural coupling underlies successful communication«, in: *Proceedings of the National Academy of Sciences* (USA) (2010), 107 (32): 14425–14430. Siehe auch: Hasson, U., »I can make your brain look like mine«, in: *Harvard Business Review*. Dezember 2010.

51 Scherer et al. (2009) und Bachorowski/Owren (2008).

52 Niedenthal et al. (2010).

53 Vielleicht fragen Sie sich, woher Hasson und sein Team so sicher sein können, das Wesen der Kommunikation erfasst zu haben – den tatsächlichen Transfer von Informationen von einem Gehirn zum anderen und nicht einfach nur ähnliche Reaktionen auf die gleichen Geräusche, sei es nun die eigene Stimme oder der unverständliche Dialog in einem fremdsprachigen Film. Dies wurde ausgeschlossen, indem man die Zuhörer auch noch eine Geschichte in russischer Sprache hören ließ (die keiner der Probanden beherrschte). Dabei gab es buchstäblich keinerlei neuronale Kopplung.

54 Hasson (2010), S. 1.

55 A. D. (Bud) Craig, »How do you feel – now? The anterior insula and human awareness«, in: *Nature Reviews Neuroscience* (2009), 10: 59–70.

56 Hasson, U.; Nir, Y.; Levy, I.; Fuhrmann, G. und Malach, R., »Intersubject synchronization of cortical activity during natural vision«, in: *Science* (2004), 303: 1634–1640.

57 Siehe hierzu mein erstes Buch, *Die Macht der guten Gefühle*, besonders Kapitel 4.

58 Cheng, Y.; Chen, C.; Lin, C.; Chou, K. und Decety, J., »Love hurts: an fMRI study«, in: *Neuroimage* (2010), 51: 923–929. Siehe auch die Arbeit von Immordino-Yang, M. H.; McColl, A.; Damasio, H. und Damasio, A., »Neural correlates of admiration and compassion«, in: *Proceedings of the National Academy of Sciences* (USA), (2009), 106 (19): 8021–8026.

59 Dieser Gedanke stützt sich auf die Arbeit von Iris Mauss und Kollegen. Sie legt nahe, dass unterdrückte Positivität soziale Verbindungen aushöhlt und dadurch das Wohlbefinden einschränkt. Siehe Mauss, I. B.; Shallcross, A. J.; Troy, A. S.; John, O. P.; Ferrer, E.; Wilhelm, F. H. und Gross, J. J., »Don't hide your happiness! Positive emotion dissociation, social connectedness, and psychological functioning«, in: *Journal of Personality and Social Psychology* (2011), 100 (4), 738–748.

60 Williams, J. R.; Insel, T. R.; Harbaugh, C. R. und Carter, C. S., »Oxytocin administered centrally facilitates formation of partner preference in female prairie voles (microtus ochrogaster)«, in: *Journal of Neuroendocrinology* (1994), 6: 247–250. Siehe auch die Arbeit von Cho, M-M.; DeVries, A. C.; Williams, J. R. und Carter, C. S., »The effects of oxytocin and vasopressin on partner preferences in male and female prairie voles (microtus ochrogaster)«, in: *Behavioral Neuroscience* (1999), 113 (5): 1071–1079.

61 Carmichael, M. S.; Humbert, R.; Dixon, J.; Palmisano, G.; Greenleaf, W. und. Davidson, J. M., »Plasma oxytocin increases in the human sexual response«, in: *Journal of Clinical Endocrinology and Metabolism* (1987), 64 (1): 27–31.

62 Synthetisches Oxytocin wurde für begrenzte Forschungszwecke in den Vereinigten Staaten durch die U.S. Federal Drug Administration zugelassen.

63 Dies gilt in der Humanwissenschaft als Goldmaßstab. Weder die Forscher noch die Probanden wissen, wer welches Nasenspray verabreicht bekommt – das mit dem Wirkstoff angereicherte Spray oder das unwirksame Präparat, das als Placebo-Kontrolle fungiert.

64 Kosfeld, M.; Heinrichs, M.; Zak, P. J.; Fischbacher, U. und Fehr, E., »Oxytocin increases trust in humans«, in: *Nature* (2005), 435 (2): 673–676.

65 Zak, P. J.; Kurzban, R. und Matzner, W. T., »Oxytocin is associated with human trustworthiness«, in: *Hormones and Behavior* (2005), 48: 522–527. Interessanterweise ist das Vertrauen nach der Oxytocin-Gabe und dem finanziellen Verzicht des Investors noch höher, wenn die Treuhänder vorher

noch eine Schultermassage erhielten. Siehe hierzu: Morhenn, V. B.; Park, J. W.; Piper, E. und Zak, P. J., »Monetary sacrifice among strangers is mediated by endogenous oxytocin release after physical contact«, in: *Evolution and Human Behavior* (2008), 29: 375–383.

66 Mikolajxzak, M.; Pinon, N.; Lane, A.; de Timary, P. und Luminet, O., »Oxytocin not only increases trust when money is at stake, but also when confidential information is in the balance«, in: *Biological Psychology* (2010), 85: 182–184.

67 Keri, S. und Kiss, I., »Oxytocin response in a trust game and habituation of arousal«, in: *Physiology and Behavior* (2011), 102: 221–224. Unter der Wirkung des Oxytocins werden dem Gegenüber in der Regel immer mehr Geheimnisse anvertraut, es sei denn, der Betreffende leidet unter Schizophrenie. Siehe: Keri, S.; Kiss, I. und Keleman, O., »Sharing Secrets: Oxytocin and trust in schizophrenia«, in: *Social Neuroscience* (2009), 4 (4): 287–293.

68 Mikolajczak, M.; Gross, J. J.; Lane, A.; Corneille, O.; de Timary, P. und Luminet, O., »Oxytocin makes people trusting, not gullible«, in: *Psychological Science* (2010), 21 (8): 1072–1074. Genauso scheint Oxytocin ganz besonders Vertrauen bei den Angehörigen einer Gruppe zu fördern. Siehe: De Dreu, C. K. W.; Greer, L. L.; Van Kleef, G. A.; Shalvi, S. und Handgraaf, M. J. J., »Oxytocin promotes human ethnocentrism«, in: *Proceedings of the National Academy of Sciences* (USA), (2010), 108 (4): 1262–1266.

69 Guastella, A. J.; Mitchell, P. B. und Dadds, M. R, »Oxytocin increases gaze to the eye region of human faces«, in: *Biological Psychiatry* (2008), 63: 3–5.

70 Marsh, A. A.; Yu, H. H.; Pine, D. S. und Blair, R. J. R., »Oxytocin improves specific regognition of positive facial expressions«, in: *Psychopharmacology* (2010), 209: 225–32.

71 Domes, G.; Heinrichs, M.; Michel, A.; Berger, C. und Herpertz, S. C., »Oxytocin improves ›mind-reading‹ in humans«, in: *Biological Psychiatry* (2007), 61: 731–733.

72 Theodoridou, A.; Rowe, A. C.; Penton-Voak, I. S. und Rogers, P. J. »Oxytocin and social perception: Oxytocin increases perceived facial trustworthiness and attractiveness«, in: *Hormones and Behavior* (2009), 56: 128–132.

73 Unkelback, C.; Guastella, A. J. und. Forgas, J. P., »Oxytocin selectively facilitates recognition of positive sex and relationship words«, in: *Psychological Science* (2008), 19 (11): 1092–1094.

74 Gamer, M.; Zurowski, B. und Buchel, C., »Different amygdala subregions mediate valence-related and attentional effects of oxytocin in humans«, in: *Proceedings of the National Academy of Sciences* (2010) (USA), 107 (20):

9400–9405. Siehe auch: Kirsch, P.; Esslinger, C.; Chen, Q. et al., »Oxytocin modulates neural circuitry for social cognition and fear in humans«, in: *Journal of Neuroscience* (2005), 25 (49): 11489–11493. Außerdem siehe Petrovic, P.; Kalisch, R.; Singer, T. und Dolan, R. J., »Oxytocin attenuates affective evaluations of conditioned faces and amygdale activity«, in: *Journal of Neuroscience* (2008), 28 (26): 6607–6615.

75 Ditzen, B.; Schaer, M.; Gabriel, B. et al., »Intranasal oxytocin increases positive communication and reduces cortisol levels during couple conflict«, in: *Biological Psychiatry* (2009), 65: 728–731. Siehe auch die Arbeit von Heinrichs, M.; Baumgartner, T.; Kirschbaum, C. und Ehlert, U., »Social support and oxytocin interact to suppress cortisol and subjective responses to psychosocial stress«, in: *Biological Psychiatry* (2003), 54: 1389–1398.

76 Holt-Lunstad, J.; Birmingham, W. A. und Light, K., »Influence of a ›warm touch‹ support enhancement intervention among married couples on ambulatory blood pressure, oxytocin, alpha amylase and cortisol«, in: *Psychosomatic Medicine* (2008), 70: 976–985. Siehe auch die bald erscheinende Arbeit von Brown, S. L. Erste Ergebnisse präsentierte sie im Rahmen einer Diskussionsrunde bei der Society for Experimental Social Psychology im Oktober 2011, die den Titel »Prosocial behavior and health: Towards a biological model of a caregiving system« trug.

77 Uvnäs-Moberg, K.; Bjorkstrand, E.; Hillegaart, V. und Ahlenius, S., »Oxytocin as a possible mediator of SSRI-induced antidepressant effects«, in: *Psychopharmacology* (1999), 142 (1): 95–101. Siehe auch die Arbeit von Peterson, M.; Alster, P.; Lundeberg T. und Uvnäs-Moberg, K., »Oxytocin increases nociceptive thresholds in a long-term perspective in female and male rats«, in: *Neuroscience Letters* (1996), 212 (2): 87–90.

78 Uvnäs-Moberg, K.; Arn I. und Magnusson, D., »The psychobiology of emotion: The role of the osytocineric system«, in: *International Journal of Behavioral Medicine* (2005), 12 (2): 59–65. Siehe auch das populärwissenschaftliche, jedoch leider nicht in deutscher Sprache erhältliche Buch von Uvnäs-Moberg, K., *The Oxytocin Factor: Tapping the hormone of Calm, Love and Healing*. New York, 2003.

79 Faszinierende neue Erkenntnisse zur Natur menschlicher Gier findet man in neuen experimentellen Studien zum Sozialgefüge: Siehe Piff, P. K.; Stancato, D. M.; Côté, S.; Mendoza-Denton, R. und Keltner, D., »Higher social class predicts increased unethical behavior«, in: *Proceedings of the National Academy of Sciences* (2012), (USA), 109 (11): 4086–4091.

80 Campbell, A., »Oxytocin and human social behavior«, in: *Personality and Social Psychological Review* (2009), 14 (3): 281–95.

81 Niedenthal et al. (2010)

82 Lee, H.; Macbeth, A. H.; Pagani, J. H. und Young, W. H. III, »Oxytocin: The great facilitator of life«, in: *Process in Neurobiology* (2009), 88 (2): 127–151.

83 Feldman, R.; Gordon, I. und Zagoory-Sharon, O., »The cross-generation transmission of oxytocin in humans«, in: *Hormons and Behavior* (2010), 58: 669–676.

84 Champagne, F. A.; Weaver, I. C. G.; Diorio, J.; Dymov, S.; Szyf, M. und Meaney, M. J., »Maternal care associated with methylation of the estrogen receptor-a1b promoter and estrogen receptor-alb expression in the medial preoptic area of female offspring«, in: *Endocrinology* (2006), 147 (6): 2909–2915.

85 Porges (2003).

86 Thayer, J. F. und Sternberg, E., »Beyond heart rate variability: Vagal regulation of allostatic systems«, in: *Annals of the New York Academy of Sciences* (2006), 1088: 167–186.

87 Porges, S. W.; Doussard-Roosevelt, J. A. und Maiti, A., »Vagal tone and the physiological regulation of emotion«, in: *Monographs of the Society for Research in Child Development* (1994), 59 (2/3): 167–86.

88 Kok und Fredrickson (2010).

89 Kok und Fredrickson (2010).

90 Tenzin Gyatso, der vierzehnte Dalai Lama, war aus seiner Heimat in Dharamshala, Indien, nach Madison, Wisconsin, gereist, um am 16. Mai 2010 an diesem Event teilzunehmen, das anlässlich der großen Eröffnung des Center for Investigating Healthy Minds (geleitet von meinem Kollegen, Professor Richard Davidson) stattfand. Die Gespräche dieses Tages wurden – wie viele Gespräche, die Seine Heiligkeit mit westlichen Wissenschaftlern schon zuvor geführt hatte – vom Mind and Life Institute gesponsert. An dem Austausch nahmen Wissenschaftler wie Dr. Antoine Lutz und Dr. Clifford Saron ebenso wie Professor Davidson und ich selbst teil. Weitere Anwesende waren kontemplative Wissenschaftler wie Thupten Jinpa, Sharon Salzberg, Matthieu Ricard und Professor John Dunne.

91 Kok et al. (2013).

92 Cohn, M. A.; Fredrickson, B. L.; Brown, S. L. et al., »Happiness unpacked: Positive emotions increase life satisfaction by building resilience«, in: *Emotion* (2009), 9 (3): 361–368.

93 Kim, P.Y., »The interplay of brain and experience in parental love«, in: *Dissertation Abstracts International* (2009): Section B: The Sciences and Engineering 70 (6-B): 3810.

94 Cole, S.W., »Social regulation of human gene expression«, in: *Current Directions in Psychological Science* (2009), 18 (3): 132–137.

95 Cole, S.W.; Hawkley, L.C.; Arevalo, J.M. et al., »Social regulation of gene expression in human leukocytes«, in: *Genomic Biology* (2007), 8: R189.

96 Natürlich sind hier auch noch andere Kräfte am Werk. Sie haben nicht allein über Ihre Gefühle die Verantwortung (oder Schuld) für Gesundheit oder Krankheit. Mit anderen Worten, missbrauchen Sie diese wissenschaftlichen Erkenntnisse nicht, um anderen die Schuld für Krankheiten zu geben, für die sie gar nichts können. Eine heftige Kritik, wie Wissenschaft auf diese Weise missbraucht werden kann, finden Sie in Ehrenreich, B., *Smile or die. Wie die Ideologie des positiven Denkens die Welt verdummt.* München, 2010.

97 In laufenden Studien, die von den U.S. National Institutes of Health (R01NR012899) finanziert werden, fand ich mich mit Steve W. Cole zusammen, dem Direktor des Social Genomics Core Laboratory an der University of California Los Angeles (UCLA). Mit ihm untersuchte ich, wie die Liebende-Güte-Meditation das genetische Muster eines Menschen verändern kann. Besonders interessiert sind wir an den Veränderungen, die in den Zellen auftreten können, welche Entzündungsreaktionen im Immunsystem regulieren.

98 Fowler und Christakis (2009).

99 Merton, T., *Meditationen eines Einsiedlers.* Ostfildern, 2013, S. 72.

100 Huxley, A., *Die Pforten der Wahrnehmung.* München, 2012, 31. Aufl., S. 20.

101 Siehe die eleganten Experimente von Schmitz, T.; De Rosa, E. und Anderson, A.K., »Opposing influences of affective state valence on visual cortical encoding«, in: *Journal of Neuroscience* (2009), 29 (22): 7199–7207. Siehe auch die Arbeit von Soto, D.; Funes, M.; Guzman-Garcia, A. et al., »Pleasant music overcomes the loss of awareness in patients with visual neglect«, in: *Proceedings of the National Academy of Science* (USA) (2009), 106: 6011–6016.

102 Kanwisher, N.; McDermott, J. und Chun, M.M., »The fusiform face area: A module in human extrastriate cortex specialized for face perception«, in: *Journal of Neuroscience* (1997), 17 (11): 4302–4311.

103 Epstein, R.; Harris, A.; Stanley, D. und Kanwisher, N., »The parahippo-

campal place area: Recognition, navigation or encoding?«, in: *Neuron* (1999), 23: 115–125.

104 Schmitz et al. (2009)

105 Soto et al. (2009)

106 Miceli, P.; Waugh, C. E.; Otake, K.; Heymadi, A. und Fredrickson, B. L., »Positive emotions unlock other-focus« (2012, nicht publizierte Daten). Siehe auch Waugh, C. E. und Fredrickson, B. L., »Nice to know you: Positive emotions, self-other overlap, and complex understanding in the formation of a new relationship«, in: *Journal of Positive Psychology* (2006), 1 (2): 93–106.

107 Zusätzlich zur üblichen Erweiterung der Perspektive (broadening), die durch positive Emotionen ausgelöst wird, legen neuere Untersuchungen von Dr. Lisa Cavanaugh nahe, dass *eindeutige* positive Emotionen Ihre Perspektive auch auf *eindeutige* Art und Weise erweitern. Die positive Emotion der Hoffnung beispielsweise führt dazu, dass Sie zukunftsorientierter handeln und die Zeit zu schätzen wissen. Die Liebe wiederum erweitert Ihr moralisches Bewusstsein, sodass Sie auch Menschen in Ihre Überlegungen einbeziehen, die Ihnen nicht so nahestehen. Cavanaugh, L. A., »Feeling good and doing better: How specific positive emotions influence consumer behavior and well-being«, in: *Dissertations Abstracts International Section A: Humanities and Social Sciences* (2009), 70 (3-A): 948.

108 Waugh und Fredrickson (2006). Siehe auch die Arbeit von Dovidio, J. F.; Gaertner, S. L.; Isen, A. M. und Lowrance, R., »Group representations and intergroup bias: Positive affect, similarity and group size«, in: *Personality and Social Psychology Bulletin* (1995), 21 (8): 856–865.

109 Cavanaugh (2009)

110 Dunn, J. R. und Schweitzer, M. E., »Feeling and believing: The influence of emotion on trust«, in: *Journal of Personality and Social Psychology* (2005), 88 (5): 736–748. Siehe auch die klassische Arbeit der verstorbenen Isen, A. M. und Levin, P. F., »Effect of feeling good on helping: Cookies and kindness«, in: *Journal of Personality and Social Psychology* (1972), 21 (3): 384–388.

111 Hegi und Bergner (2010), S. 621.

112 Griskevicius, V.; Shiota, M. N. und Neufeld, S. L., »Influence of different postive emotions on persuasion processing: A functional evolutionary approach«, in: *Emotion* (2010), 10 (2): 190–206.

113 Hutcherson, C. A.; Seppala, E. M. und Gross, J. J., »Loving-kindness meditation increases social connectedness«, in: *Emotion* (2008), 8 (5): 720–724.

114 Fredrickson et al. (2008)

115 Schmitz et al. (2009)

116 Gross, M. M.; Crane, E. A. und Fredrickson, B. L., »Effort-shape and kinematic assessment of bodily expression of emotion during gait«, in: *Human Movement Science* (2012), 31 (1): 202–221.

117 Nach oben gezogene Mundwinkel und Fältchen um die Augen werden in der Wissenschaft als Duchenne-Lächeln bezeichnet. Der Name geht auf Guillaume-Benjamin Duchenne zurück, einen Wissenschaftler des 19. Jahrhunderts, der als erster die einzigartige Verbindung zwischen dieser Art des Lächelns und dem aufrichtigen Ausdruck guter Gefühle entdeckte. Siehe Ekman, P.; Davidson, R. J. und Friesen, W. V., »The Duchenne smile: Emotional expression and brain physiology II«, in: *Journal of Personality and Social Psychology* (1990), 58 (2): 342–353.

118 Diese beschränkte Sichtweise ist wahrscheinlich für frühe Behauptungen verantwortlich, dass nur eine der fünf oder sechs grundlegenden universellen Emotionen positiv ist. Sie wurde wahlweise als Vergnügen oder Zufriedenheit bezeichnet. Siehe die Arbeit von Ekman, P., »An argument for basic emotions«, in: *Cognition and Emotion* (1992), 6 (3/4): 169–200.

119 Gonzaga, G. C.; Keltner, D.; Londahl, E. A. und Smith, M. D., »Love and the commitment problem in romantic relations and friendship«, in: *Journal of Personality and Social Psychology* (2001), 81 (2): 247–262.

120 Gonzaga et al. (2001).

121 Gottman, J. M.; Coen, J.; Carrere, S. und Swanson, C., »Predicting marital happiness and stability from newlywed interactions«, in: *Journal of Marriage and the Family* (1998), 60: 5–22.

122 McNeil, W. H., *Keeping Together in Time: Dance and Drill in Human History*. Harvard (2006). Siehe auch Ehrenreich, B. (2006).

123 Vacharkulksemsuk, T. und Fredrickson, B. L., »Strangers in sync: Achieving embodied rapport through shared movements«, in: *Journal of Experimental Social Psychology* (2011), 48: 399–402.

124 Hove, M. J. und Risen, J. L., »It's all in the timing: Interpersonal synchrony increases affiliation«, in: *Social Cognition* (2009), 27 (6): 949–960.

125 Wiltermuth, S. S. und Heath, C., »Synchrony and cooperation«, in: *Psychological Science* (2009), 20 (1): 1–5.

126 Valdesolo, P. und DeSteno, D., »Synchrony and the social tuning of compassion«, in: *Emotion* (2011), 11 (2): 262–266.

127 Valdesolo, P.; Ouyang, J. und DeSteno, D., »The rhythm of joint action:

Synchrony promotes cooperative ability«, in: *Journal of Experimental Social Psychology* (2010), 46 (4): 693–695.

128 Feldman, R., »Parent-infant synchrony: Biological foundations and developmental outcomes«, in: *Current Directions in Psychological Science* (2007), 16 (6): 340–345.

129 Vacharkulksemsuk und Fredrickson (2011).

130 Arts und Elaines Geschichte ist ein fiktionaler Bericht, der auf den wissenschaftlichen Fakten beruht, die aus der klugen experimentellen Arbeit zweier begabter (und verheirateter!) Psychologen namens Art und Elaine und ihren Mitarbeitern hervorgingen. Siehe Aron et al. (2000).

131 Tatsächlich löst das Erleben intensiver Gefühle – egal ob positiver oder negativer Art – den Drang im Erlebenden aus, mit anderen darüber zu reden. Siehe die Arbeit von Rimé (2009).

132 Gable, S. L.; Gonzaga, G. C. und Strachman, A., »Will you be there for me when things go right? Supportive responses to positive event disclosures«, in: *Journal of Personality and Social Psychology* (2006), 91 (5): 904–917. Siehe auch: Gable, S. L.; Reis, H. T.; Impett, E. A. und Asher, E. R., »What do you do when things go right? The intrapersonal and interpersonal benefits of sharing positive events«, in: *Journal of Personality and Social Psychology* (2004), 87 (2): 228–245.

133 Algoe, S. B.; Fredrickson, B. L. und Gable, S., »More than reinforcement. Expressions of gratitude reveal how and why gratitude functions for the dyad« (Manuskript in Redaktion).

134 Cohn et al. (2009)

135 Fredrickson, B. L. und Levenson, R. W., »Positive emotions speed recovery from the cardiovascular sequelae of negative emotions«, in: *Cognition and Emotion* (1998), 12 (2): 191–220. Siehe auch Fredrickson, B. L.; Mancuso, R. A.; Branigan, C. und Tugade, M. M., »The undoing effect of positive emotions«, in: *Motivation and Emotion* (2000), 24 (4): 237–258.

136 Algoe, S. B. und Fredrickson, B. L., »Emotional fitness and the movement of affective science from lab to field«, in: *American Psychologist* (2011), 66 (1): 35–42. Siehe auch Maston, A. S., »Ordinary magic: Resilience processes in development«, in: *American Psychologist* (2001), 56 (3): 227–238.

137 In den vergangenen Jahren konzentrierte sich die neue Wissenschaft der Resilienz – oder der positiven Psychologie im Allgemeinen – in hohem Maße auf den Versuch, die Resilienz bei Menschen zu steigern, die es vielleicht am meisten brauchen. Ich spreche vom US-Militär, dessen Mitglieder an den unterschiedlichsten Kriegsschauplätzen stationiert wurden. Immer

mehr Soldaten kehren aus dem Irak oder Afghanistan mit psychischen Problemen zurück, mit Depressionen, posttraumatischer Belastungsstörung oder suizidalen Neigungen. Diese Probleme beeinträchtigen nicht nur ihre eigene Gesundheit, sondern auch das Wohlbefinden ihrer Ehepartner, Kinder und anderer Familienmitglieder. Um derlei heftige Probleme in den Griff zu bekommen und die Resilienz und emotionale Fitness sämtlicher diensthabender Soldaten zu steigern, arbeitete die U.S. Army mit Verhaltenswissenschaftlern zusammen, um eine ebenso vielschichtige wie umfassende Initiative zu starten. Dieser Versuch ist zwar ehrenhaft, stößt aber mit Sicherheit auf zahlreiche, nicht unerhebliche Probleme. Doch wenn Verhaltensforscher bereit sind, ihre Resilienztheorien im Schmelztiegel von Militärdienst und internationalen Konflikten dem Praxistest zu unterziehen, können sowohl Soldaten als auch die Verhaltenswissenschaft selbst nur profitieren. Siehe hierzu: Seligman, M. E. P., *Flourish – wie Menschen aufblühen. Die positive Psychologie des gelingenden Lebens.* München, 2012.

138 Werner, E. E. und Smith, R. S., *Overcoming the Odds: High Risk Children from Birth to Adulthood.* Ithaka, New York, 1992.

139 DiCorcia, J. A. und Tronick, E., »Quotidian resilience: Exploring the mechanisms that drive resilience from a perspective of everyday stress and coping«, in: *Neuroscience and Biobehavioral Reviews* (2011), 35: 1593–1602.

140 Cacioppo, J. T.; Reis, H. T. und Zautra, A. J., »Social resilience: The value of social fitness with an application to the military«, in: *American Psychologist* (2011), 66 (1): 43–51.

141 Mehr Informationen finden Sie auf seiner englischsprachigen Website: www.gottman.com.

142 Baltes, P. B.; Gluck, J. und Kunzmann, U., »Wisdom: its structure and function in regulating successful life span development«, in: Snyder, C. R. und Lopez, S. J. (Hrsg.), *Handbook of Positive Psychology.* Oxford, 2002, S. 327–347. Siehe auch Sternberg, R. J., »A balance theory of wisdom«, in: *Review of General Psychology* (1998), 2 (4): 347–365.

143 Ybarra, O.; Burnstein, E.; Winkielman, P.; Keller, M. C.; Manis, M.; Chan, E. und Rodriguez, J., »Mental exercising through simple socializing: Social interaction promotes general cognitive functioning«, in: *Personality and Social Psychology Bulletin* (2008), 34 (2): 248–259. Siehe auch: Ybarra, O.; Winkielman, P.; Yeh, I.; Burnstein, E. und Kavanagh, L., »Friends (and sometimes enemies) with cognitive benefits. What types of social interactions boost executive functioning?«, in: *Social Psychological and Personality Science* (2010), 2 (3): 253–61.

144 Staudinger, U. M. und Baltes, P. B., »Interactive minds: A facilitative setting for wisdom-related performance?«, in: *Journal of Personality and Social Psychology* (1996), 71 (4): 746–762.

145 Wilson, D. S.; Timmel, J. J. und Miller, R. R., »Cognitive cooperation: When the going gets tough, think as a group«, in: *Human Nature* (2004), 15 (3): 225–250.

146 Wilson, R. S.; Krueger, K. R.; Arnold, S. E.; Schneider, J. A.; Kelly, J. F.; Barnes, L. L.; Tang, Y. und Bennett, D. A., »Loneliness and risk of Alzheimer disease«, in: *Archives of General Psychiatry* (2007), 64 (2): 234–240. Siehe auch: Seeman, T. A.; Lisignolo, T. M.; Albert, M. und Berkman, L., »Social relationships, social support, and patterns of cognitive aging in healthy, high-functioning older adults: MacArthur studies of successful aging«, in: *Health Psychology* (2001), 20 (4): 243–255.

147 Bibevski, S. und Dunlap, M. E., »Evidence for impaired vagus nerve activity in heart failure«, in: *Heart Failure Reviews* (2011), 16 (2): 129–135.

148 Sloan, R. P.; McCreath, H.; Tracey, K. J.; Sidney, S.; Lui, K. und Seeman, T., »RR interval variability is inversely related to inflammatory markers: The CARDIA study«, in: *Molecular Medicine* (2007), 13 (3/4): 178–184. Siehe auch: Thayer und Sternberg (2006).

149 Cole et al. (2007).

150 Berkman, L. F. und Syme, S. L., »Social networks, host resistance, and mortality: A nine-year follow-up study of Alameda County residents«, in: *American Journal of Epidemiology* (1979), 109 (2): 186–204. Siehe auch: Cohen, S. und Janicki-Deverts, D., »Can we improve our physical health by altering our social networks?«, in: *Perspectives in Psychological Science* (2009), 4 (4): 375–378. Eine neuere Metaanalyse von 148 Studien finden Sie in Holt-Lunstad, J.; Smith, T. B. und Layton, J. B., »Social relationships and mortality risk: A metaanalytic review«, in: *PLoS Medicine* (2010), 7 (7): e1000316. Doi:10.1371/journal.pmed.1000316.

151 Holt-Lunstad et al. (2010).

152 Cohen, S.; Alper, C. M.; Doyle, W. J.; Treanor, J. J. und Turner, R. B., »Positive emotional style predicts resistance to illness after experimental exposure to rhinovirus or influenza A virus«, in: *Psychosomatic Medicine* (2006), 68: 809–815. Siehe auch: Cohen, S.; Doyle, W. J.; Skoner, D. P.; Rabin, B. S. und Gwaltney Jr., J. M., »Social ties and susceptibility to the common cold«, in: *Journal of the American Medical Asscociation* (1997), 277 (24): 1940–1944.

153 Steptoe, A. und Wardle, J., »Positive affect and biological function in everyday life«, in: *Neurobiology of Aging* (2005), 26 (1): 108–112.

154 Tedlie Moskowitz, J.; Epel, E. S. und Acree, M., »Positive affect uniquely predicts lower risk of mortality in people with diabetes«, in: *Health Psychology* (2009), 27 (1): S73–S82.

155 Wilson et al. (2007). Siehe auch Seeman et al. (2001).

156 Kiecolt-Glaser, N. K.; McGure, L.; Robles, T. F. und Glaser, R., »Emotions, morbidity, and mortality: New perspectives from psychoneuroimmunology«, in: *Annual Review of Psychology* (2002), 53: 83–107.

157 Boehm, J. K. und Kubzansky, L. D., »The heart's content: The association between positive psychological well-being and cardiovascular health«, in: *Psychological Bulletin* (2012).

158 Le Guin, U. K., *Die Geißel des Himmels.* München, 1994. Zitiert nach Hart, S.; Kindle Hudson, V., *Respektvoll miteinander reden. Die 7 Schlüssel zur Konfliktlösung.* Paderborn, 2007, S. 72.

159 Gollwitzer, P. M. und Sheeran, P., »Implementation intentions and goal achievement: A meta-analysis of effects and processes«, in: *Advances in Experimental Social Psychology* (2006), 38: 69–119. Siehe auch: Gollwitzer, P. M.; Sheeran, P.; Trotschel, R. und Webb, T. L., »Self-regulation of priming effects on behavior«, in: *Psychological Science* (2011), 27 (7): 901–907.

160 Cacioppo, J. T.; Gardner, W. L. und Berntson, G. C., »The affect system has parallel and integrative processing components: Form follows function«, in: *Journal of Personality and Social Psychology* (1999), 76: 839–855. Siehe auch: Diener, E. und Diener, C., »Most people are happy«, in: *Psychological Science* (1996), 7 (3): 181–185.

161 Teil II meines ersten Buches, *Die Macht der positiven Gefühle* (2011), schrieb ich, um Ihnen die wissenschaftlich nachgewiesenen Tools vorzustellen, die Sie einsetzen können, um Ihren tagtäglichen positiven Quotienten zu steigern und Ihre Lebensqualität zu erhöhen. (Mehr Informationen finden Sie auf meiner englischsprachigen Website www.positivityratio.com.)

162 Haidt, J.; Seder, P. und Kesebir, S., »Hive psychology, happiness, and public policy«, in: *Journal of Legal Studies* (2008), 37 (2): 133–156.

163 Studien haben nachgewiesen, dass wir auf bestimmte äußere Signale reagieren. Wir empfinden ein Tier als süß, wenn es einen großen, runden Kopf und große Augen hat, und verspüren sofort den liebevollen Impuls, uns um es zu kümmern. Siehe: Sherman, G. D.; Haidt, J. und Coan, J. A., »Viewing cute images increases behavioral carefulness«, in: *Emotion* (2009), 9 (2): 282–286.

164 Frank, M. G.; Ekman, P. und Friesen, W., »Behavioral markers and recognizability of the smile of enjoyment«, in: *Journal of Personality and Social Psychology* (1993), 64 (1): 83–93.

165 Marcus Tullius Cicero, *Laelius: Über die Freundschaft.* Stuttgart, 2012.

166 Cicero, 2012.

167 Cicero, 2012.

168 Rosenberg, E. L.; Ekman, P.; Jiang, W.; Babyak, M.; Coleman, R. E.; Hanson, M.; O'Connor, C.; Waugh, R. und Blumenthal, J. A., »Linkages between facial expressions of anger and transient myocardial ischemia in men with coronary artery disease«, in: *Emotion* (2001), 1 (2), 107–115.

169 Cicero, 2012.

170 So hatten beispielsweise die im Folgenden genannten, vorausgegangenen Studien ohne Intervention keine Aufwärtstendenz in positiven Emotionen registrieren können. Siehe Cohn et al. (2009) und Fredrickson et al. (2008).

171 Kok und Fredrickson (2010).

172 Kok, B. E., *Testing the Socio-Autonomic Spiral Model of Social Connection and Health.* Chapel Hill, 2012.

173 Der Name wurde geändert.

174 Seligman, M. E. P.; Stehen, T. A.: Park, N. und Peterson, C., »Positive psychology progress: Empirical validations of interventions«, in: *American Psychologist* (2005), 60 (5): 410–421. Siehe auch Peterson, C., *A Primer in Positive Psychology.* Oxford, 2006.

175 Fredrickson et al. (2008); Kok et al. (2013).

176 Mauss, I. B.; Tamir, M.; Anderson, C. L. und Savino, N. S., »Can seeking happiness make people unhappy? Paradoxical effects of valuing happiness«, in: *Emotion* (2011), 11 (4): 807–815.

177 Diese Erkenntnis stützt sich auf die Daten, die wir durch die Day Reconstruction Method sammelten. Nachzulesen in Fredrickson et al. (2008).

178 Gross et al. (in Druck). Siehe auch Gross, M. M.; Crane, E. A. und Fredrickson, B. L., »Methodology for assessing bodily expression of emotion«, in: *Journal of nonverbal behavior* (2010), 34 (4): 223–248. Siehe auch: Kemper, K. J. und Shaltout, H. A., »Non-verbal communication of compassion: Measuring psychophysiological effects«, in: *BMC Complementary and Alternative Medicine* (2011), 11: 132.

179 Chartrand, T. L. und van Baaran, R., »Human mimicry«, in: *Advances in Experimental Social Psychology* (2009), 41: 219–274. Siehe auch Kemper und Shaltout (2011).

180 Han, S.; Lerner, J. S. und Keltner, D., »Feelings and consumer decision making: The appraisal-tendency framework«, in: *Journal of Consumer Psychology* (2007), 17 (3): 158–168.

181 Sing, L.; Morgan, J. L. und Best, C. T., »Infants' listening preferences: Baby talk or happy talk?«, in: *Infancy* (2002), 3 (3): 365–394.

182 Whitman, W., *Grashalme*, Köln, 2009.

183 Leary, M. R.; Tate, E. B.; Adams, C. E.; Batts Allen, A. und Hancock, J., »Self-compassion and reactions to unpleasant self-relevant events: The implications of treating oneself kindly«, in: *Journal of Personality and Social Psychology* (2007), 92 (5): 887–904.

184 Eine gute Zusammenfassung der relevanten Forschungsergebnisse finden Sie in ihrem Buch: Neff, K., *Selbstmitgefühl. Wie wir uns mit unseren Schwächen versöhnen und uns selbst der beste Freund werden.* München, 2012.

185 Mehr hierzu auf ihrer englischsprachigen Website: www.SharonSalzberg.com.

186 Dieses anschauliche Gedicht wurde zuerst in einem Bändchen mit dem Titel *Mortal Acts, Mortal Words* bei Mariner Books (1980) veröffentlicht.

187 Auch diese Formulierung stammt aus Galway Kinnells Gedicht »Saint Francis and the Sow«. Siehe dazu auch Sharon Salzberg, *Metta Meditation*, S. 30.

188 Die Paukenschlag-Metapher entnahm ich einer Arbeit über reflektierte Porträts der besten Seiten des Ichs von meinen Kollegen am Positive Organizational Scholarship Center at the University of Michigan's Ross School of Business, auf die ich in Kapitel 11 von *Die Macht der guten Gefühle* näher eingehe. Siehe dazu auch: Roberts, L. M.; Dutton, J. E.; Spreitzer, G. E.; Heaphy, E. D. und Quinn, R. E., »Composing the reflected best-self portrait: Building pathways for becoming extraordinary in work organizations«, in: *Academy of Management Review* (2005), 30 (4): 712–736.

189 Wenn Sie Homer Simpson nicht kennen, dann sehen Sie sich doch einmal ein Video von ihm auf Youtube an – geben Sie dort einfach die Suchbegriffe »Homer Simpson« und »Nein!« ein.

190 Untersuchungen von David Sherman und seinem Team legen nahe, dass Selbst-Affirmation am besten wirkt, wenn die Menschen sich der möglichen nützlichen Folgen nicht bewusst sind. Siehe: Sherman, D. K.; Cohen, G. L.; Nelson, L. D.; Nussbaum, A. D.; Bunyan, D. P. und Garcia, J., »Affirmed yet unaware: Exploring the role of awareness in the process of self-affirmation«, in: *Journal of Personality and Social Psychology* (2009), 97 (5): 745–764.

191 Brach, T., *Mit dem Herzen eines Buddha. Heilende Wege zu Selbstakzeptanz und Lebensfreude.* München, 2013.

192 Leary et al. (2007.

193 Emerson, R. W., *Emerson in Concert: Am Memoir Written in the »Social Circle« in Concord, Massachusetts,* Whitefish, Montana (1888/2004).

194 Eine Zusammenfassung dieses klassischen Werkes finden Sie bei Rubin, Z., *Liking and Loving,* Boston, 1973.

195 Piff et al. (2012).

196 Lyubomirsky, S. und Ross, L., »Hedonistic consequences of social comparison: A contrast of happy and unhappy people«, in: *Journal of Personality and Social Psychology* (1997), 73 (6): 1141–1157. Siehe auch: Lyubomirsky, S.; Tucker, K. L. und Kasri, F., »Responses to hedonically conflicting social comparisons: Comparing happy and unhappy people«, in: *European Journal of Social Psychology* (2001), 31 (5): 511–535.

197 Preston, S. D. und de Waal, F. B. B., »Empathy: Its ultimate and proximate bases«, in: *Behavior and Brain Sciences* (2002), 25 (1): 1–20. Siehe auch de Waal, F. B. B., *Das Prinzip Empathie. Was wir von der Natur für eine bessere Gesellschaft lernen können.* München, 2011.

198 Fredrickson, B. L.; Tugade, M. M.; Waugh, C. E. und Larkin, G. R., »What good are positive emotions in crises? A prospective study of resilience and emotions following the terrorist attacks on the United States on September 11th, 2001«, in: *Journal of Personality and Social Psychology* (2003), 84 (2): 365–376. Siehe auch Tugade, M. M. und Fredrickson, B. L., »Resilient individuals use positive emotions to bounce back from negative emotional experiences«, in: *Journal of Personality and Social Psychology* (2004), 86 (2): 320–333. Einen Überblick über diese Theorien können Sie sich auch in meinem Buch *Die Macht der guten Gefühle* (2011), Kapitel 6, verschaffen.

199 Diese Beschreibung der Hoffnung ist dem Buch des verstorbenen Richard Lazarus, *Emotion and Adaptation,* New York (1991), entnommen.

200 Schon das Erkennen dieser Ähnlichkeiten kann beträchtlich zum Verschwinden einer negativen Grundhaltung gegenüber Fremden beitragen. Siehe Motyl, M.; Hart, J.; Pyszczynski, T.; Weise, D.; Maxfield, M. und Siedel, A., »Subtle priming of shared human experiences eliminates threat-induced negativity toward Arabs, immigrants, and peace-making«, in: *Journal of Experimental Social Psychology* (2011), 48 (6): 1179–1184.

201 Hodnett, E. D.; Gates, S.; Hofmeyr, G. J.; Sakala, C. und Weston, J., »Continuous support for women during childbirth«, in: *Cochrane Database Systematic Reviews 2* (2011): CD003766.

202 Oishi, S.; Diener, E.; Choi, D.; Kim-Prieto, C. und Choi, I., »The dynamics of daily events and well-being across cultures: When less is more«, in: *Journal of Personality and Social Psychology* (2007), 93 (4): 685–698.

203 Diener, E.; Sandvik, E. und Pavot, W., »Happiness is the frequency, not the intensity, of positive versus negative affect«, in: *Assessing Well-being: The Collected Works of Ed Diener*, Hrsg.: Diener, E., New York (2009), S. 213–231.

204 Fredrickson, B. L. und Losada, M. F., »Positive affect and the complex dynamics of human flourishing«, in: *American Psychologist* (2009), 60 (7): 678–686. Mehr Informationen über den Ursprung und die Belege für den Tipping-Point des Positiven Quotienten finden Sie auch in Kapitel 7 in *Die Macht der guten Gefühle* (2011).

205 Catalino, L. I.; Coffey, K. A. und Fredrickson, B. L., »Prioritizing Positivity« (Manuskript in Vorbereitung).

206 Seligman et al. (2005). Siehe auch Emmons, R., *Vom Glück, dankbar zu sein*, Frankfurt, 2008.

207 Gable, S. L.; Gosnell, C. L.; Maisel, N. und Strachman, A., »Safely testing the alarm: Close others' responses to personal positive events«, in: *Journal of Personality and Social Psychology* (2012), 103 (6): 963–981.

208 Traherne, T., *Centuries of Meditations*. Whitefish, Montana, (1980/2007).

209 Johnson, K. J. und Fredrickson, B. L., »We all look the same to me: Positive emotions eliminate the own-race bias in face recognition«, in: *Psychological Science* (2005), 16 (11): 875–881. Siehe auch Waugh und Fredrickson (2006).

210 Die Namen wurden geändert.

211 Fredrickson, B. L., »How does religion benefit health and well-being? Are positive emotions active ingredients?«, in: *Psychological Inquiry* (2002), 13 (3): 209–213.

212 James, W., *Die Vielfalt religiöser Erfahrung. Eine Studie über die menschliche Natur*. Frankfurt am Main, 1997.

213 Armstrong, K., *Plädoyer für Gott*, Hrsg.: Schweizer, F., Tübingen, 2010.

214 Van Cappellen, P. und Saraglou, V., »Awe activates religious and spiritual feelings and behavioral intention«, in: *Psychology of Religion and Spirituality*. Vorläufige Online-Publikation. doi: 10.1037/a0025986.

215 Salzberg, S., *Vertrauen heißt, den nächsten Schritt zu tun. Mein spiritueller Weg*, Freiburg, 2003, S. 27.

216 Sharon Salzberg (2003), S. 81.

217 Vaillant, G., *Spiritual Evolution: How We Are Wired for Faith, Hope, and Love*. New York, 2009.

218 Ward Beecher, H., *Plymouth Pulpit: Sermons Preached at Plymouth Church, Brooklyn, Volume 4*, Charleston, NC, 1869/2010.

219 Feldman Barrett, L., »Emotions are real« in: *Emotion* (2012). Siehe auch: Lindquist, K.A. und Feldman Barrett, L., »Constructing emotion: The experience of fear as a conceptual act«, in: *Psychological Science* (2008), 19 (9): 898–903.

220 James, W., »What is an emotion?« in: *Mind* (1884), 9: 188–205.

221 Barrett (2012); Lindquist und Barrett (2008). Siehe auch zukünftige Publikationen von Kennedy, L.; Kok, B. und Fredrickson, B. L.

222 Kennedy, Kok und Fredrickson (Manuskript in Vorbereitung).

223 Allen, J., »Partners main source of happiness around the globe-poll«, Reuters (U.S. edition), 14.02.2012, http://af.reuters.com/article/commoditiesNews/idAFL2E8DDGDX20120214?pageNumber=1&virtualBrandChannel=0 (zuletzt aufgerufen am 26.08.2013).

224 In dieser neuesten Studie vergleichen wir Gruppen, die die Liebende-Güte-Meditation lernen, mit solchen, die Achtsamkeitsmeditation erlernen, eine ganz ähnliche Praxis, deren Schwerpunkt jedoch nicht auf der Kultivierung positiver Emotionen liegt. Diese Arbeit führe ich in Zusammenarbeit mit Steve Cole, Karen Grewen, Sara Algoe, Sy-Miin Chow, Kimberly Coffey, Ann Firestine und anderen durch. Sie wird finanziert durch das National Institute of Nursing Research at NIH (R01NR012899).

225 Siehe die klassische Arbeit von Cabanac, M., »Physiological role of pleasure«, in: *Science* (1971), 173 (4002): 1103–1107.

226 Berridge (2007).

227 Catalino, Coffey und Fredrickson (Manuskript in Vorbereitung).